Utilize este código QR para se cadastrar de forma mais rápida:

Ou, se preferir, entre em:
https://www.moderna.com.br/ac/livroportal
e siga as instruções para ter acesso aos conteúdos exclusivos do
Livro Digital

CÓDIGO DE ACESSO:
A 00275 GRFUF14E 5 64958

Faça apenas um cadastro. Ele será válido para:

 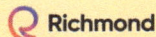 

Da semente ao livro, sustentabilidade por todo o caminho

Plantar florestas
A madeira que serve de matéria-prima para nosso papel vem de plantio renovável, ou seja, não é fruto de desmatamento. Essa prática gera milhares de empregos para agricultores e ajuda a recuperar áreas ambientais degradadas.

Fabricar papel e imprimir livros
Toda a cadeia produtiva do papel, desde a produção de celulose até a encadernação do livro, é certificada, cumprindo padrões internacionais de processamento sustentável e boas práticas ambientais.

Criar conteúdos
Os profissionais envolvidos na elaboração de nossas soluções educacionais buscam uma educação para a vida pautada por curadoria editorial, diversidade de olhares e responsabilidade socioambiental.

Construir projetos de vida
Oferecer uma solução educacional Moderna é um ato de comprometimento com o futuro das novas gerações, possibilitando uma relação de parceria entre escolas e famílias na missão de educar!

Apoio:

Fotografe o Código QR e conheça melhor esse caminho.
Saiba mais em **moderna.com.br/sustentavel**

DOUGLAS TUFANO

Licenciado em Letras e Pedagogia pela Universidade de São Paulo.
Professor do Ensino Fundamental e do Médio em escolas da rede pública e particulares do estado de São Paulo por 25 anos.
Autor de várias obras didáticas para o ensino da língua portuguesa no Ensino Fundamental e no Médio.

GRAMÁTICA FUNDAMENTAL

5

Ensino Fundamental

4ª edição

© Douglas Tufano, 2020

Coordenação editorial: Marisa Martins Sanchez
Edição de texto: Ademir Garcia Telles, Anabel Ly Maduar, Christina Binato, Claudia Padovani, Debora Silvestre Missias Alves, José Paulo Brait, Marília Gabriela M. Pagliaro
Gerência de *design* e produção gráfica: Everson de Paula
Coordenação de produção: Patricia Costa Ribeiro
Gerência de planejamento editorial: Maria de Lourdes Rodrigues
Coordenação de *design* e projetos visuais: Marta Cerqueira Leite
Projeto gráfico: Bruno Tonel, Mariza de Souza Porto
Capa: Ana Carolina Orsolin, Bruno Tonel
   Ilustração: Marilia Pirillo
Coordenação de arte: Carolina de Oliveira Fagundes
Edição de arte: Enriqueta Monica Meyer, Gláucia Koller
Editoração eletrônica: Setup Bureau Editoração Eletrônica
Coordenação de revisão: Maristela S. Carrasco
Revisão: Ana Cortazzo, Ana Maria C. Tavares, Cecília Setsuko, Dirce Y. Yamamoto, Leandra Trindade, Leila dos Santos, Marina Andrade, Mônica Surrage, Renata Brabo, Rita de Cássia Sam, Sandra G. Cortés, Tatiana Malheiro
Coordenação de pesquisa iconográfica: Luciano Baneza Gabarron
Pesquisa iconográfica: Cristina Mota, Márcia Sato
Coordenação de *bureau*: Rubens M. Rodrigues
Tratamento de imagens: Ademir Francisco Baptista, Joel Aparecido, Luiz Carlos Costa, Marina M. Buzzinaro
Pré-impressão: Alexandre Petreca, Everton L. de Oliveira, Marcio H. Kamoto, Vitória Sousa
Coordenação de produção industrial: Wendell Monteiro
Impressão e acabamento: Bercrom Gráfica e Editora
Lote: 797.502
Cód: 24123451

```
      Dados Internacionais de Catalogação na Publicação (CIP)
            (Câmara Brasileira do Livro, SP, Brasil)

      Tufano, Douglas
         Gramática fundamental / Douglas Tufano. --
      4. ed. -- São Paulo : Moderna, 2020.

         Obra em 5 volumes do 1º ao 5º ano.

         1. Português (Ensino fundamental) 2. Português -
      Gramática (Ensino fundamental) I. Título.

      20-33441                              CDD-372.61
```

            Índices para catálogo sistemático:

      1. Gramática : Português : Ensino fundamental   372.61

         Maria Alice Ferreira - Bibliotecária - CRB-8/7964

ISBN 978-85-16-12345-1 (LA)
ISBN 978-85-16-12346-8 (LP)

Reprodução proibida. Art. 184 do Código Penal e Lei 9.610 de 19 de fevereiro de 1998.
Todos os direitos reservados
EDITORA MODERNA LTDA.
Rua Padre Adelino, 758 – Belenzinho
São Paulo – SP – Brasil – CEP 03303-904
Vendas e Atendimento: Tel. (0_ _11) 2602-5510
Fax (0_ _11) 2790-1501
www.moderna.com.br
2024
Impresso no Brasil

1 3 5 7 9 10 8 6 4 2

Para você

Olá!

Este livro foi feito para ajudá-lo a ler e a escrever cada vez melhor.

Nele, há textos interessantes e muitas atividades para você aprender de forma agradável e divertida.

Espero que goste deste livro, que foi produzido com muito carinho especialmente para você!

Um abraço do seu amigo

Douglas Tufano

Nome: _____

Escola: _____

Veja como é o seu livro...

Em cada **capítulo**, conteúdos de **Gramática** e de **Ortografia** feitos para você aprender com facilidade.

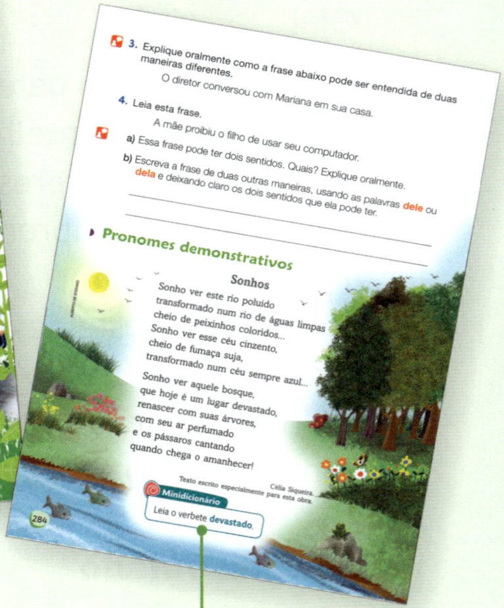

Nesta seção, você vai **aprender como usar o dicionário** para conhecer os vários sentidos das palavras.

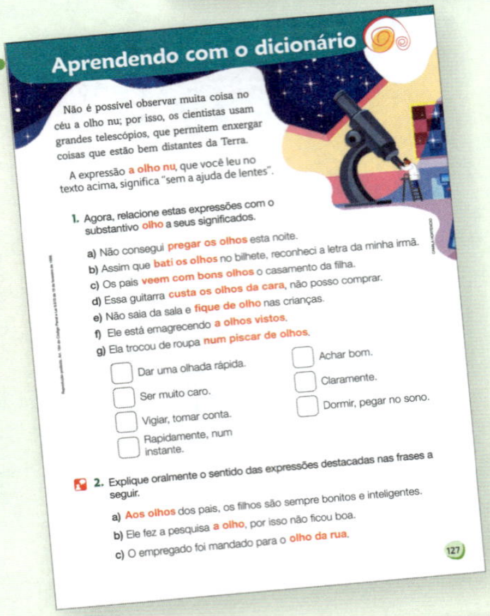

Sempre que encontrar esta vinheta, consulte no **Minidicionário** as palavras indicadas. Assim, você fica craque na **consulta a dicionários** e amplia seu vocabulário.

Com **atividades inteligentes e divertidas**, ficará mais gostoso estudar!

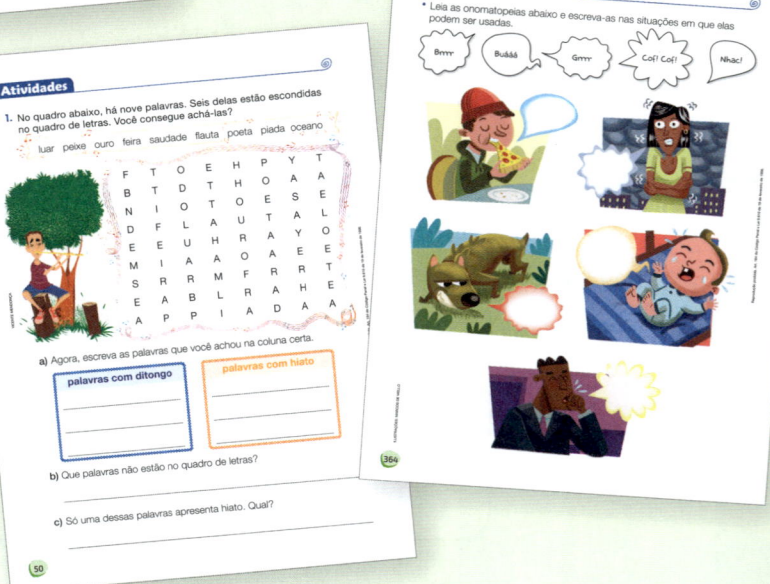

Na **Revisão**, você retoma os conteúdos estudados.

Este ícone indica que a atividade é oral

E mais!
Histórias bem ilustradas, com atividades variadas, para você ler e se divertir.

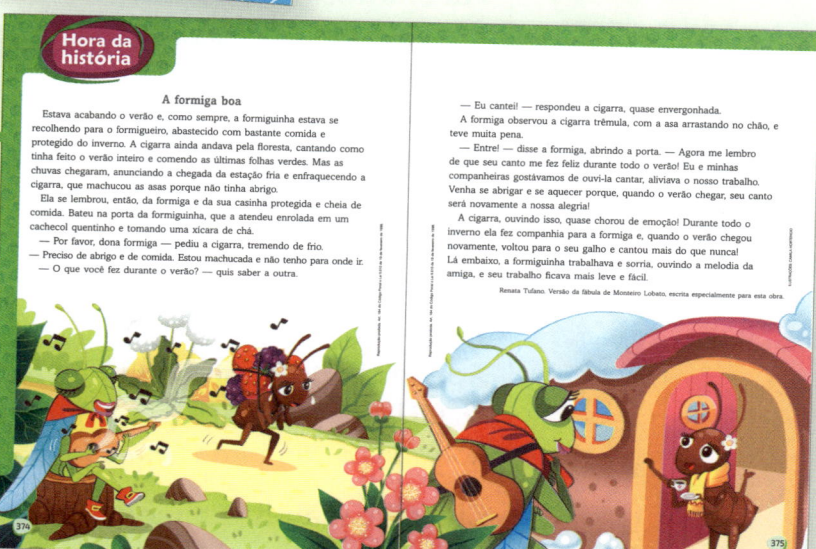

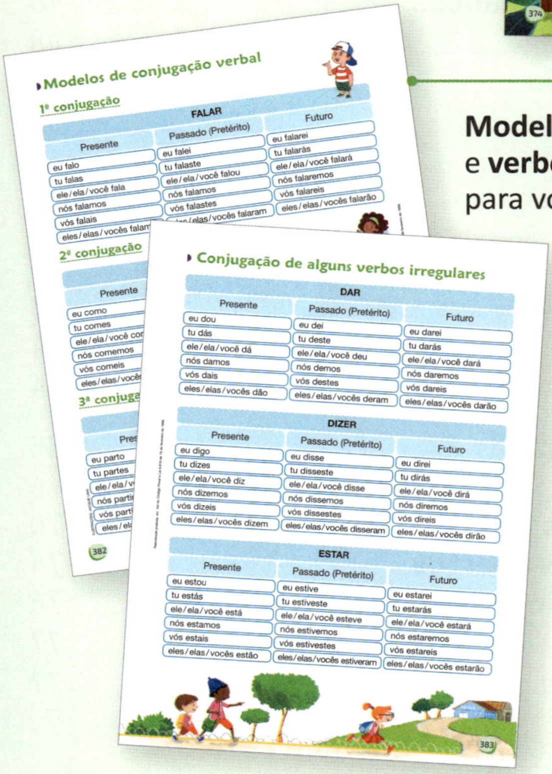

Modelos de conjugação verbal e **verbos irregulares** conjugados para você consultar quando quiser.

No final do livro, um **Minidicionário**, para você consultar sempre que quiser aprender novas palavras.

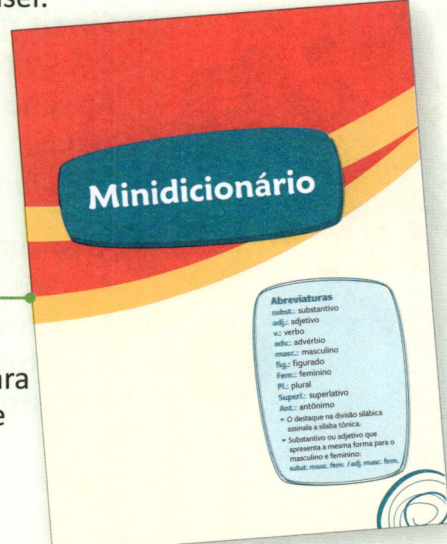

Sumário

1
- **Fonemas e letras** 10
  - *Gaturro* 10
- **Ordem alfabética** 15
- **Como usar o dicionário** 18
- **Abreviatura** 21

2
- **Sinônimos e antônimos** 24
  - *Barulhinhos do silêncio* 24
- **Homônimos** 28
  - *Armandinho* 28
- **Parônimos** 29
  - *Um cavaleiro cavalheiro* 29
- **Aprendendo com o dicionário** 33
- **H inicial** 35
  - *Hércules, um super-herói* 35

3
- **Sílaba** 39
  - *Jogos eletrônicos: não exagere!* 39
- **Sílaba tônica** 43
  - *Turma da Mônica* 43
- **Aprendendo com o dicionário** 45
- **O, OU** 46
  - *Rouxinol, o cantor das matas* 46

4
- **Classificação dos encontros vocálicos** 48
  - *[Onça-pintada]* 48
- **Aprendendo com o dicionário** 53
- **EI** 54
  - *Garfield* 54

5
- **Sinais gráficos** 58
  - *Diferentes e iguais* 58
- **Aprendendo com o dicionário** 63
- **LI, LH** 64
  - *Uma família bonita* 64

6
- **Acentuação gráfica: monossílabas** 66
  - *A raposa e as uvas* 66
- **Acentuação gráfica: oxítonas** 70
- **Acentuação gráfica: ditongos abertos** 74
- **Aprendendo com o dicionário** 76
- **G, J** 77
  - *A importância da atividade física* 77

7
- **Acentuação gráfica: paroxítonas** 80
  - *A arte da caricatura* 80
- **Acentuação gráfica: proparoxítonas** 82
  - *Não deixe de ler esta história!* 82
- **Aprendendo com o dicionário** 84
- **O, U** 85
  - *O palhaço do trampolim* 85
- **E, I** 88
  - *Os cães: amigos que dependem da gente* 88

Revisão 90

Hora da história 96
  - *O ratinho, o galo e o gato* 96

8
- **Tipos de frase** 100
  - *Garfield* 100
- **Aprendendo com o dicionário** 105
- **C, Ç, SC, SÇ** 107
  - *A cozinha da avó* 107

9
- **Sinais de pontuação** 110
  - *Conversando no parque* 110
- **Aprendendo com o dicionário** 116
- **S, SS** 118
  - *Você gosta de fazer fofocas? Que feio!* 118

10
- **Usos da vírgula** 120
  - *A vírgula pode mudar tudo!* 120
- **Aprendendo com o dicionário** 127
- **Por que, por quê, porque** 128
  - *Por que o palhaço tem esse nome?* 128

11
- **Substantivo comum e próprio** 132
- **Substantivo coletivo** 136
  - *Constelações* 136
- **Substantivo simples e composto** 140
- **Substantivo primitivo e derivado** 143
- **Aprendendo com o dicionário** 145
- **Sons do X** 146
  - *Mônica* 146

12
- **Gêneros do substantivo** 150
  - *Presentes* 150
- **Aprendendo com o dicionário** 163
- **Encontros consonantais** 165
  - *Você conhece a calopsita?* 165

13
- **Números do substantivo** 170
  - *Desejo de morar numa nuvem* 170
- **Aprendendo com o dicionário** 181
- **L, U** 183
  - *O papel e a tinta* 183

Sumário

14
- **Graus do substantivo** ... 188
- *O pastor e o filhote de lobo* ... 188
- **Aprendendo com o dicionário** ... 198
- **INHO(A), ZINHO(A)** ... 199
- *Pequeno e bonitinho* ... 199

- **Revisão** ... 202
- **Hora da história** ... 206
- *O cão e o lobo* ... 206

15
- **Artigo** ... 210
- *Minduim* ... 210
- **Aprendendo com o dicionário** ... 215
- **Uso de super e ultra** ... 216
- *Quem é super-herói?* ... 216

16
- **Adjetivo** ... 220
- *Fatos curiosos sobre os olhos* ... 220
- **Aprendendo com o dicionário** ... 231
- **ÊS/ESA, ENSE** ... 232
- *Bicho de sete cabeças* ... 232

17
- **Graus do adjetivo** ... 236
- *Montanha-russa* ... 236
- **Aprendendo com o dicionário** ... 246
- **OSO/OSA** ... 248
- **EZA** ... 250
- *A beleza das pinturas de Van Gogh* ... 250

18
- **Numeral** ... 252
- *Gaturro* ... 252
- **Aprendendo com o dicionário** ... 261
- **Escrita dos cardinais: uso do E** ... 262
- *Armandinho* ... 262

19
- **Pronomes pessoais** ... 264
- *O Sol e o Vento* ... 264
- **Aprendendo com o dicionário** ... 276
- **QUE, QUI, QUA/GUE, GUI, GUA** ... 277
- *Nuvens brancas e escuras* ... 277

20
- **Pronomes possessivos** ... 280
- *Planeta Terra: nossa nave espacial* ... 280
- **Pronomes demonstrativos** ... 284
- *Sonhos* ... 284
- **Aprendendo com o dicionário** ... 288
- **Uso de mini, anti, semi** ... 289
- *Um minimorcego* ... 289

- **Revisão** ... 292
- **Hora da história** ... 296
- *O homem rico que não tinha nada* ... 296

21
Verbo: conjugações e tempos 300
Amanhecer 300
Conjugar um verbo 304
Aprendendo com o dicionário 307
RAM, RÃO 308

22
Modos do verbo 310
Aprendendo com o dicionário 317
ECER 318

23
Verbos irregulares 320
Armandinho 320
Aprendendo com o dicionário 325
E, ÊM, Ê, EEM 326
Surfando, caindo e aprendendo 326

24
Advérbio 330
Você é bagunceiro? 330
Aprendendo com o dicionário 336
Traz, trás, atrás 338

25
Preposição 340
As árvores e o machado 340
Aprendendo com o dicionário 348
AÇÃO, ÊNCIA 350

26
Pronomes indefinidos 352
Armandinho 352
Você e os outros 352
Pronomes interrogativos 354
O que é, o que é? 354
Aprendendo com o dicionário 356
ISAR, IZAR 358

27
Interjeição 360
Cuidado com a propaganda! 360
Onomatopeia 363
Charge de Arionauro 363
Aprendendo com o dicionário 365
Ora e hora, hum e um, ah e há 366

Revisão 369
Hora da história 374
A formiga boa 374
A formiga má 377

Despedida 380

Modelos de conjugação verbal e Conjugação de alguns verbos irregulares 381

Minidicionário 387

1

▸ Fonemas e letras

Quando falamos, usamos **sons**, que recebem o nome de **fonemas**. Quando escrevemos, usamos **letras**, que representam os sons da fala. O conjunto das letras compõe o **alfabeto**. O alfabeto da língua portuguesa tem 26 letras.

Alfabeto maiúsculo

A B C D E F G H I J K L M N
O P Q R S T U V W X Y Z

Alfabeto minúsculo

a b c d e f g h i j k l m n
o p q r s t u v w x y z

K, W, Y: atenção com essas letras especiais

As letras **K/k** (cá), **W/w** (dáblio) e **Y/y** (ípsilon) são usadas em palavras estrangeiras, nomes próprios e abreviaturas. Veja alguns exemplos a seguir.

K/k

Karina, **K**léber, **K**átia, ***k**art*, **k**g (abreviatura de quilograma), **km** (abreviatura de quilômetro).

Kátia e **Kléber** gostam de correr de ***kart***, um pequeno carro de corrida. Eles usam o ***kart*** infantil, que é próprio para crianças e pode alcançar até 30 **km** por hora.

W/w

Conforme a palavra, essa letra pode ter som de **v** ou som de **u**.

Wágner, **W**álter, **W**anda ⟶ som de **v**

William, *sho**w***, **w**indsurfe ⟶ som de **u**

Wanda e **William** dão ***show*** de **windsurfe**, um esporte aquático que se pratica com prancha equipada com vela.

Y/y

Essa letra tem, geralmente, som de **i**: Micke**y**, **Y**asmin, **Y**úri, motobo**y**.

Yúri trabalha como **motoboy**.

Atividades

1. Troque a consoante colorida por outra e forme novas palavras. Vamos ver quem consegue formar mais palavras!

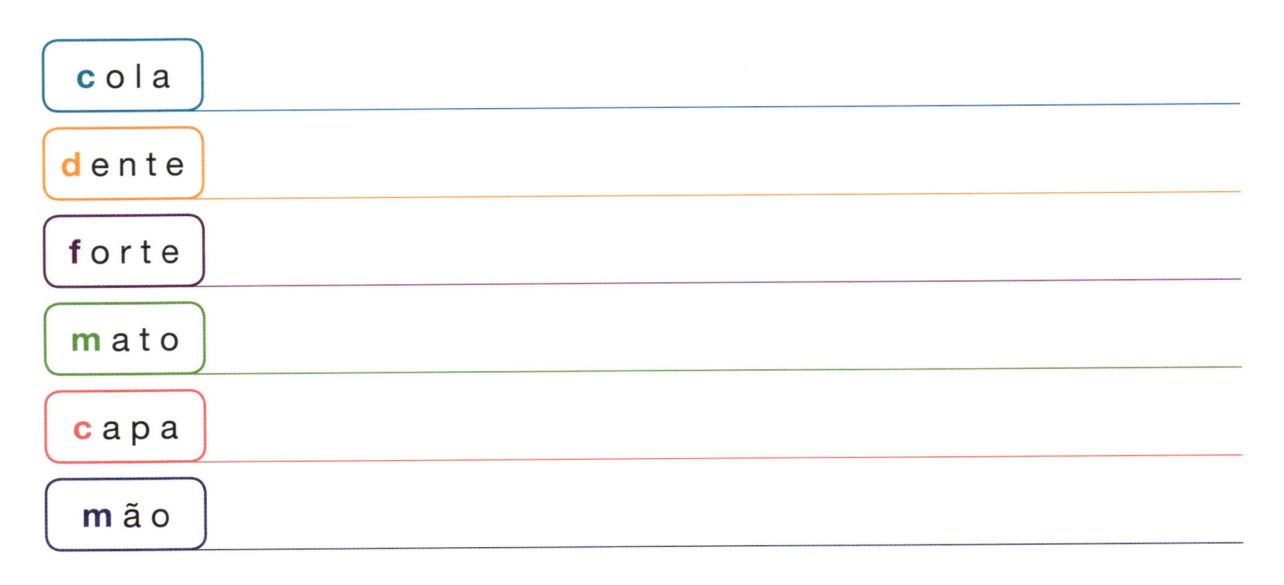

- **c** o l a
- **d** e n t e
- **f** o r t e
- **m** a t o
- **c** a p a
- **m** ã o

2. Leia as palavras abaixo.

lei   ouro   lua   lar   ave   tela   aqui   vela   ideia   amor

- Agora, encontre no quadro de letras oito dessas palavras: cinco começando com vogal e três começando com consoante.

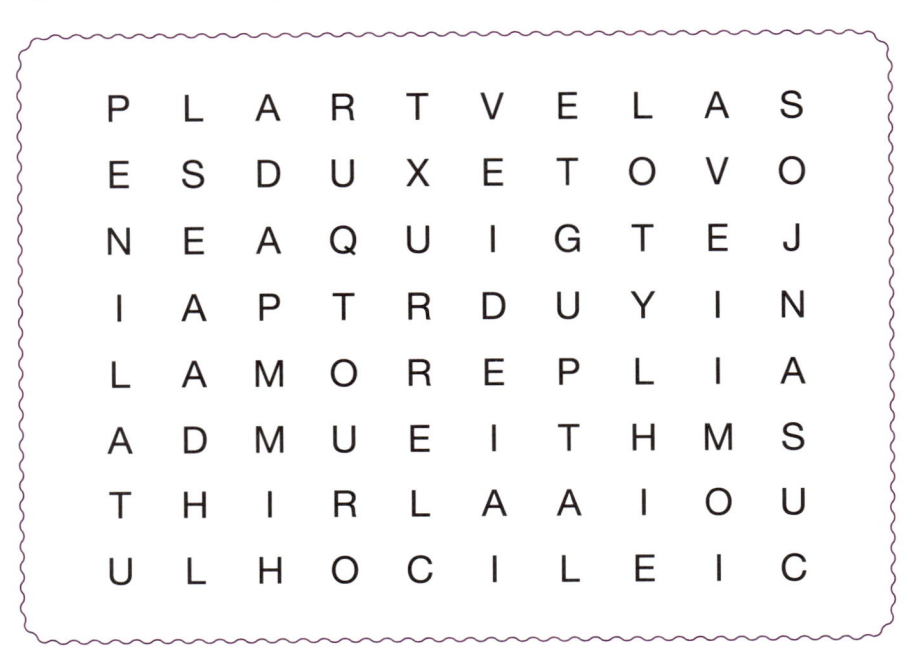

P	L	A	R	T	V	E	L	A	S
E	S	D	U	X	E	T	O	V	O
N	E	A	Q	U	I	G	T	E	J
I	A	P	T	R	D	U	Y	I	N
L	A	M	O	R	E	P	L	I	A
A	D	M	U	E	I	T	H	M	S
T	H	I	R	L	A	A	I	O	U
U	L	H	O	C	I	L	E	I	C

3. As letras destacadas de cada palavra estão na posição certa, mas as outras estão fora de ordem. Escreva as palavras corretamente.

tedloha _____   ricna**ç**a _____

amcni**ho** _____   iam**z**aed _____

erp**sen**et _____   **so**irosr _____

4. Troque a vogal destacada por outra e forme novas palavras.

p**i**nta _____   b**e**rro _____

s**i**no _____   m**o**la _____

f**o**go _____   s**e**la _____

m**o**lho _____   l**a**go _____

r**o**sto _____   l**i**nda _____

lent**o** _____   s**i**m _____

5. Quantas palavras você consegue formar usando as letras do quadro? Atenção: cada letra só pode ser usada uma vez em cada palavra.

R   A   N   I   M   U   L   O   D   E   T

_____

_____

_____

_____

14

Ordem alfabética

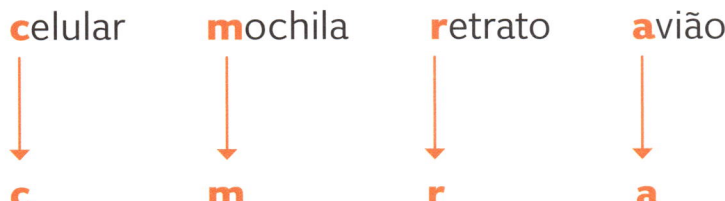

A ordem em que as letras aparecem no alfabeto é chamada de **ordem alfabética**.

É importante saber bem a ordem alfabética, porque é assim que as palavras são apresentadas em dicionários, guias de ruas, listas de contato em agendas etc.

Leia, por exemplo, estas palavras e observe as letras iniciais de cada uma.

celular   **m**ochila   **r**etrato   **a**vião

c   m   r   a

Para escrever essas palavras na ordem alfabética, basta lembrar a posição das letras iniciais no alfabeto e seguir essa sequência.

A B **C** D E F G H I J K L **M** N O P Q **R** S T U V W X Y Z

Portanto, essas palavras ficam assim em ordem alfabética:

avião   **c**elular   **m**ochila   **r**etrato

Quando as palavras começam com a mesma letra

- Quando as palavras começam com a mesma letra, é a segunda letra de cada uma que determina a ordem alfabética. Observe.

    fita   fazenda   feira   furo   foto

    Na ordem alfabética: fazenda, feira, fita, foto, furo.

- Quando as duas primeiras letras das palavras são iguais, é a terceira letra que determina a ordem alfabética. Observe.

    café   cadeira   cabide   castelo   cama

    Na ordem alfabética: cabide, cadeira, café, cama, castelo.

- Quando as três primeiras letras das palavras são iguais, é a quarta letra que determina a ordem alfabética, e assim por diante.

Atividades

1. Numere as palavras dos grupos conforme a ordem alfabética.

a) relógio   data   madeira   palhaço   foca

b) loja   caixa   urso   macaco   rua

2. O que é, o que é?

Para saber as respostas das adivinhas, troque as letras por aquelas que vêm **antes** no alfabeto.

a) O que quanto mais se perde mais se tem?

t p o p ····▶ _____

b) O que tem cinco dedos, mas não tem unha?

m v x b ····▶ _____

CARLITOS

c) O que sem cabeça fica mais alto?

u s b w f t t f j s p

_____ _____ _____ _____ _____ _____ _____ _____ _____

d) O que tem pernas, mas não anda; tem braços, mas não abraça?

d b e f j s b ·····▶ _____ _____ _____ _____ _____ _____ _____

3. Numere os nomes dos países abaixo de acordo com a ordem alfabética.

Uruguai	Brasil	Espanha	Equador	Argentina
☐	☐	☐	☐	☐

Venezuela	Peru	Chile	Colômbia	México
☐	☐	☐	☐	☐

4. Descubra o segundo nome destes alunos escrevendo na ordem alfabética os nomes que estão no quadro ao lado.

1. Maria _____

2. Antônio _____

3. Teresa _____

4. Luís _____

5. Ana _____

6. José _____

Roberto
Beatriz
Carlos
Felipe
Lúcia
Cristina

Como usar o dicionário

O dicionário oferece ao usuário o significado das palavras. Elas aparecem em ordem alfabética e recebem o nome de **verbete**.

O verbete fornece diversas informações sobre a palavra: a explicação do que ela quer dizer, mostrando exemplos, a classe gramatical (substantivo, adjetivo, verbo etc.), a divisão silábica, o plural, o superlativo e a pronúncia, dentre outras.

Veja.

- nome do verbete → **especial**
- divisão silábica → es.pe.ci.**al**
- sílaba tônica → **al**
- abreviatura de adjetivo masculino e feminino (a mesma forma nos dois gêneros) → adj. masc. fem.
- explicação do significado → Fora do comum, diferente dos outros:
- frase de exemplo → *Hoje é um dia especial para mim, pois faço aniversário.*
- indicação do plural → ■ Pl.: especiais.
- indicação do superlativo → ■ Superl.: especialíssimo.

- nome do verbete → **caso**
- divisão silábica → ca.so
- sílaba tônica → **ca**
- abreviatura de substantivo masculino → subst. masc.
- explicação do significado → Fato, acontecimento:
- frase de exemplo → *Contou-me um caso engraçado.* ▲ **criar caso** Criar confusão: *Ele é encrenqueiro, vive criando caso com os outros.* ▲ **fazer pouco caso** Não dar importância: *Fez pouco caso do meu pedido.*
- símbolo que indica expressão formada com a palavra do verbete

18

Palavras de referência

Para facilitar a localização de um verbete, os dicionários apresentam, no alto de cada página, duas palavras de referência. A palavra da esquerda indica o primeiro verbete da página e a palavra da direita indica o último verbete da página. Sabendo a ordem alfabética, descobrimos se a palavra que procuramos se encontra ou não entre essas duas palavras de referência.

Veja um exemplo de página do **Minidicionário**, que você encontra no final do livro, com as palavras de referência.

acabar — **assento**

acabar a.ca.**bar**
   v. Terminar, concluir: *Ele acabou a tarefa.* ▪ Ant.: iniciar, começar.

aceitar a.cei.**tar**
   v. Concordar em receber o que é oferecido: *Aceitei o presente que me deram.* ▪ Ant.: recusar.

acento a.**cen**.to
   subst. masc. Sinal gráfico que se põe sobre a vogal de certas palavras: *A palavra* café *tem acento.*

achar a.**char**
   v. **1.** Encontrar: *Achei este lápis no chão.* **2.** Pensar: *Acho que vai chover daqui a pouco.*

admirável ad.mi.**rá**.vel
   adj. masc. fem. Que merece elogio: *Parabéns, sua atitude foi admirável.*
   ▪ Pl.: admiráveis.
   ▪ Superl.: admirabilíssimo.

adquirir ad.qui.**rir**
   v. **1.** Comprar: *Adquiri um bom livro.* **2.** Obter, ganhar: *Adquiri muitos conhecimentos nesse curso.*

agradável a.gra.**dá**.vel
   adj. masc. fem. Que agrada, que dá prazer: *lugar agradável.*
   ▪ Pl.: agradáveis.
   ▪ Superl.: agradabilíssimo.
   ▪ Ant.: desagradável.

aguardar a.guar.**dar**
   v. Esperar: *Estou aguardando o ônibus.*

ajudar a.ju.**dar**
   v. Auxiliar: *Ajudei meu colega a fazer o trabalho.*

alegrar a.le.**grar**
   v. Deixar alegre: *A notícia da viagem alegrou a criançada.*
   ▪ Ant.: entristecer.

alegre a.**le**.gre
   adj. masc. fem. Contente, feliz: *Ela ficou alegre com o presente que ganhou.* ▪ Superl.: alegríssimo.
   ▪ Ant.: triste.

alto **al**.to
   adj. **1.** Que tem grande estatura: *homem alto.* **2.** Elevado: *muro alto.* **3.** Que soa forte: *som alto.*
   ▪ Superl.: altíssimo. ▪ Ant.: baixo.

amar a.**mar**
   v. Gostar muito: *Ela ama seus pais.*
   ▪ Ant.: odiar.

ancião an.ci.**ão**
   subst. masc. Homem idoso: *Vimos um ancião com longas barbas brancas.*
   ▪ Fem.: anciã.
   ▪ Pl.: anciãos, anciãs.

ansioso an.si.**o**.so [ô]
   adj. Que está esperando muito que alguma coisa aconteça: *À tarde, o cãozinho sempre fica ansioso pela chegada do garoto.* ▪ Fem.: ansiosa [ó]
   ▪ Pl.: ansiosos [ó], ansiosas [ó].
   ▪ Superl.: ansiosíssimo.

aparecer a.pa.re.**cer**
   v. Surgir: *Quando anoitece, a lua aparece no céu.* ▪ Ant.: desaparecer.

apavorar a.pa.vo.**rar**
   v. Assustar muito, provocar pavor: *O barulho dos trovões apavorou as crianças.*

assento as.**sen**.to
   subst. masc. Parte do móvel onde sentamos: *O assento dessa cadeira é macio.*

Atividades

1. Assinale Ⓒ **certo** ou Ⓔ **errado**. No dicionário:

   a) a palavra **riacho** está entre **rio** e **risada**. Ⓒ ⋯ Ⓔ

   b) a palavra **loja** está entre **lobo** e **luta**. Ⓒ ⋯ Ⓔ

   c) a palavra **quintal** está entre **quilômetro** e **quinteto**. Ⓒ ⋯ Ⓔ

   d) a palavra **parque** está entre **parte** e **partida**. Ⓒ ⋯ Ⓔ

   e) a palavra **risada** está entre **riqueza** e **risonho**. Ⓒ ⋯ Ⓔ

2. Complete as frases escrevendo **antes** ou **depois**. No dicionário:

   a) a palavra **cabide** vem _____ da palavra **casa**.

   b) a palavra **celular** vem _____ da palavra **cela**.

   c) a palavra **quente** vem _____ da palavra **quieto**.

   d) a palavra **estrada** vem _____ da palavra **estrago**.

   e) a palavra **frango** vem _____ da palavra **fraco**.

3. Troque as letras por aquelas que vêm **depois** no alfabeto e forme nomes de pessoas.

C d m h r d	___ ___ ___ ___ ___ ___
O d c q n	___ ___ ___ ___ ___
Q n c q h f n	___ ___ ___ ___ ___ ___ ___
R t d k h	___ ___ ___ ___ ___
Q t a d m r	___ ___ ___ ___ ___ ___
L h f t d k	___ ___ ___ ___ ___ ___

Reforço ortográfico

Abreviatura

Abreviatura é a representação de uma palavra por meio de algumas de suas letras.

Exemplos.
Av. ⟶ Avenida
Prof. ⟶ Professor
Dr. ⟶ Doutor
R. ⟶ Rua

A palavra **abreviatura** deriva do verbo **abreviar**, que significa encurtar, tornar menor.

Reforço ortográfico

As abreviaturas geralmente terminam por uma consoante seguida de ponto. Para fazer o plural da maioria das abreviaturas, acrescentamos **s** à forma do singular. Observe.

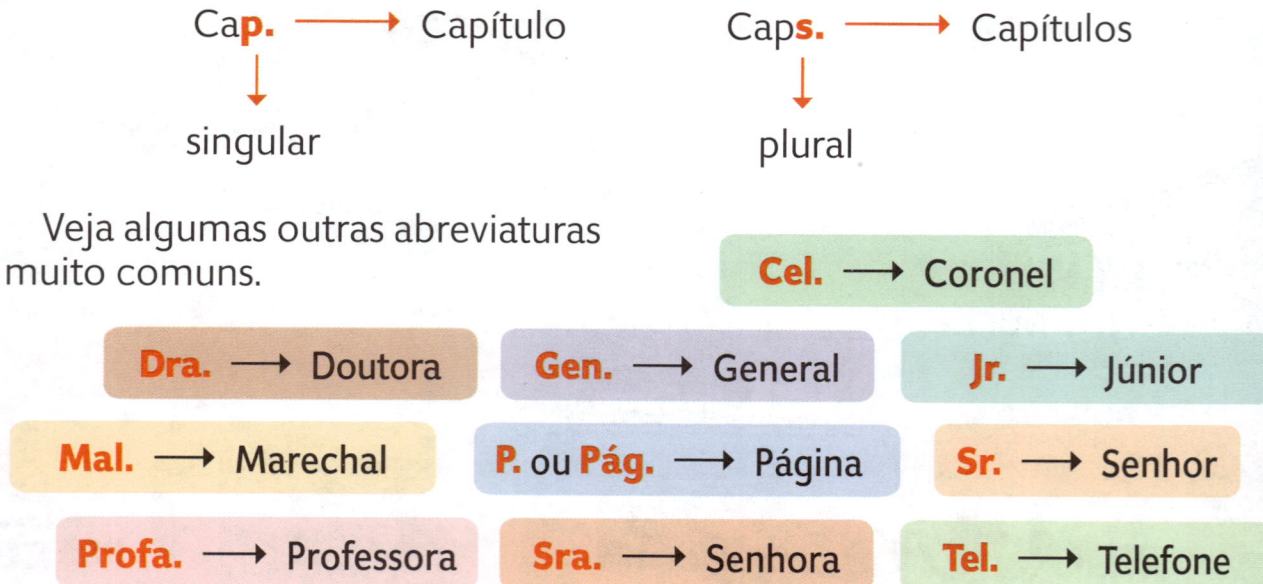

Veja algumas outras abreviaturas muito comuns.

- **Cel.** → Coronel
- **Dra.** → Doutora
- **Gen.** → General
- **Jr.** → Júnior
- **Mal.** → Marechal
- **P.** ou **Pág.** → Página
- **Sr.** → Senhor
- **Profa.** → Professora
- **Sra.** → Senhora
- **Tel.** → Telefone

Atividades

1. Escreva por extenso as abreviaturas abaixo.

- Prof. Carlos →
- Profas. Marisa e Odete →
- R. Cel. Mendonça →
- Sr. Almeida Jr. →
- Drs. Marcos e Artur →
- Prezada Sra. Judite →
- Av. Liberdade →
- R. Mal. Deodoro →

2. Escreva a abreviatura das palavras destacadas.

Professores Danilo e Marcelo →

Página 45, **capítulo** 12 →

Paulo Lima **Júnior** →

Doutoras Cláudia e Fabiana →

Professora Renata →

3. Observe as figuras e leia os nomes nas placas em voz alta.

2

▶ Sinônimos e antônimos

Barulhinhos do silêncio

Mamãe acordou com o toque de uma mão em seus cabelos. Abriu os olhos e viu um pequeno vulto à sua frente.

— Mãe, mamãe, sou eu — disse Hugo, baixinho. — Não consigo dormir.

— Por que não? — perguntou mamãe.

— Porque hoje o silêncio está fazendo muito barulho.

— Ah! Hugo... vá para a cama.

— Não posso. O silêncio está fazendo *pim, pim, pim*. Ouça, mamãe.

E, de fato, mamãe ouviu.

— Já sei o que é — disse ela, levantando-se da cama. — Alguém deixou a torneira da pia pingando.

Mamãe mostrou para Hugo a torneira mal fechada. Cada gota que caía na louça da pia batia fazendo *pim, pim, pim*.

— Pronto, meu bem. Agora, vá dormir.

— Deixa eu ficar só um pouquinho com você? — pediu Hugo. — Não gosto desses barulhinhos do silêncio.

— Barulhinhos do silêncio, Hugo?

— É, sim. Esses barulhinhos que a gente ouve de noite quando todos dormem. Tem uma porção deles. Você não ouve?

— Ouço, claro. É que à noite tudo fica mais calmo e a gente presta mais atenção em alguns sons que, na verdade, existem durante todo o dia...

Os dois deitaram na cama do menino e, abraçados, ficaram ouvindo os tais barulhinhos da noite.

Sonia Salerno Forjaz. *Barulhinhos do silêncio*. São Paulo: Moderna, 2019.

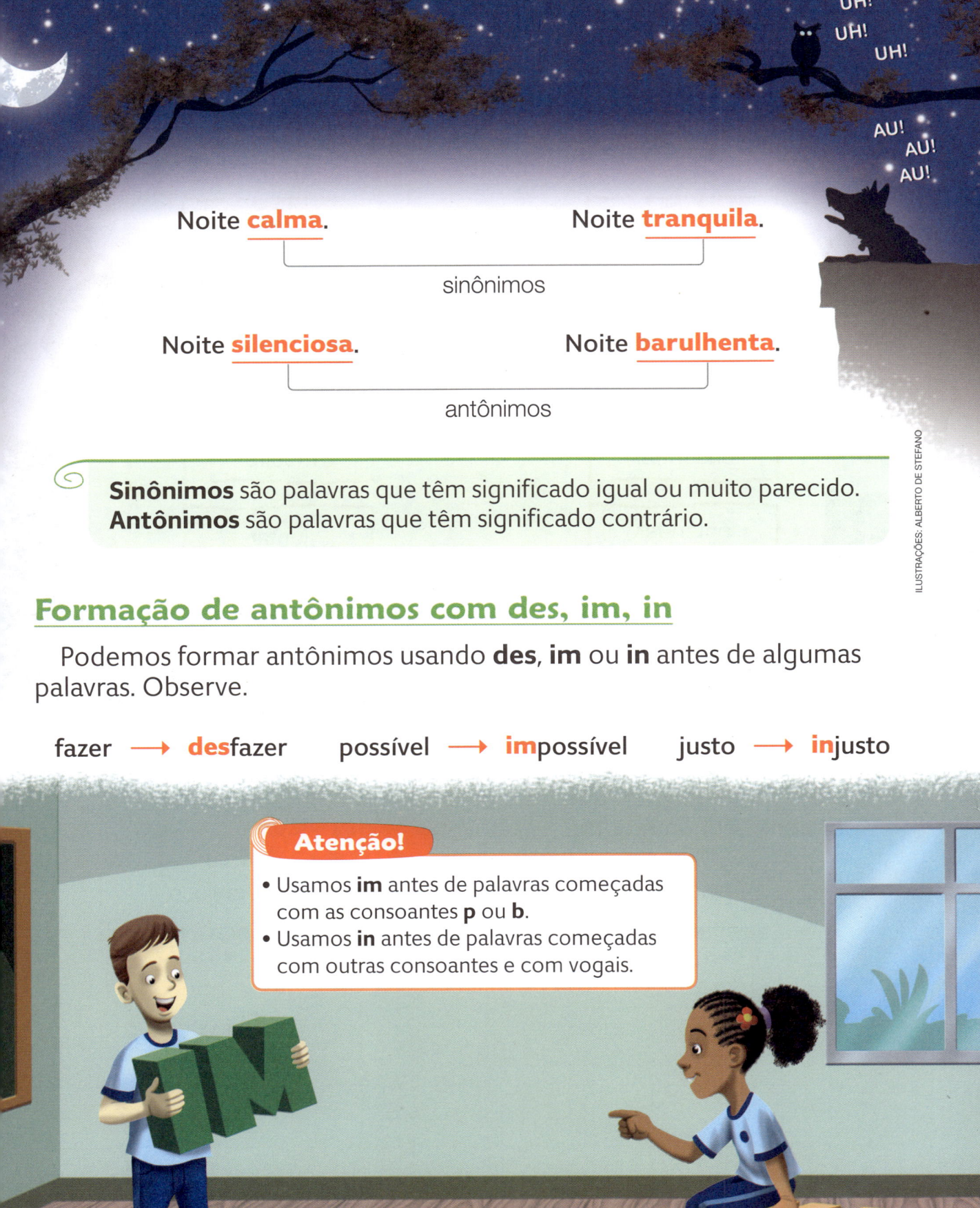

Noite **calma**.   Noite **tranquila**.

sinônimos

Noite **silenciosa**.   Noite **barulhenta**.

antônimos

Sinônimos são palavras que têm significado igual ou muito parecido.
Antônimos são palavras que têm significado contrário.

Formação de antônimos com des, im, in

Podemos formar antônimos usando **des**, **im** ou **in** antes de algumas palavras. Observe.

fazer → **des**fazer   possível → **im**possível   justo → **in**justo

Atenção!

- Usamos **im** antes de palavras começadas com as consoantes **p** ou **b**.
- Usamos **in** antes de palavras começadas com outras consoantes e com vogais.

Atividades

1. Relacione as colunas e forme pares de sinônimos.

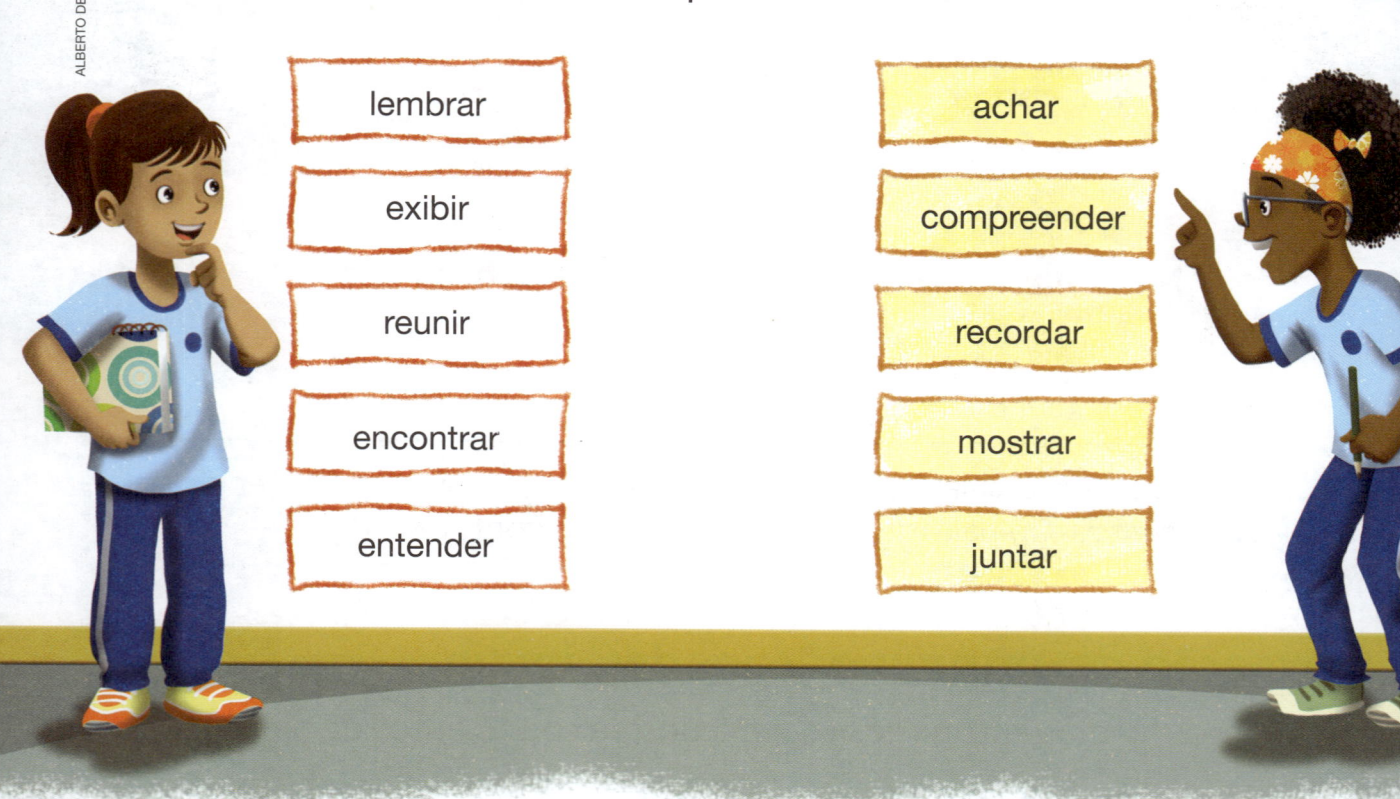

2. Usando as palavras do quadro abaixo, forme seis pares de sinônimos. Atenção: uma das palavras vai sobrar, pois não forma par com nenhuma outra.

> longo   veloz   vagaroso   erguer   princípio   maluco
> valente   rápido   início   louco   levantar   comprido   lento

_____

_____

_____

- Que palavra sobrou? Dê um sinônimo dessa palavra.

_____

3. Leia as palavras do quadro. Os antônimos de seis delas estão escondidos no quadro de letras. Você consegue encontrá-los?

> entrar   errado   chorar   fraco   descer   limpo   fechar   prender

S	E	F	I	R	U	E	C	N
C	O	O	S	A	S	E	S	A
S	A	R	A	V	U	Z	U	F
O	S	T	I	J	A	B	J	E
A	C	E	R	T	O	R	O	C
B	U	U	D	R	B	C	R	H
R	T	B	I	S	C	B	A	R
I	A	E	S	U	B	I	R	L
R	R	N	E	B	T	E	R	A

a) Escreva na ordem alfabética os seis antônimos que você encontrou.

1. _____   2. _____

3. _____   4. _____

5. _____   6. _____

b) Quais são as duas palavras que não têm antônimos no quadro de letras? _____

c) Quais são os antônimos dessas palavras? _____

4. Forme antônimos das palavras abaixo usando **des**, **im** ou **in**.

a) justiça _____   b) útil _____

c) gratidão _____   d) capaz _____

e) ordem _____   f) embarque _____

g) puro _____   h) confiança _____

27

Homônimos

cestas   **sextas**

homônimos

> **Homônimos** são palavras que têm a mesma pronúncia, mas significados diferentes.

Além da mesma pronúncia, há homônimos que têm até a mesma escrita. Veja.

Ele comeu **manga** e sujou a **manga** da camisa.

fruta   parte da camisa

Parônimos

Um cavaleiro cavalheiro

Lá na festa da fazenda,
A menina elegante
Levou um escorregão.
Mas logo um cavaleiro,
Bonito e bem cavalheiro,
Foi levantá-la do chão.

cavaleiro — homem que anda a cavalo

cavalheiro — homem gentil, educado

parônimos

> **Parônimos** são palavras parecidas na escrita e na pronúncia, mas com significados diferentes.

Trocadilhos: brincadeiras com os parônimos

Muitas brincadeiras com a linguagem, chamadas trocadilhos, são feitas com os parônimos. É o que podemos ver, por exemplo, na tira abaixo.

Jean Galvão

Nessa tira, o autor brincou com a semelhança sonora das palavras **gude** e **grude**.

Atividades

1. Leia os textos abaixo e explique oralmente os trocadilhos feitos.

Sabe o que a mosca estava fazendo dentro do avião?

Trabalhando. Ela é uma "aeromosca".

Sabe qual é a fruta favorita das cabras?

A "jabuticabra".

Sabe por que a espiga de milho ficou rica e famosa? Porque ela assinou um contrato "milhonário".

Sabe como se chama um cachorro que vence todas as competições?

Um "cãopeão".

2. Complete cada frase com uma das palavras dos quadros coloridos. Se for necessário, consulte o **Minidicionário** para saber o significado dos homônimos e parônimos.

a) Gosto muito de pêssego em _____.
   cauda/calda

b) Os jogadores trocam de roupa no _____.
   vestuário/vestiário

c) O vestido da noiva tinha uma longa _____.
   cauda/calda

d) Bruna canta no _____ da igreja.
   couro/coro

e) Vamos medir o _____ desta sala.
   comprimento/cumprimento

f) Quantos _____ há neste ônibus?
   assentos/acentos

g) O cachorrinho abanou a _____ de alegria.
   cauda/calda

h) O vaqueiro vestiu uma roupa de _____.
   couro/coro

i) A palavra ônibus tem _____ circunflexo.
   assento/acento

j) Eu _____ muito que você perdeu seu _____ novo.
   cinto/sinto   cinto/sinto

Fique atento a estes casos!

Às vezes, sem perceber, juntamos em uma frase palavras que, na pronúncia, formam uma combinação engraçada, como se fosse outra palavra.

Leia em voz alta esta frase.

Ele deu uma mão para o pai na limpeza do carro.

Ele deu uma mão, ou seja, prestou auxílio ao pai, ou ofereceu a ele um mamão, deu-lhe uma fruta durante a limpeza do carro?

Veja outro exemplo desse fenômeno nesta tira.

Esse tipo de combinação de palavras se chama **cacófato**, uma palavra que significa "som ruim ou desagradável". Por isso, atenção na hora de escrever!

3. Leia as frases abaixo em voz alta, identifique os cacófatos e escreva-os.

   a) Não sei o que ela tinha ontem, parecia nervosa.

   _____

   b) Pegue a criança e limpe a boca dela.

   _____

   c) Querida, quero amá-la para sempre.

   _____

   d) Não ponha a culpa nela por esse acidente.

   _____

   e) Vou dar balas para todos, mas é só uma por cada.

   _____

Aprendendo com o dicionário

Além dos sinônimos, muitos dicionários costumam apresentar os antônimos das palavras. O **Minidicionário** do final do livro faz isso. Leia, por exemplo, este verbete.

> **vencer** ven.**cer**
> **v.** Ganhar: *Nosso time venceu a competição.* • **Ant.**: perder.

Nesse verbete, temos um sinônimo do verbo **vencer**: **ganhar**. E temos também um antônimo, que é **perder**. Observe que a palavra **antônimo** está abreviada: **Ant**.

O dicionário nos ajuda a conhecer cada vez melhor a nossa língua. Nesta seção, presente em todos os capítulos daqui em diante, vamos fazer algumas atividades que mostram como é importante ler bem um verbete de dicionário para saber os vários sentidos que uma palavra pode ter, dependendo da frase em que está. Assim, podemos escolher os sinônimos e antônimos mais adequados a certa situação.

1. Leia este verbete.

> **arranjar** ar.ran.**jar**
> **v. 1.** Conseguir. **2.** Ordenar, ajeitar.
> **3.** Imaginar, inventar. **4.** Causar.

ALBERTO DE STEFANO

- Escreva o número dos sentidos que o verbo **arranjar** apresenta nas frases a seguir.

    a) No futebol, ele vive arranjando encrenca com os colegas. ☐

    b) Meu primo arranjou emprego nessa fábrica. ☐

    c) Ele arranjou uma desculpa para não fazer o trabalho. ☐

    d) Vamos arranjar os livros na estante. ☐

    e) Preciso arranjar tempo para estudar para a prova. ☐

f) Vou arranjar a sala, pois as visitas já vão chegar. ☐

g) Não arranje mais problemas, por favor! ☐

h) Ela arranjou um ótimo serviço naquele escritório. ☐

2. Leia o verbete.

> **volta** **vol**.ta
>
> **subst. fem. 1.** Retorno, regresso. **2.** Passeio curto. **3.** Ação de percorrer um espaço e voltar ao ponto de partida. **4.** Ação de virar ou girar; giro. **5.** Curva.

- Indique os sentidos que o substantivo **volta** apresenta nas frases abaixo.

    a) Vamos dar uma volta na praça? ☐

    b) Fiquei feliz com sua volta, já estava com saudades. ☐

    c) Ele pegou o carro e deu uma volta completa na pista de corrida. ☐

    d) Dei duas voltas na chave e deixei a porta bem fechada. ☐

    e) Esse rio faz muitas voltas antes de chegar ao mar. ☐

    f) Passei na casa dele na volta da escola. ☐

Reforço ortográfico

▶ H inicial

Hércules, um super-herói

As histórias de Hércules encantavam adultos e crianças na antiga Grécia. Suas aventuras fazem parte da mitologia grega. Mitologia é o nome que se dá ao conjunto de lendas de um povo em que aparecem deuses e deusas, monstros e super-heróis.

Hércules é um herói com força fora do comum cujas façanhas no combate a monstros terríveis emocionavam as pessoas. Essas histórias foram criadas pelos antigos gregos, muitos anos atrás, mas ainda hoje atraem muita gente. Até jogos eletrônicos e filmes sobre a vida desse semideus são produzidos.

Minidicionário

Leia o verbete **façanha**.

Reforço ortográfico

Hércules   **h**erói   **h**istórias
h

> O **h** é uma letra especial. Quando não está acompanhado de **c** (**ch**), **l** (**lh**) ou **n** (**nh**), essa letra não tem som.

Leia em voz alta e compare estas palavras.

hoje   faça**nh**a   bata**lh**a   **ch**efe

Há muitas palavras que começam com **h**. Por isso, atenção na hora de escrever. Uma dica que pode ajudá-lo a usar corretamente a letra **h** é observar se a palavra deriva de outra que já tem **h**. Nesse caso, a palavra derivada também se escreve com **h**. Observe.

hora → **h**orário   **h**umor → **h**umorista

palavra primitiva   palavra derivada   palavra primitiva   palavra derivada

Atividades

1. Cada palavra abaixo deriva de outra que também começa com **h**. Quais são as palavras primitivas? Veja o exemplo.

> **Humanidade** deriva de **humano**.

a) **Honraria** deriva de _____.

b) **Horrorizado** deriva de _____.

c) **Higiênico** deriva de _____.

d) **Histórico** deriva de _____.

e) **Hospitalizar** deriva de _____.

2. Troque as letras abaixo por aquelas que vêm **antes** no alfabeto e forme palavras.

I P O F T U P → _____

I B C J U B O U F → _____

I P T Q F E B S J B → _____

I B C J U V B M → _____

- Agora, numere as palavras formadas seguindo a ordem alfabética.

3. Na formação dos antônimos com **des**, as palavras que começam com **h** perdem essa letra. Observe.

honesto: **des** + **h**onesto ⟶ **desonesto**

- Forme o antônimo das palavras abaixo usando **des**.

honestidade _____

honra _____

honrado _____

humano _____

habituar _____

4. Ordene as letras e forme quatro palavras começadas pela letra **h**.

Dica!
A letra **verde** é a penúltima de cada palavra.

a n a h ç r e ⟶ _____

o f h l e o t o ⟶ _____

r i o t h a n o z l ⟶ _____

o n a h e m g m e ⟶ _____

38

3

▶ Sílaba

Jogos eletrônicos: não exagere!

É claro que jogar *videogame* é gostoso e empolgante. O desafio de superar dificuldades e passar para uma nova fase faz a gente ficar com os olhos grudados na tela, sem prestar atenção em mais nada. E, assim, o tempo passa voando. Parece que foram poucos minutos, mas lá se foram duas, três horas ou mais. Jogar é divertido, mas cuidado com o exagero. Tudo o que é exagerado e que domina a gente faz mal.

Se você é um daqueles que não consegue ficar um dia sem jogar e chega a passar mal, fica nervoso e irritado e briga com todo mundo, atenção! Você está sendo dominado pelo jogo, e isso pode prejudicar muito sua vida. Vai começar a faltar tempo para estudar e fazer as tarefas de escola, para conversar com seus familiares, para assistir a um filme ou até para brincar com seus amigos, porque você só quer saber de ficar sozinho com seu *videogame*. Isso não é bom.

Converse com sua família e combine um tempo para jogar. Fazer um esforço para respeitar esse tempo é o primeiro passo para aprender a se controlar. E você vai ver que, de forma controlada, brincar com *videogame* será até mais divertido.

ILUSTRAÇÕES: ROBERTO WEIGAND

Minidicionário

Leia o verbete **empolgante**.

Observe estas palavras.

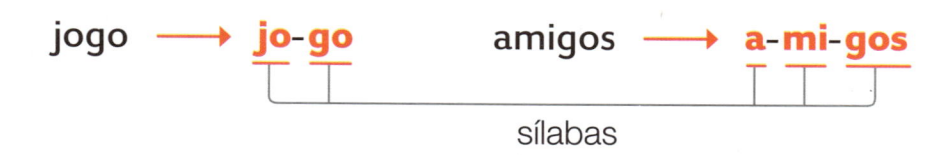

jogo ⟶ **jo-go**   amigos ⟶ **a-mi-gos**

sílabas

> Cada parte de uma palavra pronunciada de uma só vez recebe o nome de **sílaba**.

De acordo com o número de sílabas, as palavras são classificadas em:

- **monossílabas** – quando têm uma só sílaba: **mal**, **sem**, **mais**;
- **dissílabas** – quando têm duas sílabas: **você**, **vida**, **tempo**;
- **trissílabas** – quando têm três sílabas: **tarefa**, **nervoso**, **esforço**;
- **polissílabas** – quando têm quatro ou mais sílabas: **divertido**, **exagerado**, **dificuldade**.

Atividades

1. Leia esta frase.

   Na sala, a brincadeira da garotada estava muito animada.

   a) Sublinhe de **azul** as palavras polissílabas.

   b) Sublinhe de **vermelho** as palavras dissílabas.

   c) Sublinhe de **verde** a palavra trissílaba.

   d) Circule as palavras monossílabas.

2. Desafio! Quem consegue formar mais palavras dissílabas e trissílabas usando as sílabas do quadro ao lado? Já fizemos uma dissílaba como exemplo: **bola**.

do	ne	bo	na	la	ta	ma
ca	sa	to	da	pe	co	to

_____

_____

_____

3. Copie as palavras dos vagões nos lugares certos.

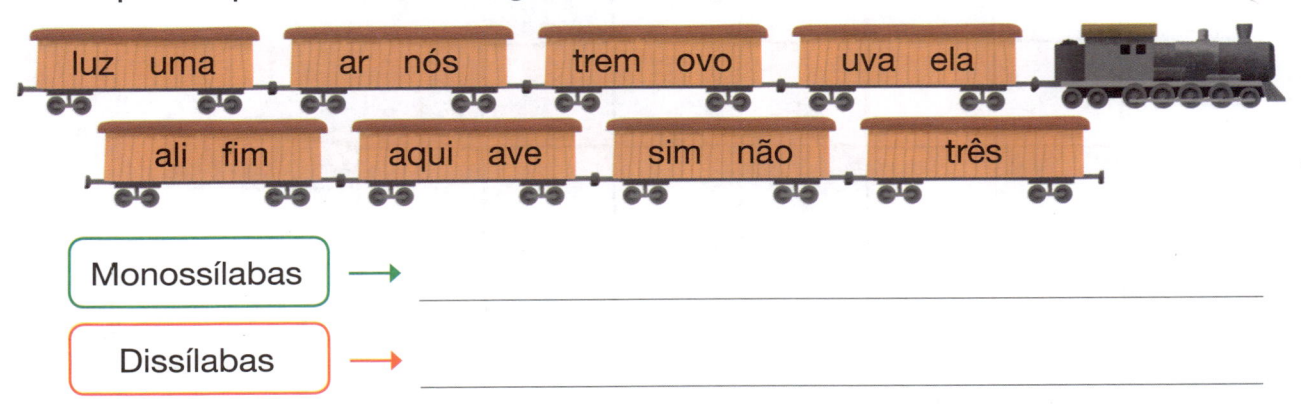

Vagões: luz uma | ar nós | trem ovo | uva ela
ali fim | aqui ave | sim não | três

Monossílabas → _____

Dissílabas → _____

4. Escreva as palavras com o número de sílabas indicado.

a) Quatro nomes de frutas com quatro sílabas.

_____

b) Quatro nomes de frutas com três sílabas.

_____

c) Quatro nomes de frutas com duas sílabas.

_____

d) Cinco nomes de animais com três ou mais sílabas.

_____

5. Cruzadinhas de sílabas.

1. Antônimo de inimigo. **2.** Ter confiança. **3.** Olhar fixamente para alguém. **4.** Antônimo de barato. **5.** Sinônimo de narrar, relatar. **6.** Antônimo de abaixar. **7.** Marcar muitos gols numa partida. **8.** Masculino de égua. **9.** Um certo lugar. **10.** Buraco feito na terra para plantar árvore, enterrar alguma coisa etc.

6. Vamos brincar com as sílabas! Troque as sílabas de posição e forme novas palavras. Veja o exemplo.

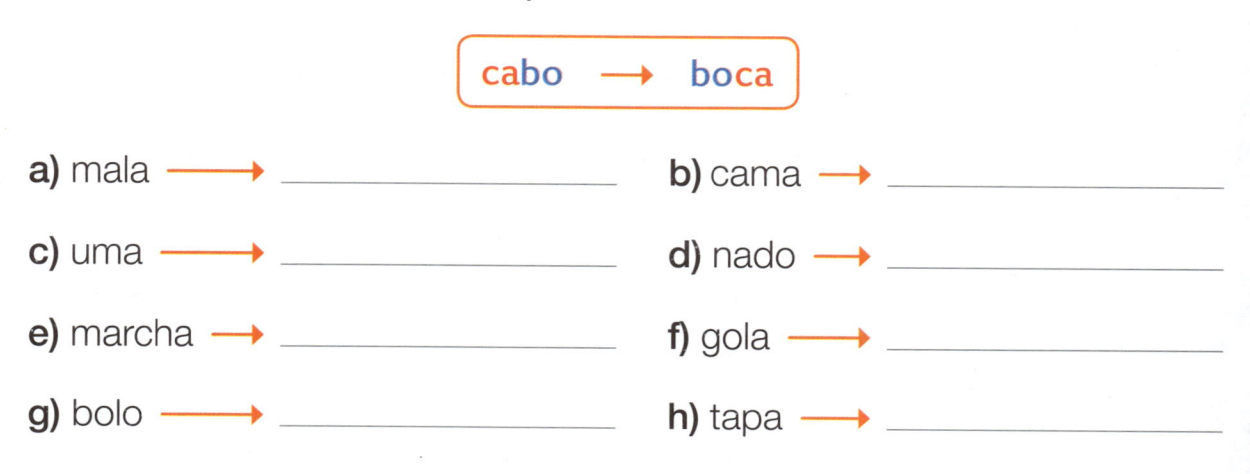

cabo → boca

a) mala → _____   b) cama → _____

c) uma → _____   d) nado → _____

e) marcha → _____   f) gola → _____

g) bolo → _____   h) tapa → _____

Sílaba tônica

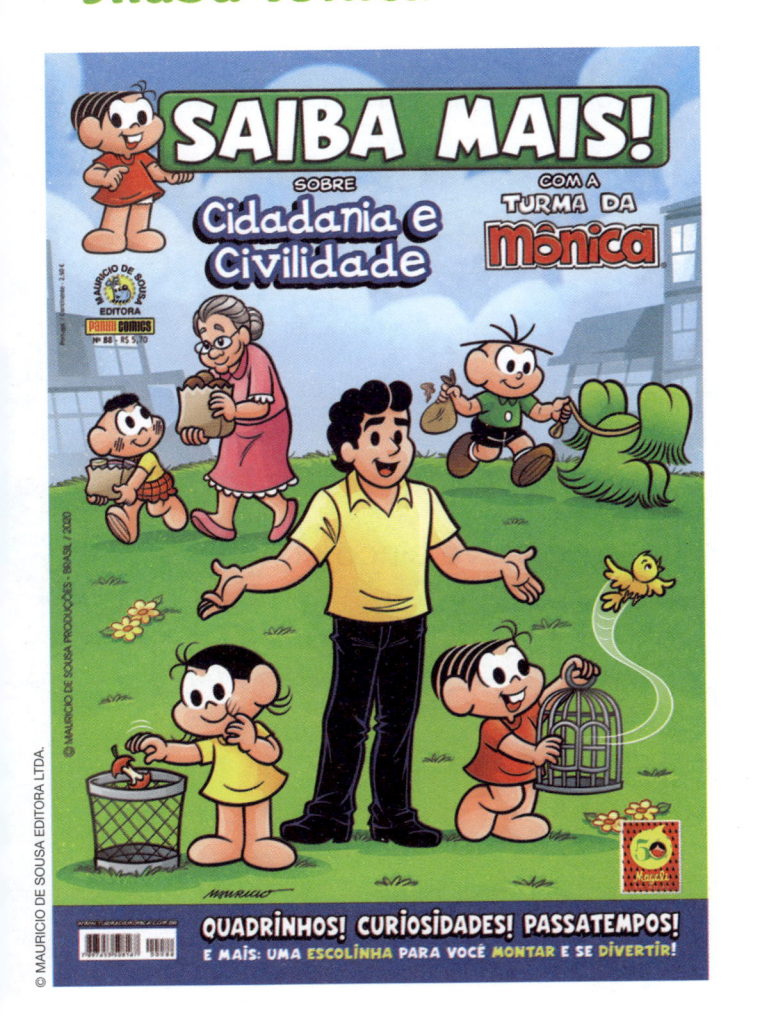

Minidicionário

Leia os verbetes **cidadania** e **civilidade**.

turma   civili**da**de
sílabas tônicas

Mônica   diver**tir**
sílabas tônicas

Damos o nome de **sílaba tônica** à sílaba de uma palavra que é pronunciada com mais força.

De acordo com a posição da sílaba tônica, as palavras são classificadas em:
- **oxítonas** – quando a sílaba tônica é a última:
cha**péu**, ta**tu**, a**mor**, cora**ção**;
- **paroxítonas** – quando a sílaba tônica é a penúltima:
pa**lha**ço, **do**ce, ca**der**no, ja**ne**la;
- **proparoxítonas** – quando a sílaba tônica é a antepenúltima:
público, **fá**bula, es**tô**mago, **rá**pido.

É importante saber classificar as palavras conforme a posição da sílaba tônica para aprender as regras de acentuação, que veremos em outros capítulos.

Atividades

1. Usando apenas palavras oxítonas, escreva cinco nomes de homem e cinco nomes de mulher.

   Homem → _____

   _____

   Mulher → _____

   _____

2. Usando apenas palavras paroxítonas, escreva cinco nomes de homem e cinco nomes de mulher.

   Homem → _____

   _____

   Mulher → _____

   _____

3. A primeira sílaba de cada palavra está certa, mas as outras estão fora de ordem. Escreva-as corretamente. Veja o exemplo.

   fa + adnez → fazenda

   pa + çlaho _____

   es + etnudat _____

   cri + açna _____

   te + iãloves _____

   - Assinale a resposta correta com relação às palavras que você formou.

     ☐ Todas as palavras são paroxítonas.

     ☐ Duas palavras são oxítonas e duas são paroxítonas.

     ☐ Três palavras são paroxítonas e uma é oxítona.

Aprendendo com o dicionário

1. Leia a frase a seguir.

   As formigas podem andar muito, mas sempre acham o caminho de volta ao formigueiro.

   - Leia o verbete abaixo e, depois, indique o sentido do substantivo **caminho** na frase.

   Formigas operárias trabalhando.

   > **caminho** ca.**mi**.nho
   > subst. masc. **1.** Qualquer faixa de terreno pelo qual passam pessoas ou animais para chegar a algum lugar. **2.** Direção, rumo. **3.** Modo, jeito.

2. Indique os sentidos que o substantivo **caminho** tem nas frases abaixo.

   a) Eles andaram por um estreito caminho dentro do bosque.

   b) Que caminho devo pegar para chegar à fazenda?

   c) Para ir ao cinema, segui o caminho que me indicaram.

   d) O único caminho para ser um campeão de surfe é treinar bastante.

   e) Vou à escola a pé, sempre pelo mesmo caminho.

   f) Essa estrada de terra é o único caminho para aquela praia isolada.

45

Reforço ortográfico

O, OU

Rouxinol: o cantor das matas

O rouxinol é um pássaro fascinante. Seu canto alegre e suave é maravilhoso e bem variado. É capaz de cantar por mais de uma hora, e as pessoas que o ouvem pensam que pássaros diferentes estão cantando.

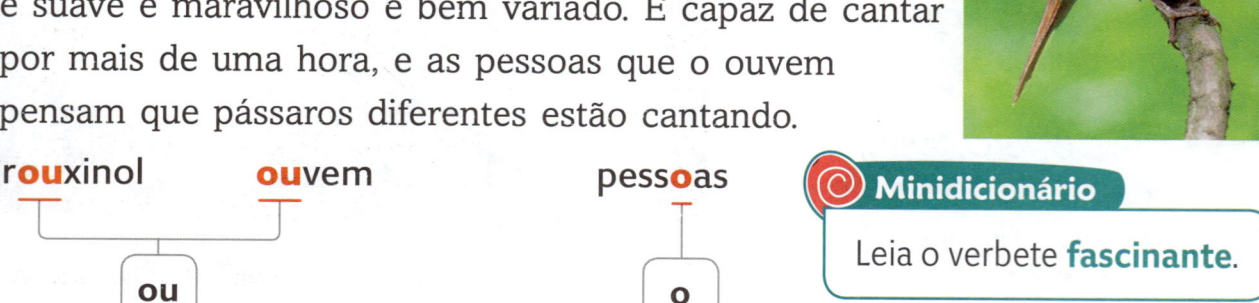

r**ou**xinol   **ou**vem → ou

pess**o**as → o

Minidicionário

Leia o verbete **fascinante**.

Em muitas palavras, o **ou** e o **o** podem ter uma pronúncia muito parecida. Atenção na hora de escrever!

Atividades

1. Complete as frases com as palavras do quadro.

> outono   estourar   roxa   louco   dourado   rouco   outubro

a) Ele gritou como um _____ e ficou _____.

b) Cuidado! O balão pode _____ e assustar as pessoas.

c) Faço aniversário no mês de _____.

d) Para mim, o _____ é a estação mais bonita do ano.

e) No fim da tarde, vimos um lindo céu _____.

f) A roupa _____ da mulher chamou a atenção de todos.

• Agora, leia as frases em voz alta.

2. Troque o símbolo ✸ por **o** e o símbolo ▲ por **ou** e forme palavras.

cen ▲ ra	_____	car ✸ ço	_____
t ▲ ro	_____	cor ✸ a	_____
r ▲ bar	_____	r ▲ pão	_____
l ▲ ro	_____	est ✸ jo	_____
gar ✸ ta	_____	t ▲ ca	_____

- Agora, leia as palavras formadas em voz alta.

3. É com **o** ou com **ou**? Complete as lacunas das palavras a seguir.

vass _____ rada   p _____ co

_____ vido   c _____ ve

marip _____ sa   c _____ rajoso

tr _____ xa   bebed _____ ro

p _____ sada   gar _____ a

rep _____ lho   l _____ cura

esp _____ sa   c _____ veiro

lag _____ a   d _____ tora

- Colocando essas palavras em ordem alfabética, quais são as duas primeiras? E as duas últimas?

_____

_____

47

4

Classificação dos encontros vocálicos

[Onça-pintada]

O meu couro tem manchinhas,
Tenho cor amarelada.
Nas florestas brasileiras
Sou temida e respeitada,
Pois ninguém quer criar caso
Com a feroz **onça-pintada**!

Fábio Sombra. *Onça, veado, poesia e bordado*. São Paulo: Moderna, 2013. p. 24.

Animais ameaçados de extinção

No Brasil, infelizmente, muitos animais correm o risco de desaparecer, entre eles a onça-pintada, o lobo-guará, a arara-azul e o tamanduá-bandeira, por causa da ação dos seres humanos que invadem e destroem seu território. Precisamos impedir que os animais desapareçam do nosso planeta. Vocês, crianças, no futuro poderão ajudar a combater esse mal que muitas pessoas estão fazendo ao nosso mundo.

Lobo-guará.   Arara-azul.   Tamanduá-bandeira.

Observe as palavras.

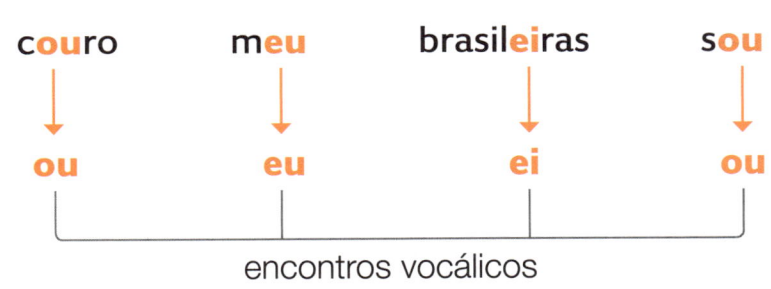

c**ou**ro → **ou**

m**eu** → **eu**

brasil**ei**ras → **ei**

s**ou** → **ou**

encontros vocálicos

> Duas ou mais vogais juntas em uma palavra formam um **encontro vocálico**.

Os encontros vocálicos classificam-se em:
- **ditongo** – é o encontro de duas vogais na mesma sílaba.

  couro → c**ou** – ro   respeito → res – p**ei** – to

- **hiato** – é o encontro de duas vogais em sílabas separadas.

  navio → na – v**i** – **o**   riacho → ri – **a** – cho

- **tritongo** – é o encontro de três vogais na mesma sílaba.

  iguais → i – g**uai**s   saguão → sa – g**uão**

Atividades

1. No quadro abaixo, há nove palavras. Seis delas estão escondidas no quadro de letras. Você consegue achá-las?

luar   peixe   ouro   feira   saudade   flauta   poeta   piada   oceano

F	T	O	E	H	P	Y	T
B	T	D	T	H	O	A	A
N	I	O	T	O	E	S	E
D	F	L	A	U	T	A	L
E	E	U	H	R	A	Y	O
M	I	A	A	O	A	E	E
S	R	R	M	F	R	R	T
E	A	B	L	R	A	H	E
A	P	P	I	A	D	A	A

a) Agora, escreva as palavras que você achou na coluna certa.

palavras com ditongo	palavras com hiato
_____	_____
_____	_____
_____	_____

b) Que palavras não estão no quadro de letras?

_____

c) Só uma dessas palavras apresenta hiato. Qual?

_____

2. Algumas palavras podem ter mais de um encontro vocálico. Observe.

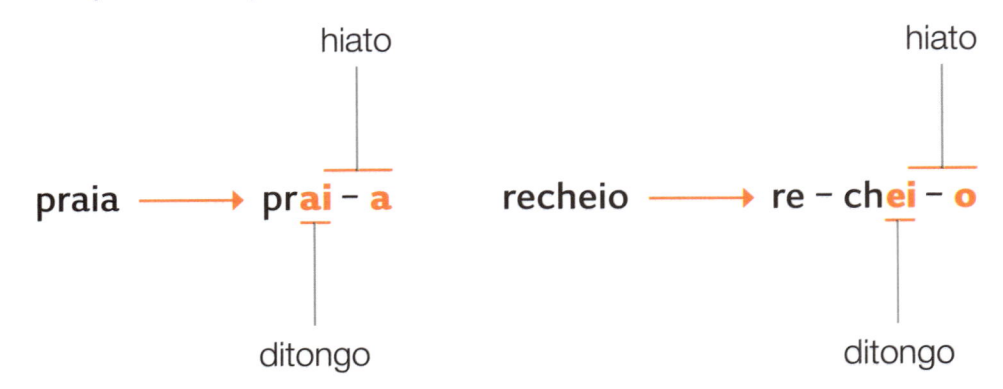

praia → pr**ai** – **a** (hiato sobre "a", ditongo sob "ai")

recheio → re – ch**ei** – **o** (hiato sobre "o", ditongo sob "ei")

- Separe as sílabas, circule os hiatos e sublinhe os ditongos das palavras a seguir, conforme o exemplo.

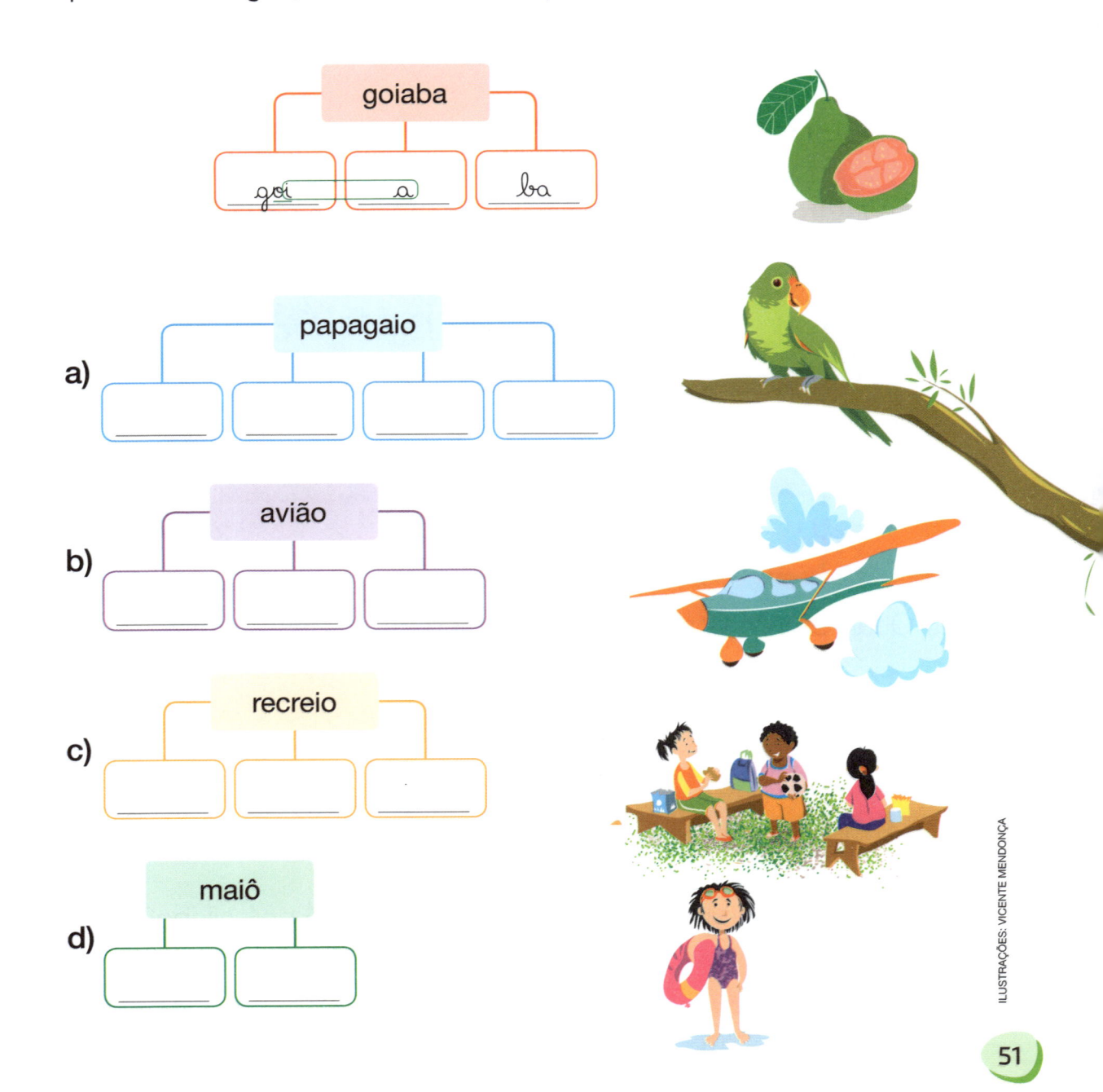

goiaba → go(i) | (a) | ba

a) papagaio → ___ | ___ | ___ | ___

b) avião → ___ | ___ | ___

c) recreio → ___ | ___ | ___

d) maiô → ___ | ___

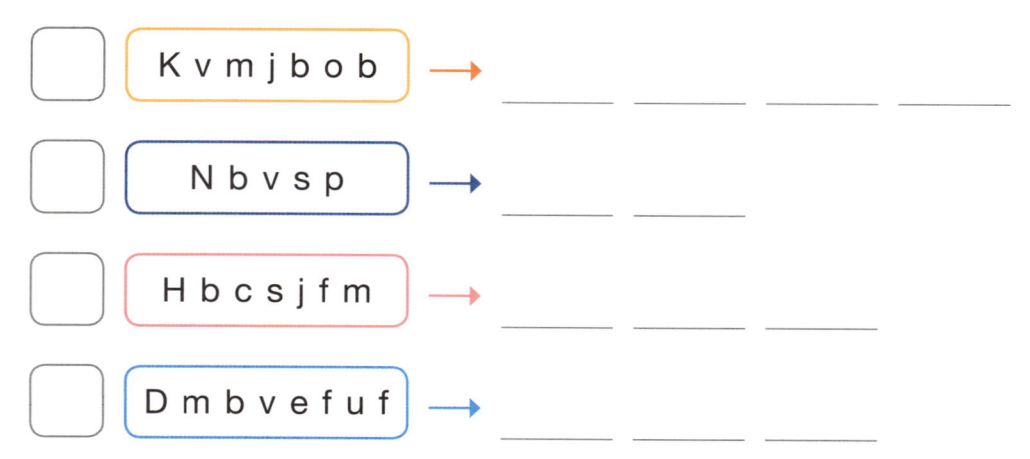

3. Troque as letras abaixo pelas letras que vêm **antes** no alfabeto e forme quatro nomes de pessoas.

☐ K v m j b o b → ___ ___ ___ ___

☐ N b v s p → ___ ___

☐ H b c s j f m → ___ ___ ___

☐ D m b v e f u f → ___ ___ ___

a) Escreva H nos nomes que apresentam hiato.

b) Escreva D nos nomes que apresentam ditongo.

4. Leia o nome dos meses do ano e responda às questões.

a) Quais são os nomes que têm ditongo e são trissílabos?

_____

b) Qual é o único nome que tem um ditongo e um hiato?

_____

c) Qual é o único nome que tem um ditongo e é polissílabo?

_____

Aprendendo com o dicionário

Além do seu sentido normal, as palavras também podem ser usadas em um sentido especial, que chamamos de sentido **figurado**.

Observe, por exemplo, a palavra **coração**. Você sabe que ela indica o órgão que faz o sangue circular pelo corpo. Pondo a mão no peito, você pode até sentir as batidas do coração, não é mesmo? Mas leia agora esta frase.

> Ela **abriu o coração** com os pais e contou o que estava sentindo.

Nessa frase, é claro que a palavra **coração** está sendo usada em um sentido especial: a expressão "abrir o coração" significa desabafar, revelar os pensamentos ou sentimentos mais profundos. Mas só analisando a frase em que a palavra está sendo usada é que podemos saber se ela apresenta sentido figurado ou não.

No dicionário, o sentido especial de uma palavra é marcado com a abreviatura *fig.*, que significa **figurado**. Veja este exemplo com o adjetivo **frio**.

> **frio fri**.o
> adj. **1.** Sem calor: *água fria*. **2.** *fig.* Que não mostra emoção ou sentimento: *Ele é um homem frio, não se comove com nada.*

- Leia as frases abaixo e relacione as expressões com a palavra **coração** ao seu significado.

    a) A cena era triste, de **cortar o coração**.

    b) Desejo **de coração** que você seja feliz.

    c) Ela tem **coração mole**; não pode ver ninguém chorar que fica toda comovida.

    d) O rapaz tinha um **coração de ouro** e cuidava dos irmãos com muito carinho.

    e) Ele tinha um **coração de pedra** e não ajudava ninguém.

    ☐ Com toda a sinceridade.
    ☐ Ser muito bondoso ou generoso.
    ☐ Emocionar-se facilmente.
    ☐ Não ligar para os sofrimentos dos outros.
    ☐ Provocar pena ou dó.

Reforço ortográfico

Ei

Jim Davis. *Garfield, o rei da preguiça.* Porto Alegre: L&PM, 2008. p. 23. (Colorizada).

Brincad**ei**rinha
↓
ei

Em muitas palavras o ditongo **ei** é pronunciado quase como **e**. Atenção na hora de escrever!

Atividades

1. Quem é...

a) que entrega correspondência de casa em casa?

b) que vende verduras?

c) que trabalha no açougue?

d) que conduz uma boiada?

e) que vende jornais?

f) que faz a faxina?

2. Use o código e descubra os nomes de quatro árvores frutíferas.

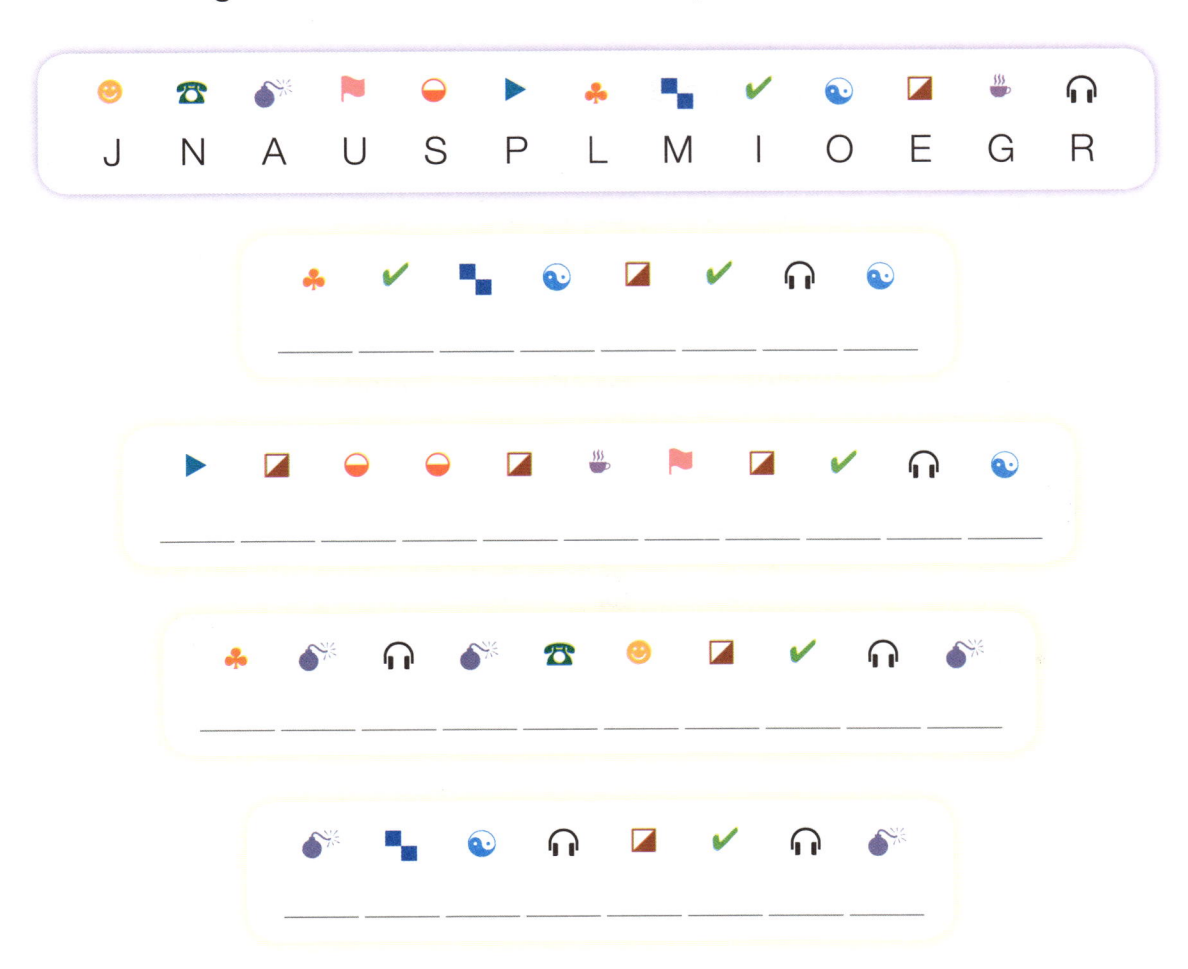

J N A U S P L M I O E G R

_ _ _ _ _ _ _ _ _

_ _ _ _ _ _ _ _ _ _ _ _

_ _ _ _ _ _ _ _ _ _

_ _ _ _ _ _ _ _

a) Agora, escreva as frutas produzidas por essas árvores.

_____

b) O nome de uma dessas frutas é uma palavra proparoxítona. Qual?

_____

3. Vamos brincar com as palavras! Siga as indicações e forme novas palavras.

POEIRA — Troque o P pelo Z _____

CHAVEIRO — Troque o A pelo U _____

LADEIRA — Troque o L pelo M _____

55

Reforço ortográfico

LIGEIRO — Troque o G pelo X _____

FERREIRO — Troque o F pelo B _____

4. Complete as frases usando as palavras do quadro.

| chuteira | mangueira | enfermeira | estrangeiro | cozinheira |
| barbeiro | costureira | goleiro | geladeira | jardineiro |

a) O _____ cortou o cabelo

do _____ que fazia turismo aqui.

b) O _____ do nosso time tem

uma _____ vermelha.

c) A _____ fez o uniforme

da _____.

d) A _____ guardou a comida

na _____.

e) O _____ regou o gramado

com a _____.

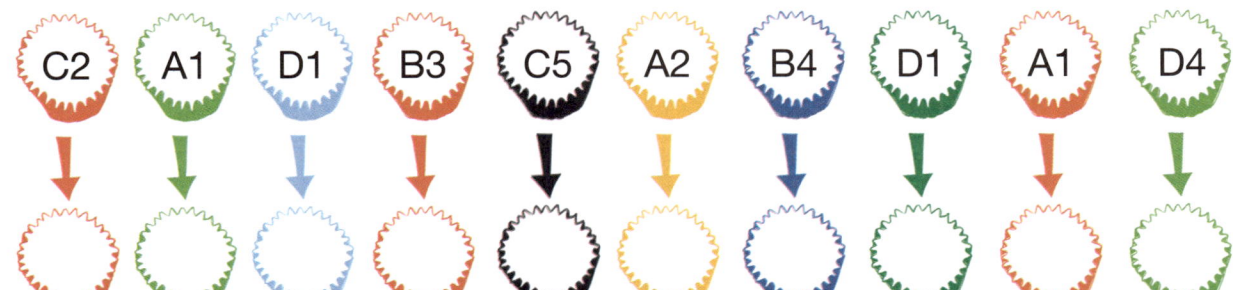

5. Forme oito palavras trocando apenas a primeira sílaba da palavra **CARTEIRO** pelas sílabas que estão no quadro.

TIN – POR – FES – CAN – IN – SOL – PON – RAS

1. _____
2. _____
3. _____
4. _____
5. _____
6. _____
7. _____
8. _____

6. Siga as indicações e descubra o nome de um **doce delicioso**.

	1	2	3	4	5
A	R	D	L	U	T
B	C	J	G	E	F
C	K	B	M	S	A
D	I	P	V	O	H

C2 – A1 – D1 – B3 – C5 – A2 – B4 – D1 – A1 – D4

VICENTE MENDONÇA

57

5

Sinais gráficos

Diferentes e iguais

No nosso planeta, há mais ou menos 8 bilhões de homens, mulheres e crianças. É um mundão de gente! Nossa pele pode ser escura, bronzeada, branca... Somos altos ou baixos, magrinhos ou gordinhos. Temos cabelos lisos ou crespos, claros ou escuros. Nossos olhos podem ser castanhos, negros, azuis, verdes... Nossas roupas podem ser iguais ou não. Todos os seres humanos são, ao mesmo tempo, parecidos e diferentes. Mas ninguém é melhor que ninguém. Somos todos terráqueos — isto é, habitantes de um mesmo planeta chamado Terra. Somos todos membros de uma mesma família. Somos todos irmãos.

crian**ç**as	ningu**é**m	s**ã**o
cedilha	acento agudo	til

sinais gráficos

Você já estudou que, às vezes, quando escrevemos, usamos certos sinais nas palavras, como a **cedilha**, o **acento agudo**, o **til**, entre outros. Esses sinais são chamados de **sinais gráficos** e têm esse nome porque são usados na grafia, isto é, na escrita das palavras.

Veja um resumo dos sinais gráficos.

Acento circunflexo (^)
Usamos sobre as vogais tônicas **a**, **e** e **o** para indicar que elas têm som fechado.
Exemplos: p**â**nico, voc**ê**, av**ô**.

Acento agudo (´)
Usamos sobre as vogais tônicas **a**, **e** e **o** para indicar que elas têm som aberto. Exemplos: l**á**, at**é**, av**ó**.
Usamos também o acento agudo sobre as vogais **i** e **u** para indicar que elas são as vogais tônicas de uma palavra.
Exemplos: sa**ú**de, sa**í**da.

Til (~)
Usamos sobre as vogais **a** e **o** para indicar que elas têm som nasal.
Exemplos: amanh**ã**, liç**õ**es.

Cedilha (¸)
Usamos sob a letra **c**, antes de **a**, **o** e **u** para indicar que ela tem som de **s**.
Exemplos: for**ç**a, mo**ç**o, a**ç**úcar.

Hífen (-)
Usamos nos seguintes casos:
- Para unir palavras compostas: guarda-chuva.
- Para ligar o pronome ao verbo: espere-me.
- Para separar as sílabas de uma palavra: co-e-lho.

Apóstrofo (')
Usamos para indicar que a letra **e** da preposição **de** foi tirada em certas palavras compostas.
Exemplo: caixa de água – caixa-**d'á**gua.
Observe que o **de** se transformou em **d'**. Isso ocorre quando, numa palavra composta, o **de** vem antes de uma palavra que começa por vogal (na maioria dos casos, é a palavra "água").

Importância dos sinais gráficos

Esses sinais são importantes porque nos orientam sobre a pronúncia correta das palavras e também esclarecem o significado delas. Por exemplo, compare os pares de palavras abaixo e veja como elas podem mudar de sentido apenas por causa da cedilha.

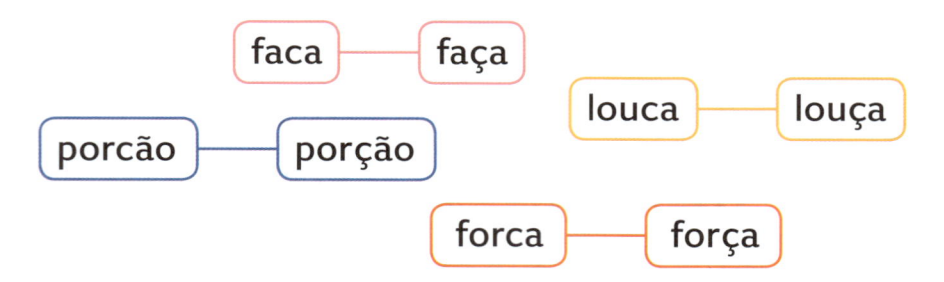

faca — faça

louca — louça

porcao — porção

forca — força

Leia agora a frase abaixo e perceba a mudança de sentido provocada pelo uso do acento agudo.

Trabalho numa **fábrica** que **fabrica** brinquedos.

Atividades

1. Coloque acento circunflexo ou acento agudo nas vogais tônicas destas palavras.

logico   estomago   proximo

heroi   fregues   chapeu   pessego

lagrima   lampada   ceu   onibus

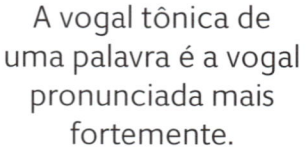

Lembre-se!
A vogal tônica de uma palavra é a vogal pronunciada mais fortemente.

2. Em algumas palavras dos textos abaixo, estão faltando a cedilha, o til e o acento agudo. Coloque-os.

As araras têm um bico grosso e curvo, que ajuda na alimentacao, composta principalmente de frutos e sementes. Os pes dessa ave têm quatro dedos, dois virados para a frente e dois virados para tras, que facilitam a movimentacao nos troncos das árvores, ja que elas nao sao boas voadoras.

Os golfinhos sao uma atracao à parte. Sao cativantes, amistosos e parece que estao sempre sorrindo. Ver um grupo de golfinhos brincando no mar e uma grande emocao, um momento tao especial que nao esquecemos nunca mais.

A preguica (ou bicho-preguica) vive agarrada às arvores. Pendurada de cabeca para baixo, ela mastiga folhas e frutos. E um bicho que nao tem pressa nenhuma, come bem devagar, sem estresse!

3. O sentido da frase abaixo não está claro porque está faltando o acento numa palavra. Coloque o acento na palavra certa.

Em maio faz frio, não dá para usar maio na praia.

4. Junte as palavras da mesma cor usando o hífen.

| porta | noturno | cabeça | arco | bandeira | contra |
| íris | falante | guarda | quebra | ataque | alto |

_____

_____

_____

5. Desafio! Ordene as letras e forme palavras. Mas atenção: em todas as palavras, está faltando a cedilha. Coloque esse sinal na letra certa.

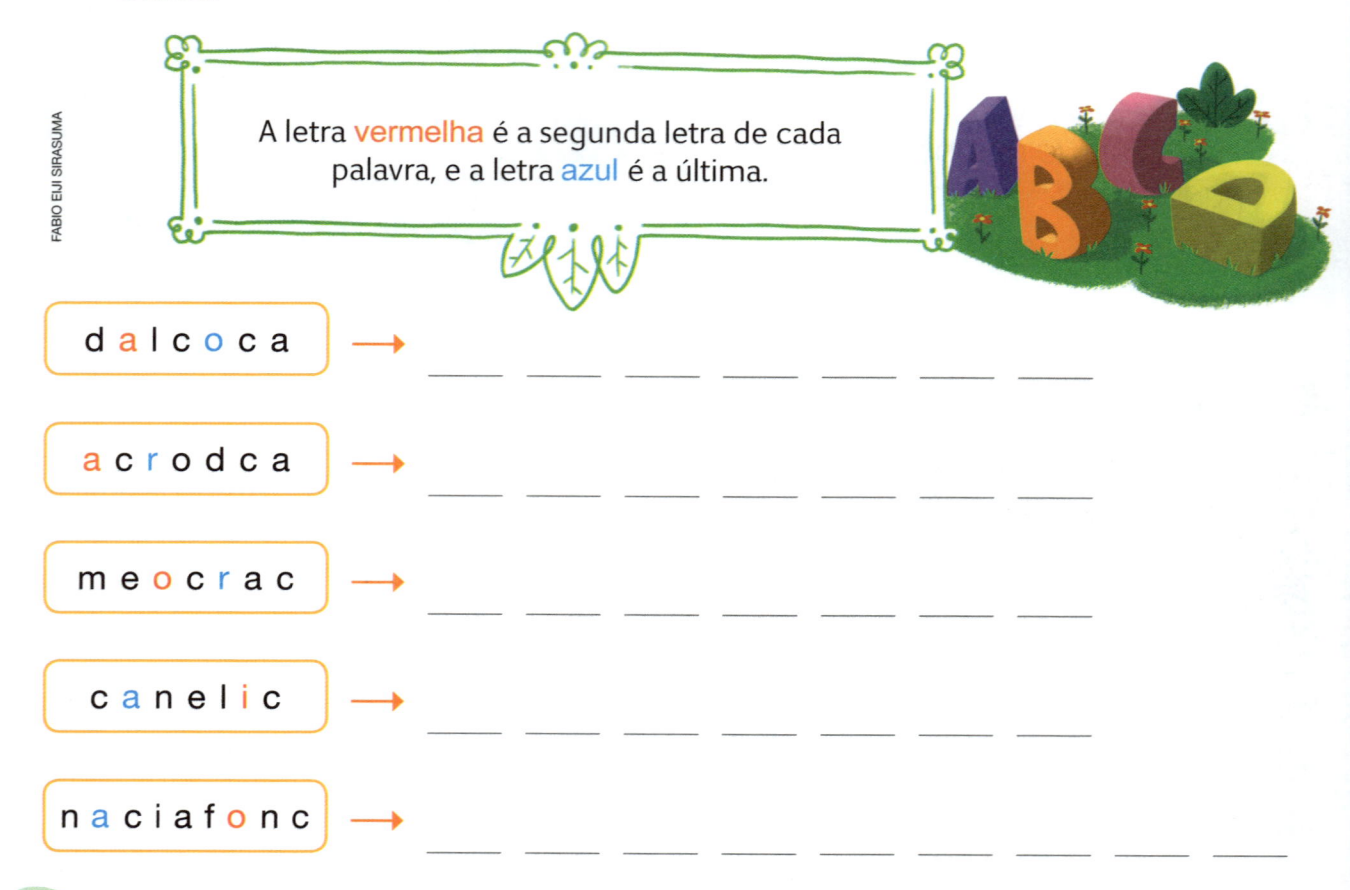

A letra vermelha é a segunda letra de cada palavra, e a letra azul é a última.

d a l c o c a → _____

a c r o d c a → _____

m e o c r a c → _____

c a n e l i c → _____

n a c i a f o n c → _____

Aprendendo com o dicionário

Jacarés e crocodilos

Sabe como diferenciar um jacaré de um crocodilo?

O crocodilo, quando fecha a boca, deixa à mostra vários dentes. Mas o jacaré, como tem o focinho mais largo, não expõe os dentes quando fecha a boca.

crocodilo

jacaré

1. No texto, o substantivo **boca** foi usado no sentido comum. Mas há muitas expressões em que ele tem sentido figurado. Leia as frases abaixo e relacione cada expressão destacada com seu significado.

   a) Os dois **bateram boca** por causa de futebol.

   b) Ela ficou **de boca aberta** quando viu o presente.

   c) Ao perceber que tinha sido enganado, ele **pôs a boca no mundo**.

   d) Fiquei **com água na boca** quando vi aquele sanduíche.

   e) Os pais falaram bastante, mas o menino **não abriu a boca**.

   ☐ Ficar com muita vontade.
   ☐ Não falar nada.
   ☐ Reclamar em voz alta.
   ☐ Ter uma grande surpresa.
   ☐ Discutir.

2. Explique oralmente o que significa a expressão destacada na frase abaixo.

   > Ele falou que gostou do meu trabalho, mas acho que falou **só da boca pra fora**.

Reforço ortográfico

Li, LH

Uma família bonita

A raposa-do-ártico ou raposa-polar é um lindo animal que vive no Polo Norte, uma das regiões mais frias do planeta. Tem o corpo inteirinho branco, e seu rabo longo e peludo permite que ela se enrole e se aqueça para dormir. Costuma formar uma grande família, pois geralmente suas ninhadas são de 6 a 10 filhotes. Já imaginou uma raposa branquinha cercada de tantos filhotes lindos que parecem bonecos de pelúcia? Sem dúvida é uma família grande e bonita.

fi**lh**ote

fam**í**l**i**a

Em muitas palavras, o **lh** é confundido com o **li**. Por isso, atenção na hora de escrever!

Atividades

1. Complete as palavras com **li** ou **lh**.

espe____o   ga____o   carti____a

fami____ar   auxí____o   toa____a

sandá____a   agu____a   fa____ar

ro____a   mi____onário   bri____ante

2. Vamos brincar de formar palavras! Siga as indicações e forme novas palavras.

a) malha — troque o M por F → _____

b) orelha — troque o R por V → _____

c) bolha — troque o B por F → _____

d) joelho — troque o J pelo C → _____

e) filha — troque o F por P → _____

3. Desafio! Troque as vogais destacadas de cada palavra por outras vogais e forme novas palavras.

baralho _____

alho _____

milho _____

palhoça _____

filha _____

molhar _____

4. Leia as frases em voz alta.

a) Júlia e Cecília ganharam uma medalha no festival da escola.

b) Célia comprou uma sandália vermelha.

c) O pastor recolhe as ovelhas à noite.

6

Acentuação gráfica: monossílabas

A raposa e as uvas

Certa vez, uma raposa faminta percorria os campos à procura de alimento. Já tinha andado bastante e não tinha achado nada!

De repente, avistou um lindo cacho de uvas madurinhas numa parreira.

— Hummm... essas uvas devem estar deliciosas!... — pensou a raposa, com água na boca. E logo correu para lá.

Mas, quando chegou perto da parreira, percebeu que as uvas estavam muito altas. Pulou, pulou, mas não conseguiu alcançar os cachos. Depois de várias tentativas, desistiu e se afastou, murmurando:

— Ora, não quero essas uvas, elas estão verdes... Não me interessam!

Nisso, bateu um vento mais forte e algumas folhas da parreira caíram ao chão. A raposa, ouvindo o barulhinho, voltou depressa e pôs-se a farejar para ver se alguma uva tinha caído.

Adaptação de fábula de Esopo.

> **Minidicionário**
>
> Leia os verbetes **faminto**, **parreira** e **farejar**.

A raposa **viu um** cacho **de** uvas.

monossílabas

Você já estudou que damos o nome de **monossílaba** à palavra que tem apenas uma sílaba. É o caso das quatro palavras destacadas na frase anterior.

Lendo a frase em voz alta, percebemos que uma dessas palavras – **viu** – é pronunciada mais fortemente que as outras.

> As palavras monossílabas pronunciadas fortemente são chamadas de **monossílabas tônicas**.
> As monossílabas pronunciadas fracamente são chamadas de **monossílabas átonas**.

Leia a frase abaixo e veja outros exemplos de monossílabas átonas e tônicas.

A menina **vai ao** cinema **com a mãe**.

As palavras destacadas são monossílabas, mas só duas delas são tônicas: **vai** e **mãe**. As demais são átonas.

Monossílabas que levam acento

Algumas palavras monossílabas tônicas são acentuadas. Observe.

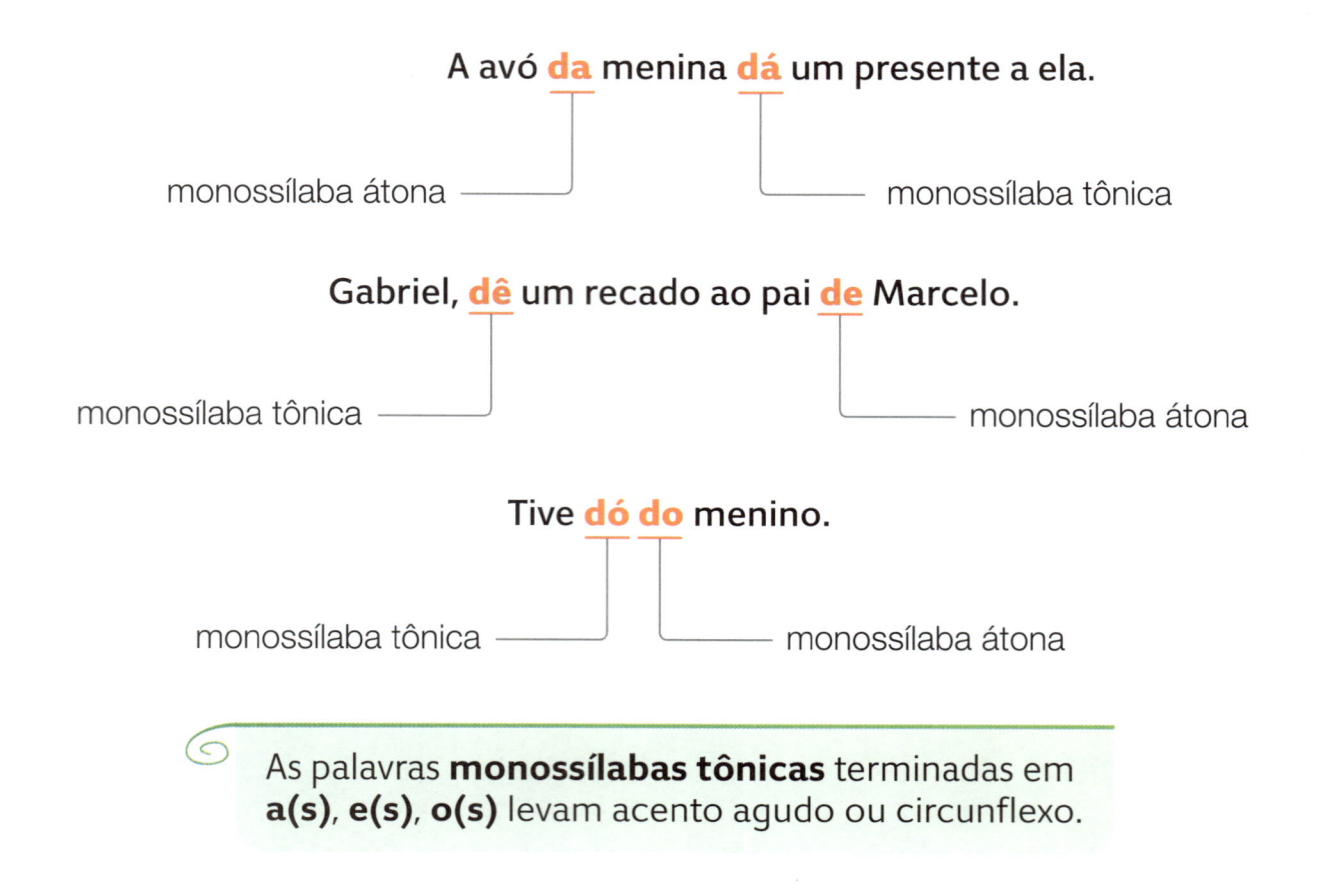

A avó **da** menina **dá** um presente a ela.

monossílaba átona — monossílaba tônica

Gabriel, **dê** um recado ao pai **de** Marcelo.

monossílaba tônica — monossílaba átona

Tive **dó do** menino.

monossílaba tônica — monossílaba átona

> As palavras **monossílabas tônicas** terminadas em **a(s)**, **e(s)**, **o(s)** levam acento agudo ou circunflexo.

Atividades

1. Na frase a seguir, há uma palavra monossílaba que deve ser acentuada. Leia a frase, identifique essa palavra e acentue-a corretamente.

Quando as crianças chegam da escola, o cachorrinho da pulos de alegria.

2. Nas frases a seguir, sublinhe as palavras monossílabas e acentue-as quando necessário.

a) Entre já na sala de aula.

b) Há muito pó em cima dos móveis do quarto.

c) Só você não estava na festa de ontem.

d) Vi apenas três alunos na classe.

3. Complete as frases com as palavras abaixo.

| do | dó | da | dá | nos | nós | de | dê |

a) Quero que você _____ uma ajuda ao seu colega _____ classe.

b) A primeira nota _____ escala musical é o _____.

c) Quem deu esses _____ no tênis _____ menino?

d) O pai _____ Marisa sempre lhe _____ bons conselhos.

e) _____ muita alegria ver o trabalho _____ gente elogiado.

f) _____ somos fãs dessa banda _____ rock.

g) Mônica _____ um abraço na mãe _____ amiga.

Acentuação gráfica: oxítonas

VAI COMEÇAR A FEIRA DE LIVROS! VOCÊ NÃO PODE PERDER!

come**çar**   per**der**   vo**cê**

palavras oxítonas

Você já sabe que chamamos de **oxítonas** as palavras em que a última sílaba é tônica, isto é, pronunciada mais fortemente que as outras. Algumas oxítonas são acentuadas, como é o caso de **você**.

Veja outros exemplos de palavras oxítonas acentuadas.

maracuj**á**	maracuj**ás**
caf**é**	caf**és**
voc**ê**	voc**ês**
av**ó**	av**ós**
mai**ô**	mai**ôs**
armaz**ém**	armaz**éns**

As palavras **oxítonas** terminadas em **a(s)**, **e(s)**, **o(s)** e **em(ens)** devem ser acentuadas.
Usamos **acento agudo** quando a vogal tem **som aberto**; usamos **acento circunflexo** quando a vogal tem **som fechado**.

Atividades

1. Em cada frase abaixo há uma palavra oxítona que deve ser acentuada. Sublinhe essa palavra e acentue-a corretamente.

   a) Onde está o meu bone azul?

   b) A vendedora da loja conversou com o fregues.

   c) O gato está dormindo no sofa.

   d) O guri estava tomando guarana.

   e) Nesse rio há muitos jacares.

   f) Meus irmãos tambem vão à festa da escola.

   g) Em muitas fábricas, os robos fazem alguns tipos de trabalho.

   h) A festa estava tão animada que ate os professores dançaram.

   i) Parabens! Você fez um bom trabalho.

2. Acentuar corretamente é importante na comunicação escrita. Na frase a seguir, está faltando o acento em algumas palavras e, por isso, o sentido dela não está claro. Coloque os acentos necessários e depois leia a frase em voz alta.

   A baba do bebe baba quando bebe muito leite.

3. No texto a seguir, três palavras estão sem acento. Sublinhe essas palavras e acentue-as corretamente.

Além de serem bonitos, os sabiás têm um canto muito suave, e não há ninguém que não goste de ouvi-lo.

4. Observe estas palavras.

ingl**ês**	ingl**eses**	ingl**esa**	ingl**esas**
masculino singular	masculino plural	feminino singular	feminino plural

> As oxítonas terminadas em **es** levam acento. Por exemplo: inglês. Mas as palavras paroxítonas derivadas que terminam em **eses** (masculino plural), **esa** (feminino singular) e **esas** (feminino plural) não são acentuadas.

- Em cada item a seguir, apenas uma das palavras deve ser acentuada. Sublinhe essa palavra e acentue-a corretamente.

a) francês → franceses

b) escocês → escocesa

c) japoneses → japonês

d) freguês → freguesa

e) dinamarquês → dinamarqueses

f) pequinês → pequineses

g) camponês → camponesa

h) chineses → chinês

5. Troque as letras por aquelas que vêm **antes** no alfabeto e descubra o nome de quatro animais.

- kbcvuj → ___ ___ ___ ___ ___ ___
- hbncb → ___ ___ ___ ___ ___
- dbohvsv → ___ ___ ___ ___ ___ ___ ___
- ubnboevb → ___ ___ ___ ___ ___ ___ ___ ___

• Dois desses nomes devem ser acentuados. Quais? Escreva-os aqui.

_____

Acentuação gráfica: ditongos abertos

Lá se **foi** o **seu** balão para o **céu**...

- foi, seu — ditongos fechados
- céu — ditongo aberto

Você já estudou que damos o nome de **ditongo** ao encontro de duas vogais na mesma sílaba. Os ditongos podem ter som **aberto** ou **fechado**.

Leia estes pares de palavras em voz alta e perceba bem a diferença de som entre os ditongos.

l**ei**	an**éis**	europ**eu**	trof**éu**	b**oi**	her**ói**
ditongo fechado	ditongo aberto	ditongo fechado	ditongo aberto	ditongo fechado	ditongo aberto

> Quando têm som **aberto**, os ditongos **éi(s)**, **éu(s)** e **ói(s)** devem ser acentuados nas palavras **oxítonas** e **monossílabas tônicas**.

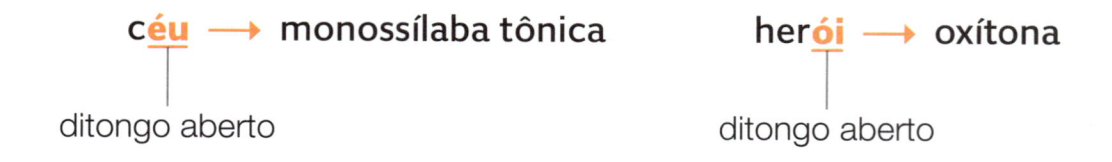

c**éu** → monossílaba tônica
ditongo aberto

her**ói** → oxítona
ditongo aberto

Atividades

1. Leia as palavras abaixo em voz alta e acentue os ditongos abertos.

adeus   cheio   fieis   aneis   pasteis   dois

carreteis   anzois   caracois   cascaveis

papeis   farois   rei   veia   veu   dodoi

2. Complete as frases com algumas das palavras que você acentuou na atividade anterior.

a) Gosto muito de _____ de palmito.

b) Os carros acendem os _____ quando entram no túnel.

c) Ela gosta de usar _____ nas duas mãos.

d) Um _____ branco cobria o rosto da noiva.

e) O fazendeiro encontrou duas _____ no meio do mato.

Aprendendo com o dicionário

1. Leia o verbete e o texto a seguir.

> **pena** **pe**.na
> **subst. fem. 1.** Cada uma das pequenas partes flexíveis que cobrem o corpo das aves; pluma. **2.** Pequena peça metálica em forma de bico que, adaptada a uma caneta, serve para escrever ou desenhar. **3.** Tristeza que sentimos quando vemos alguém que está sofrendo. **4.** Castigo que a justiça manda aplicar a um condenado. **5.** Sentimento de desgosto que temos quando algo acontece contra nossos desejos.

Escrevendo com pena

Durante muitos séculos, as penas de asas de aves foram muito usadas na escrita. Penas de ganso, de peru, de pavão, e até de corvo. As penas de cisne se prestavam mais para a escrita; as penas de corvo eram melhores para se fazer linhas. Para escrever com essas penas, tão delicadas, era necessário muito cuidado, pois elas se quebravam com facilidade.

Ruth Rocha e Otávio Roth. *O livro do lápis*. São Paulo: Melhoramentos, 1992. p. 15. Adaptado.

- Em que sentido o substantivo **pena** foi usado no texto? ☐

2. Indique o sentido que o substantivo **pena** tem em cada frase abaixo.

   a) O condenado vai cumprir sua pena nessa penitenciária. ☐

   b) Estou com pena da família que perdeu sua casa no incêndio. ☐

   c) O rei assinou o documento com uma pena de ouro. ☐

   d) Essa peteca foi feita com penas de pato. ☐

   e) É uma pena que esse riozinho esteja tão poluído. ☐

   f) O juiz condenou o réu a uma pena de cinco anos de prisão. ☐

   g) Fiquei com pena do menino que caiu e se machucou. ☐

Reforço ortográfico

G, J

A importância da atividade física

O corpo da gente foi feito para se movimentar. Não é bom ficar muito tempo sentado, sem fazer atividade física.

Brincar ao ar livre, fazer ginástica, praticar esportes, tudo isso é importante para pessoas de todas as idades, mas principalmente para os jovens, para crescerem fortes e saudáveis.

gente   **g**inástica   **j**ovens   **j**uventude

g com som de j

j

A letra **g** tem som de **j** quando é seguida de **e** e **i**.
Na escrita, é muito importante ficar atento ao uso do **g** e do **j**.

Reforço ortográfico

Atividades

1. Observe a escrita das palavras primitivas e complete as derivadas com **g** ou **j**. Veja os exemplos.

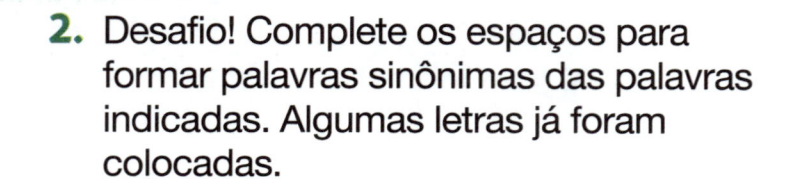

gelo → **g**eladeira   su**j**o → su**j**eira

fugir → fu____itivo   jeito → ____eitinho

exigir → exi____ente   gentil → ____entileza

elogiar → elo____iável   jeito → a____eitar

projetar → pro____eção   agir → a____ente

gigante → ____igantesco   agenda → a____endar

cereja → cere____eira   loja → lo____inha

2. Desafio! Complete os espaços para formar palavras sinônimas das palavras indicadas. Algumas letras já foram colocadas.

Todas as palavras têm **g** ou **j**.

a) distante → ☐ o ☐ ☐ ☐

b) rápido → ☐ ☐ ☐ e ☐ ☐

c) aparecer → ☐ ☐ ☐ ☐ i ☐

d) recusar → ☐ ☐ ☐ ☐ t ☐ ☐

78

3. Ordene as letras e forme nomes próprios começados com **g** ou **j**.

LTEROGBI → _____

ELSGEI → _____

ANVGOIA → _____

ONJLIUA → _____

EJROG → _____

4. Nas palavras abaixo, as letras destacadas estão fora de ordem. Ordene-as e escreva as palavras corretamente. Veja o exemplo.

orgeim → origem

a) va**tnga**em → _____

b) co**ager**m → _____

c) ba**egag**m → _____

d) es**noigpa**em → _____

e) pe**srnoga**em → _____

f) ca**rdamaga**em → _____

- Releia as palavras que você formou e escreva o que há em comum na escrita dessas palavras.

_____

- Com base na sua resposta, complete a frase:

Escrevem-se com ____, **e não com** ____, **as palavras terminadas em** ____.

7

Acentuação gráfica: paroxítonas

A arte da caricatura

As caricaturas são muito divertidas. São uma maneira engraçada de representar as pessoas, destacando algum aspecto de sua aparência. Não é fácil fazer uma caricatura, é preciso ser bom observador para perceber os traços de um rosto que mais chamam a atenção. A gente vê o exagero do desenho mas, ao mesmo tempo, reconhece a pessoa. Por isso, rostos de pessoas conhecidas – como artistas, cantores e esportistas – são os que mais aparecem nos meios de comunicação. Damos o nome de caricaturista ao artista que faz caricaturas.

Caricatura e foto da jogadora de futebol Marta.

rosto — paroxítona sem acento

fácil — paroxítona com acento

Você já estudou que chamamos de **paroxítonas** as palavras em que a penúltima sílaba é tônica.

Algumas paroxítonas devem ser acentuadas. Fazendo as atividades você aprenderá algumas das regras de acentuação das paroxítonas.

Atividades

1. Leia as regras com atenção.

   Devem ser acentuadas as palavras paroxítonas terminadas em:

1	l	túnel, móvel
2	i ou is	júri, lápis
3	um ou uns	álbum, álbuns
4	r	zíper, açúcar

5	n	hífen, pólen
6	ã ou ãs	ímã, órfãs
7	us	vírus
8	x	tórax, látex

   - Em cada item a seguir, há duas palavras paroxítonas, mas apenas uma deve ser acentuada. Coloque o acento correto e indique, no quadrinho, o número da regra que o justifica.

     a) automovel moderno ☐

     b) monstro terrivel ☐

     c) tenis branco ☐

     d) taxi amarelo ☐

     e) pulover branco ☐

     f) jovem reporter ☐

2. Devem ser acentuadas também as paroxítonas terminadas em **ditongo**, seguido ou não de **s**. Veja os exemplos.

   lábios → lá-b**ios** (ditongo)   ciência → ci-ên-c**ia** (ditongo)   séries → sé-r**ies** (ditongo)

   - Acentue as paroxítonas terminadas em **ditongo** que estão no quadro.

     regua   armario   materia   folia

     infancia   melancia   misterio   alegria   cenario

3. O sentido da frase abaixo não está claro porque falta o acento em uma palavra. Coloque esse acento e depois leia a frase em voz alta.

   A secretaria está na secretaria ou já foi embora?

▶ Acentuação gráfica: proparoxítonas

Não deixe de ler esta história!

O livro *O mágico de Oz* conta uma história emocionante!

A menina Dorothy e seu cãozinho Totó são levados por um ciclone até um lugar mágico: a terra de Oz. Para poder voltar à sua casa, Dorothy precisa encontrar o famoso mágico que vive em Oz. No caminho, ela encontra um Espantalho que precisa de um cérebro, um Homem de Lata que não tem coração e um Leão covarde que gostaria de ser corajoso. Todos então se juntam para ir ao encontro do mágico. Quem sabe ele resolve todos esses problemas. Mas será que o mágico conseguirá fazer tudo isso? E que perigos essa turma terá de enfrentar?

Não deixe ler essa história, escrita pelo americano Frank Baum e publicada muitos anos atrás, em 1900. Mais tarde, virou filme de sucesso e desenho animado. Mais de 100 anos depois, ela continua encantando e divertindo os leitores do mundo todo. E com certeza você será o próximo.

sílabas tônicas

mágico   **cé**rebro   **pró**ximo

palavras proparoxítonas

Você já estudou que chamamos de **proparoxítonas** as palavras em que a **antepenúltima** sílaba é tônica.

> Todas as palavras **proparoxítonas** levam acento agudo ou circunflexo.

Atividades

1. Escreva a sílaba tônica que está faltando nas palavras e acentue-as.

mate_____tica   qui_____metro   _____quina

si_____nimo   es_____mago   cen_____metro

gra_____tica   _____pido   _____cipe

zoo_____gico   pa_____grafo   a_____bora

- Colocando essas palavras em ordem alfabética, quais são as duas primeiras? E as duas últimas?

_____

2. Sublinhe os nomes que são palavras proparoxítonas e acentue-os.

Monica   Daniel   Fernando   Angelo   Rafael   Debora   Mariana   Fatima

3. Desafio! Nas palavras abaixo, apenas a primeira sílaba está certa. As outras sílabas estão com as letras fora de ordem. Coloque-as em ordem e forme palavras proparoxítonas, acentuando-as.

AR + EROV → ___ ___ ___ ___ ___

CO + OGDI → ___ ___ ___ ___

ME + OCICNA → ___ ___ ___ ___ ___

QUI + OLMTERO → ___ ___ ___ ___ ___ ___

FAN + TISACOT → ___ ___ ___ ___ ___ ___

Aprendendo com o dicionário

1. Leia o verbete.

> **palavra** pa.**la**.vra
> subst. fem. **1.** Conjunto de sons falados ou escritos que possuem significado e permitem a comunicação entre as pessoas. **2.** Permissão de falar. **3.** Promessa ou compromisso assumido.

- Em que sentido o substantivo **palavra** foi usado na frase abaixo? ☐

   Na reunião, Caio pediu a palavra e falou em nome dos colegas.

2. Indique o sentido do substantivo **palavra** nas frases.

   a) Se ele disse que vai ajudar o grupo, deve manter a palavra. ☐

   b) O dicionário explica o significado das palavras. ☐

   c) A professora deu a palavra aos alunos. ☐

   d) Ele deu sua palavra de que vai terminar o trabalho amanhã. ☐

3. Há várias expressões com o substantivo **palavra**. Leia as frases e relacione cada expressão destacada com seu significado.

   a) Ele é um homem **sem palavra**.

   b) Estou **esperando uma palavra** dele para saber o que devo fazer.

   c) Esse celular é a **última palavra** no campo da comunicação.

   d) Ele **manteve a palavra** e agiu corretamente conosco.

   ☐ Orientação, instrução.　　☐ Cumprir o que prometeu.

   ☐ Aquilo que há de mais avançado ou moderno.　　☐ Que não cumpre o que promete.

Reforço ortográfico

O, U

O palhaço do trampolim

O palhaço Piolim
É o palhaço do trampolim!
Aparece lá no alto,
com sua roupa engraçada,
seus sapatos enormes
e um grande nariz vermelho.
Faz uma grande folia
pula pra cá
pula pra lá
e acaba caindo
todo desajeitado
na piscina, lá embaixo,
fazendo a criançada
rir de suas palhaçadas!
Como é engraçado
o querido Piolim,
o palhaço do trampolim!

Célia Siqueira.
Texto escrito especialmente para esta obra.

palhaç**o**   tramp**o**lim   f**o**lia
   o   o   o

A letra **o**, muitas vezes, é pronunciada como **u**. Por isso, ao escrever, atenção para não confundir **o** com **u**.

Reforço ortográfico

Atividades

1. Observe os pares de palavras e complete as lacunas com **o** ou **u**, como está no exemplo.

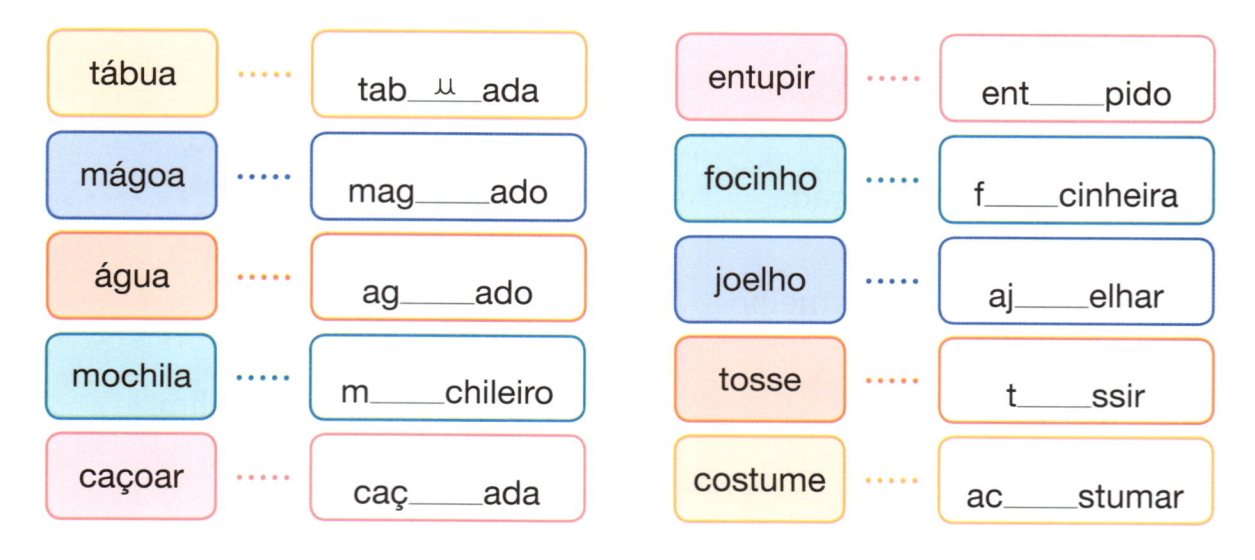

tábua	.....	tab_u_ada
mágoa	.....	mag____ado
água	.....	ag____ado
mochila	.....	m____chileiro
caçoar	.....	caç____ada

entupir	.....	ent____pido
focinho	.....	f____cinheira
joelho	.....	aj____elhar
tosse	.....	t____ssir
costume	.....	ac____stumar

2. Observe a diferença de sentido entre os **parônimos** abaixo.

Vou **suar** muito com essa camisa.
— transpirar

O sino vai **soar** daqui a pouco.
— produzir som

Ele fez um cumprimento a todos os presentes.

ato de cumprimentar, de fazer uma saudação

Vou medir o comprimento desta tábua.

tamanho, extensão

Lembre-se!

Parônimos são palavras que têm escrita e pronúncia bem parecidas.

- Complete as palavras com **o** ou **u** e leia as frases.

   a) Quando acabou o jogo, ele estava muito s____ado.

   b) Ele me fez um c____mprimento com a cabeça.

   c) Qual será o c____mprimento dessa mesa de jantar?

   d) A campainha está s____ando. Quem vai atender?

   e) Quando s____ar o sinal, todos devem entregar as provas.

   f) Está calor. Se puser essa blusa, você vai s____ar muito.

Qual é o "cumprimento" dessa mesa?

ILUSTRAÇÕES: FABIO EUI SIRASUMA

Reforço ortográfico

E, I

Os cães: amigos que dependem da gente

Se você tem um cãozinho de estimação, não se esqueça: você é responsável pela vida dele. Não basta dar água e comida. Os cães são bons companheiros, gostam de ficar com o dono, de brincar com ele. Ainda mais se são filhotes. Então, faça uma programação para poder passear com ele, para brincar, para fazer carinho nele. Ele precisa sentir que é amado por você. Já reparou como ele espera ansioso a sua chegada? Como abana o rabinho de alegria ao ouvir sua voz? O que acha que ele sentiria se fosse abandonado, desprezado ou agredido? Por isso, nunca, mas nunca mesmo seja violento com seu cão.

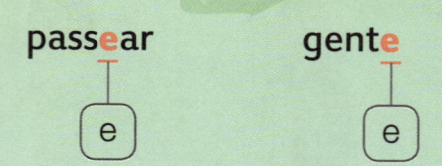

pass**e**ar → e

gent**e** → e

Em muitas palavras, o **e** é pronunciado como se fosse **i**. Por isso, ao escrever, muita atenção para não errar.

Atividades

1. Em cada grupo de palavras, duas devem ser completadas com **e** e só uma com **i**. Complete-as.

    a) ap____lido • per____quito • pent____ar

    b) simpl____s • cad____ado • d____sfarçar

    c) fem____nino • prat____leira • camp____onato

    d) pass____ar • mex____rica • cr____atura

    e) ____nguiçar • réd____a • corr____mão

    f) indíg____na • ad____antar • sapat____ar

2. Troque as letras por aquelas que vêm **antes** delas no alfabeto e forme quatro palavras.

    a) uftufnvoib   ___ ___ ___ ___ ___ ___ ___ ___ ___

    b) ftrvjtjup   ___ ___ ___ ___ ___ ___ ___ ___

    c) ejnjovjs   ___ ___ ___ ___ ___ ___ ___

    d) nbmdsjbep   ___ ___ ___ ___ ___ ___ ___ ___ ___

3. Desafio! Complete as lacunas com as letras dos quadros e forme nomes de coisas de comer. Já pusemos algumas letras para ajudá-lo.

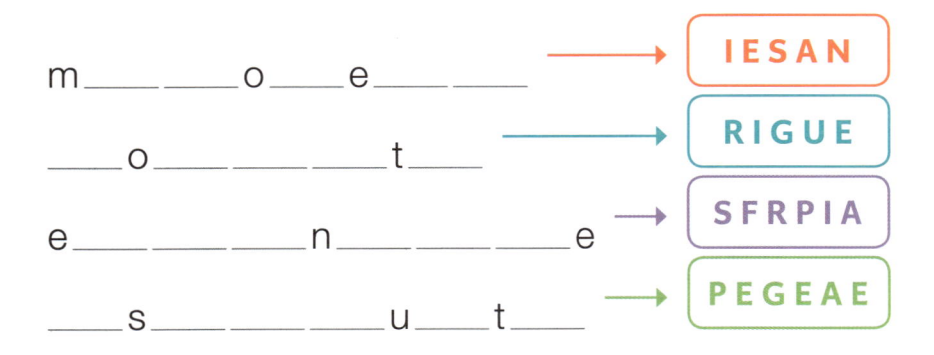

    m___ ___o___e___ ___   →   I E S A N

    ___o___ ___ ___t___   →   R I G U E

    e___ ___ ___n___ ___e   →   S F R P I A

    ___s___ ___ ___u___t___   →   P E G E A E

Revisão

1. Escolha no quadro os sinônimos das palavras destacadas nas frases abaixo.

> espetacular   correto   louco   valente   apavorante   nocivo

a) O resultado da conta está **certo**. ⟶ _____

b) O herói foi **corajoso**. ⟶ _____

c) Vimos um show **sensacional**. ⟶ _____

d) Ele agiu como um **doido**. ⟶ _____

e) O ar poluído é **prejudicial** à saúde. ⟶ _____

f) O monstro era **medonho**. ⟶ _____

2. Forme antônimos das palavras abaixo usando **in** (ou **im**) ou **des**.

a) paciente ⟶ _____

b) agradável ⟶ _____

c) prudente ⟶ _____

d) congelar ⟶ _____

e) confiar ⟶ _____

f) visível ⟶ _____

g) respeito ⟶ _____

h) honesto ⟶ _____

i) aparecer ⟶ _____

j) satisfeito ⟶ _____

3. Desafio! Ordene as letras e forme palavras. Veja o exemplo.

Atenção!

Em cada caso, você deve formar **duas palavras** com as mesmas letras.

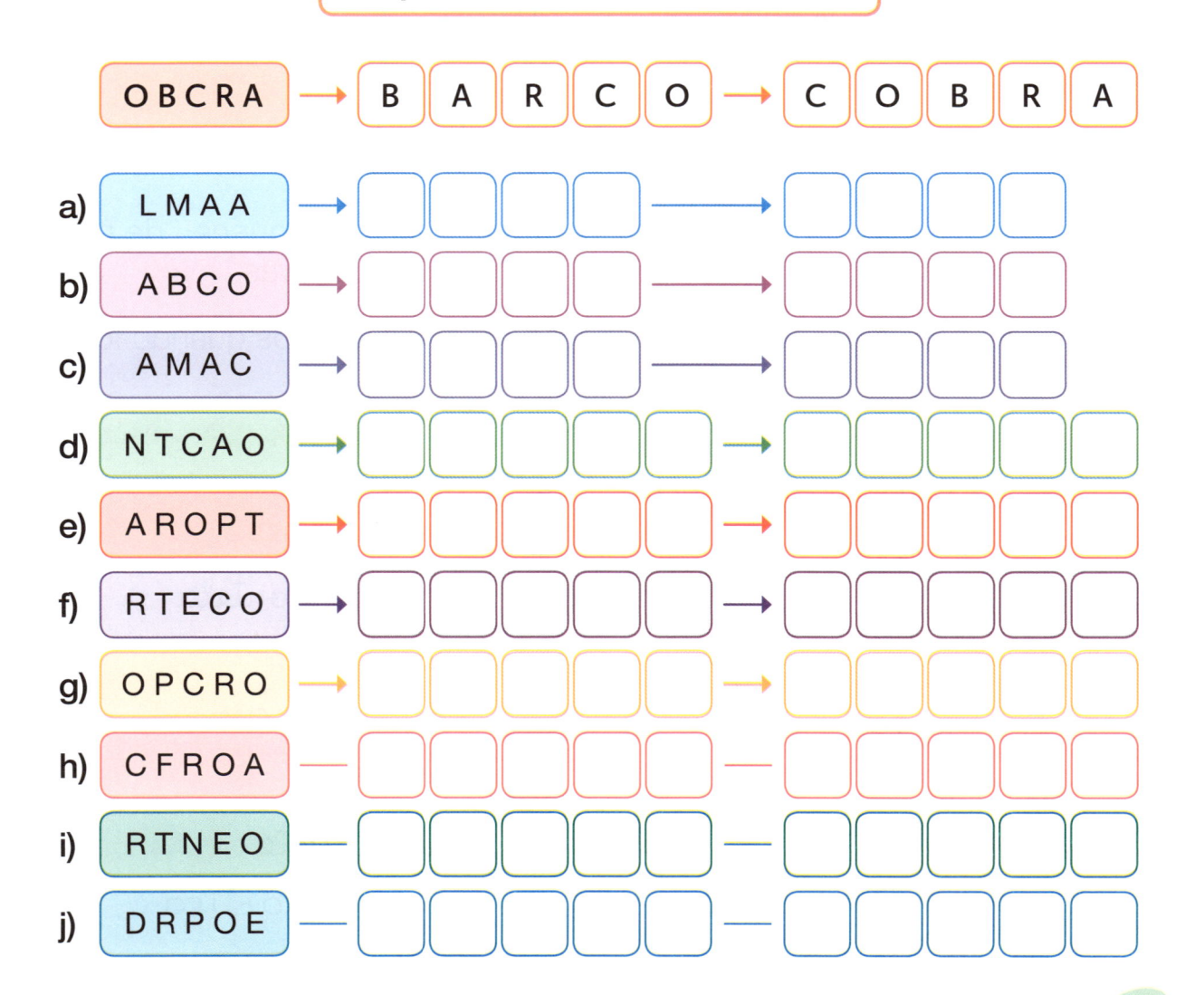

O B C R A ⟶ B A R C O ⟶ C O B R A

a) L M A A ⟶ ☐☐☐☐ ⟶ ☐☐☐☐

b) A B C O ⟶ ☐☐☐☐ ⟶ ☐☐☐☐

c) A M A C ⟶ ☐☐☐☐ ⟶ ☐☐☐☐

d) N T C A O ⟶ ☐☐☐☐☐ ⟶ ☐☐☐☐☐

e) A R O P T ⟶ ☐☐☐☐☐ ⟶ ☐☐☐☐☐

f) R T E C O ⟶ ☐☐☐☐☐ ⟶ ☐☐☐☐☐

g) O P C R O ⟶ ☐☐☐☐☐ ⟶ ☐☐☐☐☐

h) C F R O A ⟶ ☐☐☐☐☐ ⟶ ☐☐☐☐☐

i) R T N E O ⟶ ☐☐☐☐☐ ⟶ ☐☐☐☐☐

j) D R P O E ⟶ ☐☐☐☐☐ ⟶ ☐☐☐☐☐

Revisão

4. Leia as palavras abaixo.

| iate | barco | navio | canoa | onda | jangada | vela |

- Dessa lista, encontre no quadro de letras duas palavras trissílabas e duas palavras dissílabas.

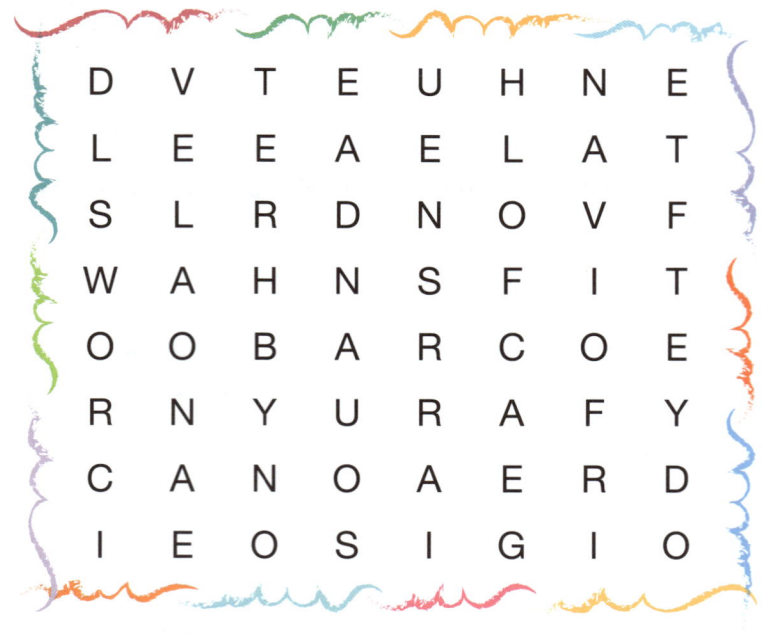

```
D V T E U H N E
L E E A E L A T
S L R D N O V F
W A H N S F I T
O O B A R C O E
R N Y U R A F Y
C A N O A E R D
I E O S I G I O
```

5. Alguém escreveu esta lista de compras, mas se esqueceu de pôr os acentos agudo e circunflexo e o til em várias palavras.

- Leia com atenção a lista e coloque os sinais gráficos quando for necessário.

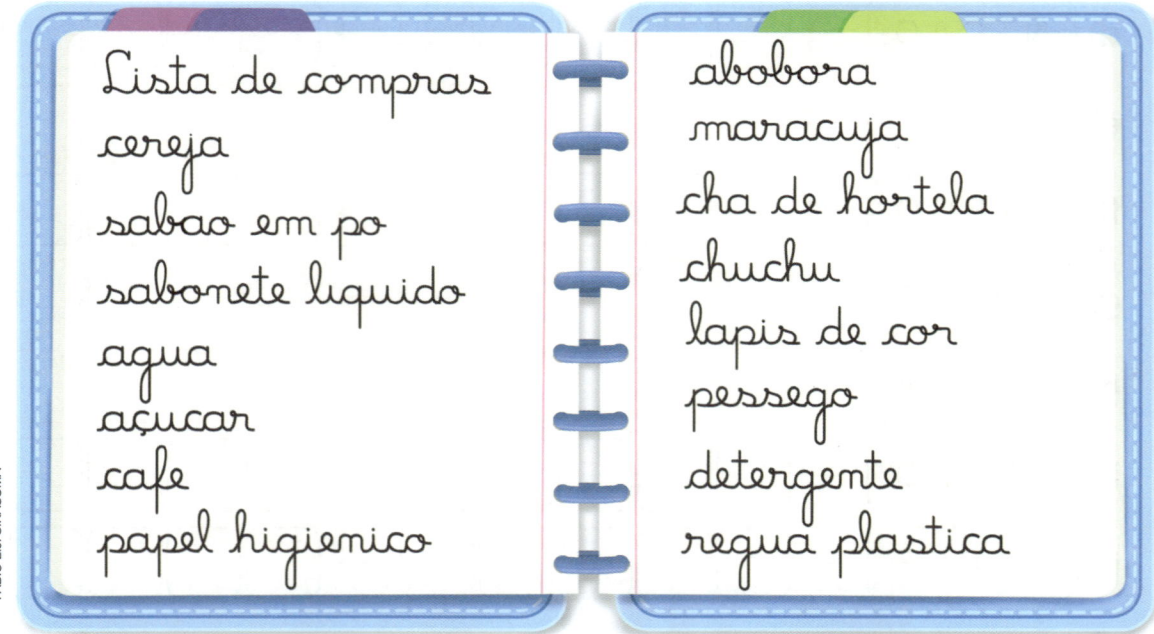

Lista de compras
cereja
sabao em po
sabonete liquido
agua
açucar
cafe
papel higienico

abobora
maracuja
cha de hortela
chuchu
lapis de cor
pessego
detergente
regua plastica

6. Complete a cruzadinha. Já pusemos duas letras para ajudar.

1. Sinônimo de aparecer.
2. Antônimo de choro.
3. Antônimo de não.
4. Antônimo de fundo.
5. Sinônimo de concluir.
6. Sinônimo de juntar.
7. Antônimo de saída.
8. Sinônimo de libertar.

7. Assinale com C para certo ou E para errado. Em um dicionário:

a) a palavra **ponte** está entre **parque** e **pino**. ☐

b) a palavra **mel** está entre **mar** e **mil**. ☐

c) a palavra **quente** está entre **quadra** e **quilo**. ☐

d) a palavra **tesoura** está entre **telhado** e **tempo**. ☐

e) a palavra **risonho** está entre **riqueza** e **rosto**. ☐

Revisão

8. Desafio! Ordene as letras e forme palavras conforme as instruções.

> **Dica!**
> As palavras começam sempre com a letra **vermelha**.

a) Palavra com **LH**.

O M L **E** H B R U ⟶ ___ ___ ___ ___ ___ ___ ___ ___

b) Palavra com **ditongo**.

U E R A S **T** O ⟶ ___ ___ ___ ___ ___ ___ ___

c) Palavra com **hiato**.

P **E** L A I C S E ⟶ ___ ___ ___ ___ ___ ___ ___ ___

d) Palavra com **ditongo fechado**.

A R I E **S** E ⟶ ___ ___ ___ ___ ___ ___

9. Todas as palavras do quadro são acentuadas. Copie cada uma delas na linha certa para indicar por que elas levam acento.

| diário | álbum | sábado | fácil | chapéu | freguês | além | líder |

Proparoxítona ⟶ _____

Paroxítona terminada em **l** ⟶ _____

Oxítona terminada em **es** ⟶ _____

Oxítona terminada em **ditongo aberto** ⟶ _____

Paroxítona terminada em **ditongo** ⟶ _____

Paroxítona terminada em **r** ⟶ _____

Paroxítona terminada em **um** ⟶ _____

Oxítona terminada em **em** ⟶ _____

10. Faça os caminhos do quadro **A** no quadro **B** e descubra seis palavras.

Dicas!
- Cada cor é o caminho de uma palavra.
- Comece sempre pelo ponto.

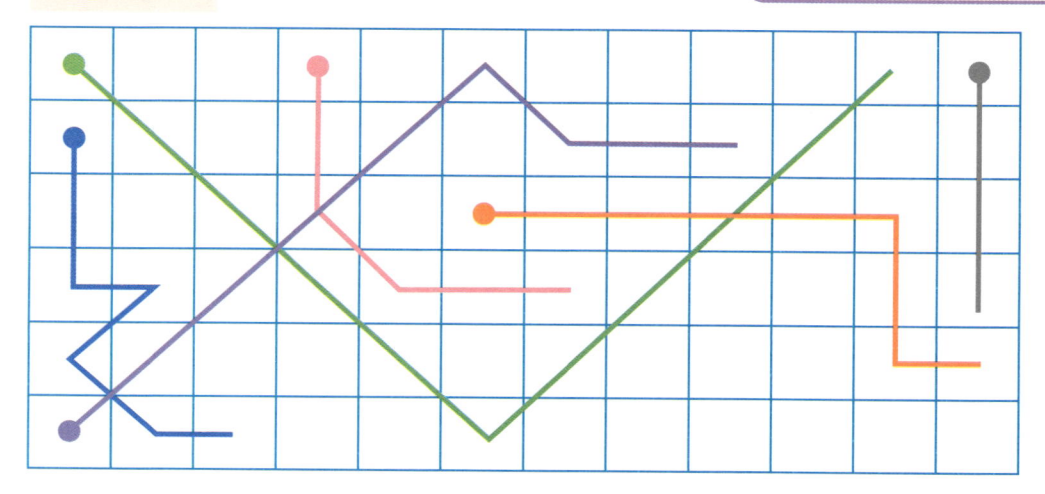

Quadro A

Quadro B

E	A	B	A	U	T	A	A	M	I	O	H
C	S	M	G	S	M	A	D	E	R	Ã	O
A	S	T	E	R	B	U	G	I	G	A	J
N	J	J	R	N	D	A	E	S	U	N	E
I	A	S	N	A	O	G	T	D	S	G	A
M	C	A	N	A	N	T	T	A	S	Z	N

a) Escreva essas palavras.

_____

b) Colocando essas palavras em ordem alfabética, quais são as duas primeiras? E as duas últimas?

_____

c) Circule no item **a** a única palavra que tem encontro vocálico.

d) Como se classifica esse encontro? _____

95

Hora da história

O ratinho, o galo e o gato

Era uma vez um jovem ratinho que estava começando a aprender os mistérios do mundo. Um dia, dando a volta ao redor da fazenda onde morava, viu na varanda da casa um lindo animal branco num banco. Seu pelo brilhava ao sol, ele balançava a cauda devagar e sua postura era muito elegante. O ratinho também reparou que ele tinha dois lindos olhos verdes, que pareciam duas estrelas.

Encantado com essa visão, o ratinho quis chegar mais perto e talvez tocar naquele animal macio e majestoso. Quem sabe ele poderia ser seu amigo! Assim que começou a cruzar o campo em direção à casa, um galo começou a bater as asas e a cantar, empoleirado no portão. O ratinho levou o maior susto com aquele grito e com aquela criatura com longas garras, bico curvado, asas enormes e cheias de cores vibrantes.

Com o susto, ele voltou correndo para casa. Quando entrou ofegante, sua mãe foi logo perguntando:

— O que aconteceu, filhinho?

— Encontrei dois animais hoje que nunca tinha visto antes — explicou o ratinho. — Um deles era branco e majestoso, com olhos verdes brilhantes como estrelas, pelo macio e postura elegante. O outro fazia um barulho horrível, balançava as asas loucamente, tinha garras e bico afiados e me assustou muito! Por causa desse susto, não pude me aproximar do lindo animal que vi primeiro...

— Filhinho, o animal maravilhoso de pelo macio é um gato. Ele é seu pior inimigo! Nunca se aproxime dele! Já o galo é inofensivo para nós e, embora sua aparência seja menos elegante, ele nos acorda todos os dias de manhã com seu canto e nos ajuda a começar o dia! Se quiser um amigo, fique com o galo!

O ratinho ficou muito surpreso, afinal, nunca imaginaria que aquele ser desengonçado e desafinado pudesse ser um amigo, e o mais lindo dos animais pudesse ser uma ameaça!

Renata Tufano. Adaptação de uma versão de Monteiro Lobato baseada em fábula original de Esopo. Texto escrito especialmente para esta obra.

Hora da história

Atividades

1. Numere as cenas de acordo com a sequência da história.

2. Por que o ratinho quis se aproximar do gato?
   _____

3. O que ele pensava que o gato poderia ser?
   _____

4. Por que ele não conseguiu se aproximar do gato?
   _____

5. Por que o ratinho levou um susto com o galo?
   _____

6. Por que o ratinho se enganou sobre qual dos bichos poderia ser realmente seu amigo?
   _____

7. Você acha que o que aconteceu com o ratinho também poderia acontecer com as pessoas, principalmente com as crianças? Por quê?

8. Leia estes ditados populares.

"As aparências enganam."

"Quem vê cara não vê coração."

- Você acha que eles resumem a mensagem que essa fábula quer transmitir? Por quê?

_____

_____

_____

9. Que outro título você daria a essa fábula?

10. Reúna-se com seus colegas e criem uma história baseada na fábula, mas com pessoas no lugar dos animais.

Vamos ler mais?

As aparências enganaram o ratinho inexperiente nessa história... E quando você pensa em um lobo, por exemplo, qual é a característica mais marcante que pode associar a ele? Coragem, bravura, força? Será que um "lobo de verdade" precisa ser grande e selvagem? Rolf é um lobo, e ele tem a mesma aparência de todos os outros lobos, mas sua personalidade é diferente... Quer saber por que Rolf é diferente? Quer saber por que sua aparência e seu temperamento são tão distintos?

Leia essa história no livro *O lobinho bom*, de Nadia Shireen.

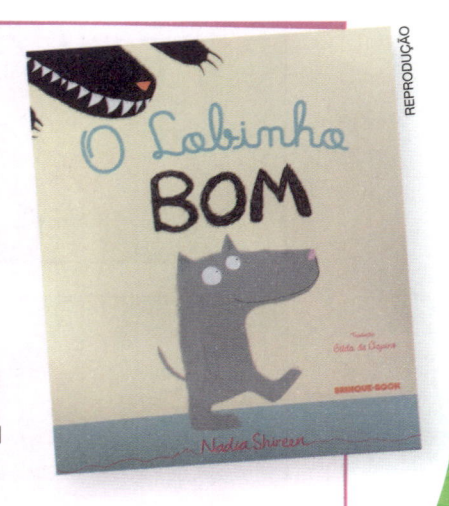

8

Tipos de frase

Aqui, você manda!

frase ⟶ Expressa uma ideia com sentido completo.

A história em quadrinhos que você acabou de ler apresenta muitas **frases**.

> **Frase** é um enunciado que apresenta uma ideia com sentido completo. Toda frase começa com letra maiúscula.

Uma frase pode ser longa ou curta e pode ter uma ou mais palavras.

Oi, garoto!
frase

Vovó, o que você faz por aqui?
frase

Há quatro tipos de frase: **declarativa**, **exclamativa**, **interrogativa** e **imperativa**. Vejamos cada uma delas.

- **Frase declarativa**: faz uma declaração, isto é, expressa uma afirmação ou uma negação e termina com ponto-final. Veja os exemplos.

    Preciso de um favor.   Não sei o caminho.

- **Frase exclamativa**: expressa sentimentos ou emoções, como surpresa, espanto, admiração etc., e termina com ponto de exclamação. Veja os exemplos.

    Palmas para a vovó vale-tudo!   Ela ganhou a taça!

- **Frase interrogativa**: faz uma pergunta e termina com ponto de interrogação. Veja os exemplos.

    Você vai participar do concurso?   Quando será o concurso?

- **Frase imperativa**: expressa uma ordem, conselho ou pedido e pode terminar com ponto-final ou ponto de exclamação. Veja os exemplos.

    Pratique exercícios!   Não fique parado.

Entonação

Nós não falamos sempre do mesmo jeito. Conforme o que queremos dizer ou destacar, falamos mais alto ou mais baixo, mais devagar ou mais rápido, enfim, variamos muito nosso jeito de pronunciar as frases.

O modo como falamos é chamado de **entonação**. Ao lermos um texto, os sinais de pontuação nos indicam como deve ser a entonação da nossa leitura.

Para perceber bem a variação de entonação, leia estas frases em voz alta, prestando atenção aos sinais de pontuação.

Esse filme foi bom.

Esse filme foi bom?

Esse filme foi bom!

Agora, leia em voz alta a tira abaixo.

GARFIELD Jim Davis

EU ADORO O INVERNO!

FWUMP

MAS SÓ UM POUQUINHO.

Atividades

1. Complete o texto preenchendo os quadrinhos adequadamente com ponto de exclamação ou de interrogação.

Curiosidades dos porquinhos

Você sabia que os porcos são muito espertos ☐ Pois é. Eles podem ser até domesticados. É isso mesmo ☐ Podem também aprender a fazer truques, como sentar ou rolar. Muita gente tem um porquinho como animal de estimação. E sabe por que eles gostam de rolar na lama ☐ Como eles não suam, se lambuzam de lama para se refrescar. Viu como são espertinhos ☐ Além disso, a lama funciona também como um filtro solar para os porcos, além de ser ótima para afastar mosquitos. Isso é incrível ☐

Celia Catunda. *Luna em... Eu quero saber! Descobrindo a fazenda.*
São Paulo: Moderna, 2019. p. 28-30. (Adaptado).

2. Transforme estas frases declarativas em frases imperativas, que expressam **ordem**. Veja o exemplo.

Espero que você termine o trabalho. → Termine o trabalho!
frase declarativa   frase imperativa

a) Espero que você diga a verdade.

_____

b) Espero que você ajude seus colegas.

_____

c) Espero que vocês limpem a sala depois da festa.

_____

3. As frases imperativas abaixo expressam ordem. Transforme-as em frases imperativas que expressem **pedido** acrescentando uma das expressões dos quadrinhos.

| por favor | por gentileza | por caridade | pelo amor de Deus |

Veja o exemplo.

> Não faça barulho! ⟶ Não faça barulho, **por favor**!
> **Por favor**, não faça barulho!

Dica! Essa expressão pode vir no começo ou no fim da frase.

a) Não deixe a porta aberta!

_____

_____

b) Ajude essa família necessitada!

_____

_____

c) Limpe os pés antes de entrar!

_____

_____

d) Sente-se nessa poltrona!

_____

_____

e) Socorra o menino que se machucou!

_____

_____

Aprendendo com o dicionário

1. Leia o verbete.

   > **cair** ca.**ir**
   > v. **1.** Levar um tombo. **2.** Ir em direção ao chão. **3.** Baixar, diminuir. **4.** Acontecer em certa época. **5.** Chegar ao fim.

   a) Agora, leia esta frase que acompanha a foto da cidade de Urupema (SC).

   A temperatura caiu bastante, está fazendo muito frio.

   b) Em que sentido o verbo **cair** foi usado na frase acima?

   _____

2. Indique o sentido que o verbo **cair** tem em cada frase abaixo.

   a) A loja está em promoção e os preços dessas camisas caíram. ☐

   b) O menino tropeçou e caiu. ☐

   c) O sol se põe, a tarde cai. ☐

   d) O início das férias cai numa segunda-feira. ☐

   e) No frio, cai muito a presença de turistas na cidade. ☐

   f) Ele escorregou no chão molhado e quase caiu. ☐

3. Desafio! Há várias expressões com o verbo **cair**. Leia as frases e assinale o sentido das expressões destacadas.

a) Meu tio **caiu de cama**.

☐ Meu tio caiu da cama esta noite.

☐ Meu tio adoeceu.

b) Quando começou a confusão, ele **caiu fora**.

☐ Quando começou a confusão, ele foi embora.

☐ Quando começou a confusão, ele riu.

c) Essa roupa **caiu bem** em você.

☐ Essa roupa ficou muito apertada em você.

☐ Essa roupa vestiu bem em você.

d) Sua ajuda **caiu do céu**, obrigado!

☐ Sua ajuda chegou na hora certa, obrigado!

☐ Sua ajuda só chegou hoje, obrigado!

e) Ela **caiu das nuvens** quando soube da notícia.

☐ Ela ficou muito surpresa quando soube da notícia.

☐ Ela nem ligou quando soube da notícia.

f) Luís **caiu em si** sobre o desperdício de água.

☐ Luís não percebeu que desperdiça água.

☐ Luís reconheceu que desperdiça água.

- Agora, relacione cada ilustração à frase correspondente.

Reforço ortográfico

C, Ç, SC, SÇ

A cozinha da avó

A cozinha da casa da avó
é um lugar mágico.
Lá, tudo pode acontecer.
De repente, do fogão
sai um bolo especial
coberto de chocolate,
sai pãozinho quentinho
pra matar a nossa fome
de comida e de carinho...

Mesmo quando a gente cresce
é tão bom voltar a entrar
na cozinha da casa da avó.
Correr para o seu abraço,
ouvir sua voz macia,
sentir um cheiro de açúcar,
sentir um cheiro de infância...
Lá estão doces lembranças,
lá somos sempre crianças...

Célia Siqueira. Texto escrito especialmente para esta obra.

Reforço ortográfico

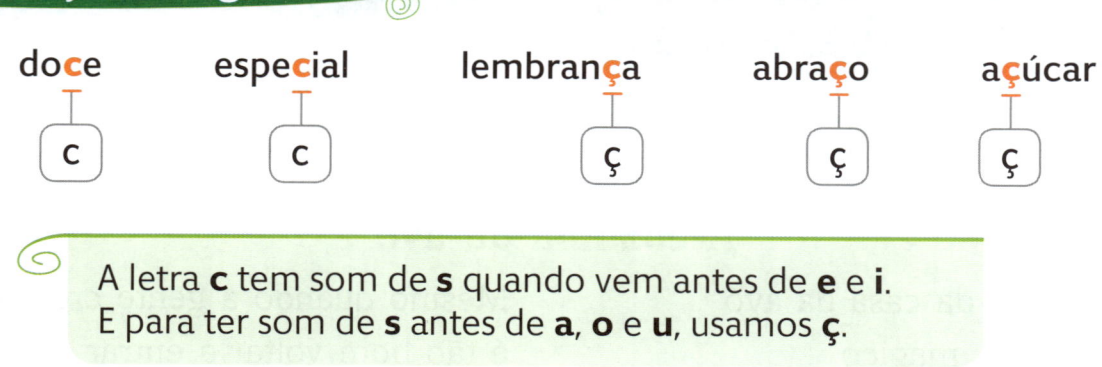

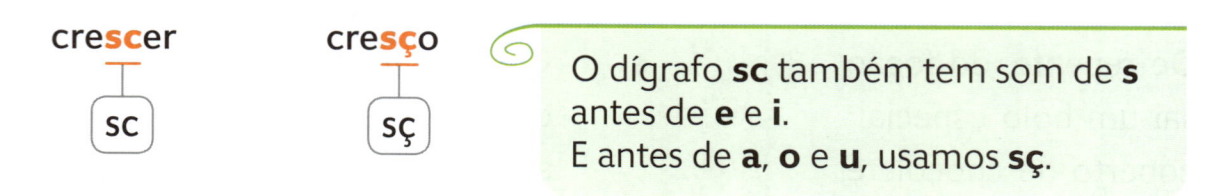

do**c**e — c
espe**c**ial — c
lembra**ç**a — ç
abra**ç**o — ç
a**ç**úcar — ç

A letra **c** tem som de **s** quando vem antes de **e** e **i**.
E para ter som de **s** antes de **a**, **o** e **u**, usamos **ç**.

cre**sc**er — sc
cre**sç**o — sç

O dígrafo **sc** também tem som de **s** antes de **e** e **i**.
E antes de **a**, **o** e **u**, usamos **sç**.

Atividades

1. Complete com as formas do verbo de acordo com os exemplos.

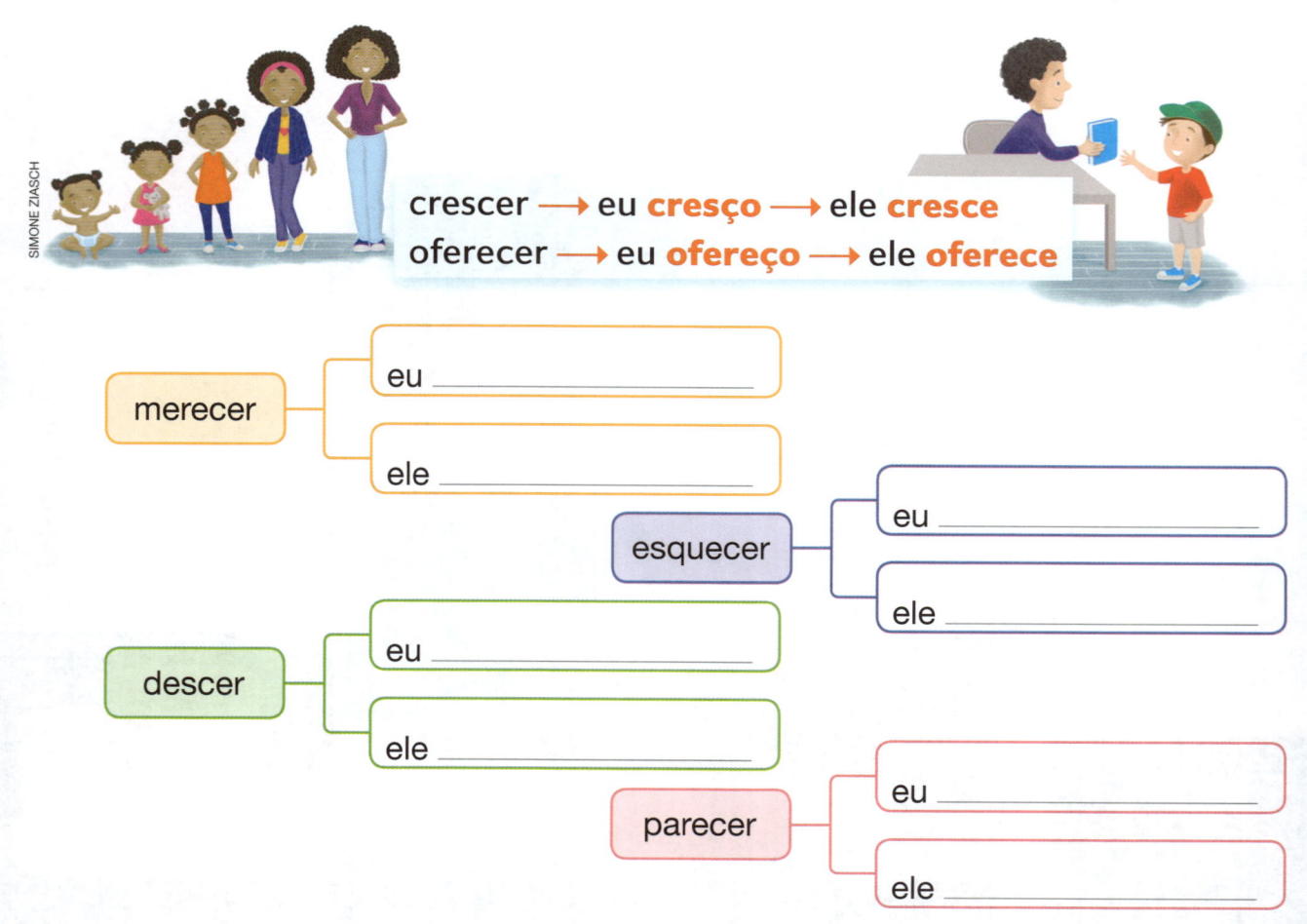

crescer → eu **cresço** → ele **cresce**
oferecer → eu **ofereço** → ele **oferece**

merecer
- eu _____
- ele _____

esquecer
- eu _____
- ele _____

descer
- eu _____
- ele _____

parecer
- eu _____
- ele _____

2. Ordene as palavras e forme frases conforme as indicações.

> Use corretamente as letras maiúsculas e os sinais de pontuação.

a) cuidado | muito | da | escada | com | desça

frase imperativa _____

_____

b) menino | ficou | esse | cresceu | e | forte | como

frase exclamativa _____

_____

c) importante | boa | a | crescimento | alimentação | é | para | o | crianças | das

frase declarativa _____

_____

3. Veja como separamos as sílabas das palavras com o dígrafo **sc**.

cre**sc**er → cre**s**-**c**er

s e **c** ficam em sílabas separadas

> **Atenção!**
> O grupo **sc** é um **dígrafo** quando representa o som de **s**, isto é, as duas letras representam apenas **um** som: **nascer**, **crescer**.
> Mas quando as letras **sc** representam **dois** sons, elas não formam um dígrafo: **pescar**, **casca**.

- Agora, é sua vez! Separe as sílabas destas palavras.

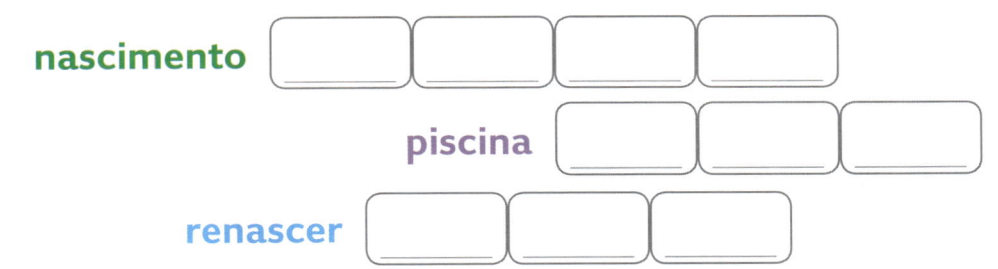

nascimento ☐ ☐ ☐ ☐

piscina ☐ ☐ ☐

renascer ☐ ☐ ☐

9

Sinais de pontuação

Conversando no parque

O filho passeia com o pai no parque. Olha as árvores e pergunta:

— Pai, por que as folhas das árvores são verdes?

— Não sei, meu filho.

Mais à frente, o garoto lê um aviso: "Não alimente os animais!".

— Pai, por que não se pode dar comida aos animais?

— Ah, não sei, não, meu filho.

Passam perto do laguinho e veem um pato nadando. O garoto (que era muito curioso) faz outra pergunta:

— Pai, por que o patinho não afunda?

— Por que o patinho não afunda? Porque... bem... isso também não sei, filho.

Sentam-se num banco para descansar. O menino parece preocupado. Tinha medo de parecer um "xereta" com tantas perguntas. Estava pensando: "Será que meu pai vai ficar chateado comigo?".

Ficam lá sentados por alguns minutos; dali a pouco, ele diz ao pai:

— Pai, você se incomoda com minhas perguntas?

— Claro que não, meu filho. Se não perguntar, você nunca vai aprender!

Além do ponto-final, do ponto de exclamação e do ponto de interrogação, há outros sinais de pontuação: dois-pontos, travessão, aspas, parênteses, reticências, vírgula, ponto e vírgula.

Todos esses sinais são muito importantes, pois eles nos ajudam a expressar as ideias de modo mais claro.

O ponto-final, o ponto de exclamação e o ponto de interrogação você já conhece bem. Vamos ver, então, os outros sinais.

Dois-pontos : e travessão —

São usados em um diálogo. Os dois-pontos indicam que alguém vai falar. O travessão é usado antes da fala de alguém. Veja o exemplo.

> O garoto pergunta:
> — Pai, por que o patinho não afunda?

Os dois-pontos também são usados para indicar uma enumeração ou um exemplo. Observe.

> No parque, há vários animais: pássaros, macaquinhos, lagartos etc.

Aspas " "

São usadas para:
- reproduzir uma citação ou as palavras de alguém. Veja o exemplo.

> Estava pensando: "Será que meu pai vai ficar chateado comigo?"

- destacar palavras do texto, chamando a atenção do leitor para elas. Observe.

> Tinha medo de parecer um "xereta" com tantas perguntas.

Parênteses ( )

São usados para isolar ou separar parte do texto que traz um comentário, uma explicação. Veja o exemplo.

> O garoto **(**que era muito curioso**)** faz outra pergunta:

Atividades

1. Leia o texto abaixo e coloque os sinais de pontuação indicados nos quadrinhos.

   [?] [!] [.] [:] [" "] [—]

   ### Atrasado outra vez

   O menino entra atrasado na aula ☐ A professora diz ☐

   ☐ Outra vez, atrasado ☐ Qual é a desculpa agora ☐

   ☐ É que eu respeitei a placa ☐

   ☐ Placa ☐ Que placa ☐

   ☐ A placa na rua que diz ☐ ☐ Devagar, escola! ☐

2. Leia as frases e coloque os parênteses no lugar correto.

   a) Os turistas pegaram um avião e foram de Campinas São Paulo a Belo Horizonte Minas Gerais .

   b) Vou convidar por que não? toda a turma da escola para minha festa .

   c) Comprei um sorvete de chocolate uma delícia! e fui caminhar pela praia !

Reticências ...

São usadas para deixar o sentido de uma frase em aberto, sem conclusão. Veja o exemplo.

> — Por que o patinho não afunda? Porque... bem... isso também não sei, filho.

Vírgula ,

É usada para indicar uma pequena pausa na leitura. Observe.

> — Não sei, meu filho.

Ponto e vírgula ;

É usado para indicar uma pausa um pouquinho mais longa que a vírgula. Veja o exemplo.

> Ficam lá sentados por alguns minutos; dali a pouco, ele diz ao pai:

Atividades

1. Leia a tirinha.

ARMANDINHO — Alexandre Beck

Quadro 1: EU NÃO DEVO FALAR PALAVRÃO... E VOCÊ PODE?

Quadro 2: É QUE EU...! PORQUE... BEM...

Quadro 3: VOCÊ TAMBÉM NÃO DEVIA, NÃO É?

© ALEXANDRE BECK

- Forme dupla com um colega e leiam em voz alta o diálogo entre Armandinho e seu pai.

113

2. Observe a cena e imagine como poderia ser a continuação da frase que termina com reticências. Escreva nas linhas abaixo.

NÃO PISE NO TAPETE, SENÃO...

_____

_____

3. Em cada frase abaixo, há uma palavra, expressão ou mesmo outra frase que pode ser destacada com aspas.

Coloque as aspas nessa palavra, expressão ou frase.

a) Você enganou a gente! Que amigão você é!

b) Eu estava no quintal e minha mãe me chamou: Menino, venha para dentro de casa, pois vai chover!

c) Esse menino é o artista da casa. Vive desenhando nas paredes...

d) Fui ao *shopping* com meu pai e tive uma ideia: Que tal comprarmos um presente para a mamãe?

e) O motorista saiu às pressas, fazendo cantar os pneus do carro.

f) O chute foi fraco, mas o goleiro engoliu um frango e deixou a bola passar.

g) Que coisa esquisita! , pensei , vendo o cachorro tentar morder o próprio rabo.

h) Aquele jogador de vôlei voou e conseguiu rebater a bola!

4. A anedota a seguir foi reproduzida sem os sinais de pontuação e sem a divisão em parágrafos. Reescreva-a, formando parágrafos e colocando os sinais de pontuação. Faça primeiro a atividade em seu caderno, com um colega, e depois passe-a a limpo no livro.

> **Atenção!**
> Use letras maiúsculas no início de cada frase.

a menina chega em casa e diz mãe tirei oito hoje na escola a mãe diz que bom oito é uma boa nota em qual matéria você tirou oito em duas matérias em duas matérias sim tirei quatro em Português e quatro em Matemática

_____
_____
_____
_____
_____
_____
_____
_____
_____
_____
_____

5. Nas frases abaixo, sempre há um trecho que traz uma observação ou um comentário que pode ser colocado entre parênteses. Leia as frases com atenção e coloque os parênteses corretamente.

a) Os meninos estavam conversando sobre *videogame* , é claro e nem perceberam que tinha soado o sinal de entrada .

b) Um dia eu tinha seis anos perdi-me dos meus pais dentro do supermercado e abri um berreiro .

c) O nosso time como sempre acabou o campeonato em último lugar .

Aprendendo com o dicionário

Há esportes que são praticados com as **mãos**, como o vôlei e o basquete.

No texto acima, a palavra **mãos** foi usada no seu sentido próprio, indicando uma parte do nosso corpo. Mas há muitas expressões em que essa palavra é usada no sentido figurado.

1. Leia as frases e relacione cada expressão destacada com seu significado.

   a) Mauro prometeu ajudar, mas nos **deixou na mão**.

   b) **Mãos à obra**, pessoal, vamos acabar logo essa tarefa.

   c) Essa rua **dá mão**, podemos seguir por ela.

   d) Essa música de piano foi executada **a quatro mãos**.

   e) Carlos me **deu uma mão** e eu pude acabar o trabalho.

   f) Rita é uma cozinheira **de mão cheia**!

   g) Beto é um grande amigo e **ponho a mão no fogo por ele**.

   h) Todos queriam ver as fotos, que passaram **de mão em mão** na sala.

   ☐ Por duas pessoas.
   ☐ Não cumprir um trato.
   ☐ De uma pessoa para outra.
   ☐ Excelente.
   ☐ Ter total confiança em alguém.
   ☐ Trabalhar com ânimo.
   ☐ Ter direção permitida a um veículo.
   ☐ Prestar ajuda.

2. Explique oralmente o sentido das expressões destacadas nas frases abaixo.

   a) Ele pensou que ia lucrar alguma coisa com aquele negócio, mas acabou saindo **de mãos abanando**.

   b) Fique tranquilo, nesta escola seu filho está **em boas mãos**.

3. Ligue as expressões a seu significado.

   Uma mão lava a outra.

   Meter os pés pelas mãos.

   Cometer erros, enganos.

   Ajudar quem ajuda você.

Reforço ortográfico

S, SS

Você gosta de fazer fofocas? Que feio!

Fazer fofoca é espalhar comentários, muitas vezes maldosos, sobre a vida das outras pessoas. Quase sempre, as fofocas acabam em confusão e podem até desfazer amizades. Passar adiante um segredo, inventar mentiras sobre alguém, tudo isso é muito feio. Ainda mais agora, com as redes sociais, é muito fácil espalhar fofocas. E quem vai conseguir consertar tudo depois? Ninguém! Por isso, é certo dizer que pessoa educada não é fofoqueira.

pe**ss**oa → ss

con**s**eguir → s

con**s**ertar → s

Para representar o som do **s** entre duas vogais, devemos usar **ss**, como na palavra **pessoa**. Mas só em casos assim! Fora disso, devemos usar apenas **s**, como em **conseguir** e **consertar**.

Atividades

1. Observe a escrita da palavra primitiva e complete a derivada com **s** ou **ss**. Veja o exemplo.

man**s**o → aman**s**ar

a) pulso → pul____eira

b) mensagem → men____ageiro

c) passagem → pa____ageiro

d) cansar → can____ado

e) pensar → pen____amento

f) massagem → ma____agista

g) perseguir → per____eguição

h) assinar → a____inatura

2. Desafio! Ordene as letras dos quadrinhos e forme palavras. Já pusemos algumas letras para ajudá-lo.

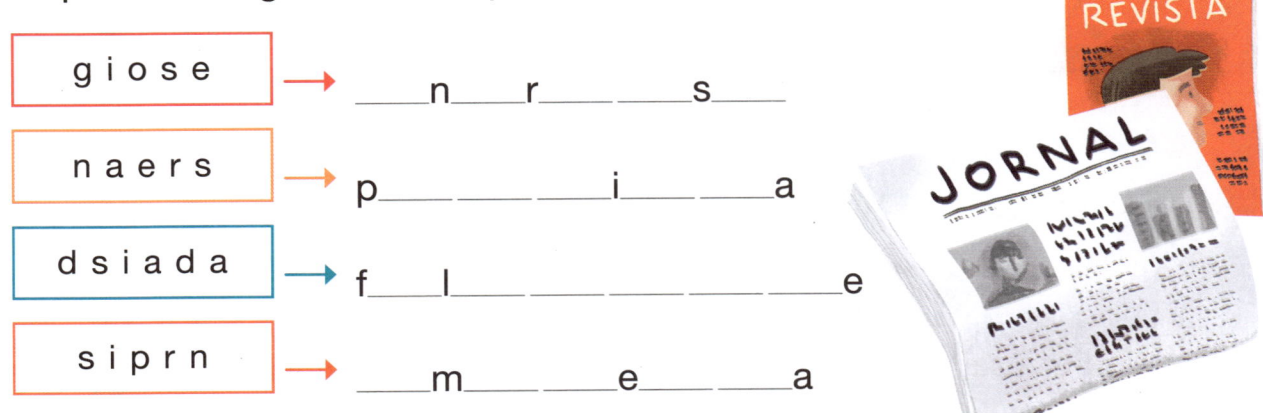

g i o s e	→	__ n __ r __ __ s __
n a e r s	→	p __ __ __ i __ a
d s i a d a	→	f __ l __ __ __ __ __ e
s i p r n	→	__ m __ __ e __ __ a

- Coloque em ordem alfabética as palavras que você formou.

1 _____   2 _____

3 _____   4 _____

3. Nas palavras abaixo, as letras coloridas estão fora de ordem. Ordene essas letras e escreva corretamente as palavras.

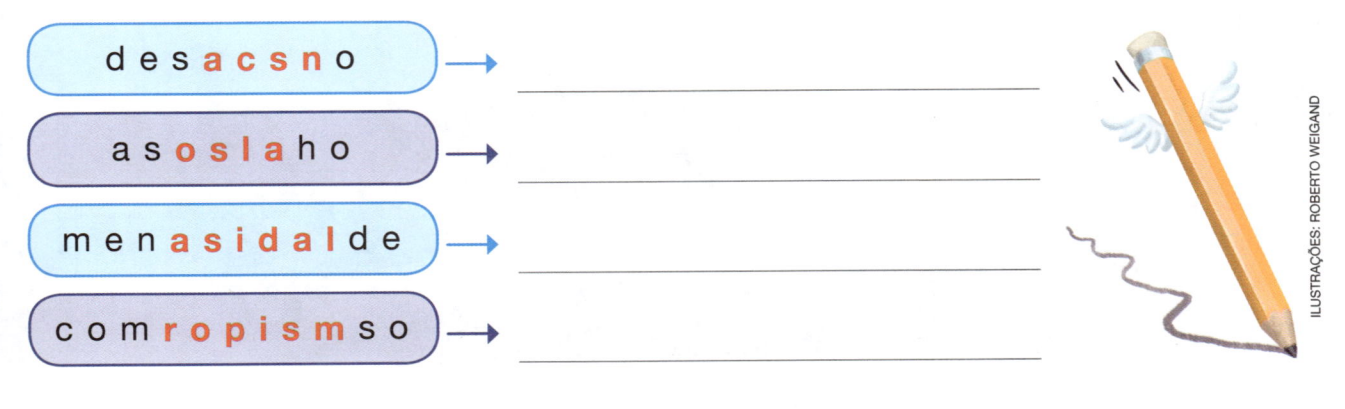

d e s **a c s** n o	→	_____
a s **o s l a** h o	→	_____
m e n **a s i d a l** d e	→	_____
c o m **r o p i s m** s o	→	_____

a) Qual dessas palavras tem o maior número de sílabas? _____

b) E qual delas tem o menor número de sílabas? _____

c) Apenas uma dessas palavras tem encontro vocálico. Qual? _____

d) E como se classifica esse encontro vocálico? _____

10

Usos da vírgula

A vírgula pode mudar tudo!

Saber usar a vírgula é muito importante para a gente se comunicar bem com os outros. Uma vírgula no lugar errado ou a falta de uma vírgula pode mudar completamente a mensagem. É isso que podemos ver nos exemplos abaixo.

NÃO PARE!

NÃO, PARE!

Você sabia?

A palavra **vírgula** é muito antiga. Ela vem do latim e significa "pequena vara" ou "varinha". Quando, mais tarde, foi criado esse sinal de pontuação, ficou decidido que ele se chamaria vírgula porque lembra uma varinha curvada.

Neste capítulo, vamos ver três casos em que a vírgula é usada.

A vírgula na enumeração

Fazer uma enumeração é fazer uma lista ou relação de coisas. Na enumeração, a vírgula é usada para separar os elementos citados. Veja o exemplo.

Ele guardou tudo na mochila: os livros, os cadernos, o estojo.

enumeração

Agora, leia esta tira.

HAGAR Chris Browne

No primeiro quadrinho, vemos que há um **e** antes do último elemento da enumeração. Nesse caso, não se usa a vírgula. Observe.

Quero uma *pizza* com queijo, *bacon*, cebola, pimenta e presunto.

enumeração

Atividades

1. Leia as frases abaixo e coloque as vírgulas onde for necessário.

   a) A professora chamou os seguintes alunos: Marcelo Juliano Reinaldo e Márcio.

   b) Os jogadores o juiz os repórteres e muitos fotógrafos estavam no campo.

   c) Guarde no armário da sala esses livros aqueles cadernos e todas aquelas pastas.

2. Leia o cartaz e coloque as vírgulas que estão faltando.

   Cuidado com a dengue!
   Procure logo um serviço de saúde, caso você tenha os seguintes sintomas: manchas no corpo coceiras febre falta de apetite dor de cabeça e dor no corpo.

3. Leia em voz alta estas frases e explique oralmente a diferença de sentido que há entre as frases ❶ e ❷ e, depois, entre as respostas da frase ❸.

   ❶ Não quero você ao meu lado!

   ❷ Não, quero você ao meu lado!

   ❸ A casa dele é longe?

   a) Não, é perto...

   b) Não é perto...

4. Leia o texto e coloque as vírgulas que faltam.

Alguns animais do Pantanal

O Pantanal é uma região que abriga uma grande variedade de aves: tuiuiú ema tucano e várias espécies de araras. Apresenta também muitos animais mamíferos: onça-pintada capivara tamanduá lobo-guará e muitos outros.

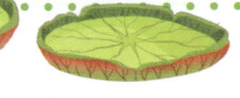

- Agora, escreva o nome desses animais.

A vírgula na indicação de local e data

Na indicação de local e data, a vírgula é usada para separar o nome da cidade e a data.

Rio de Janeiro, 15 de maio de 2020.

nome da cidade — data

123

A vírgula na indicação de endereços

Nos endereços, a vírgula é usada para separar o nome da rua e o número do imóvel. Se no endereço houver outras indicações, como número de apartamento, bloco, bairro etc., devemos também separá-las com vírgulas.

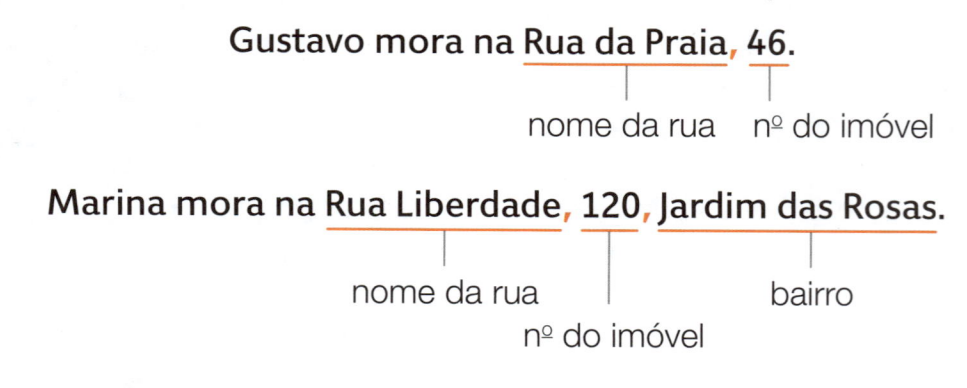

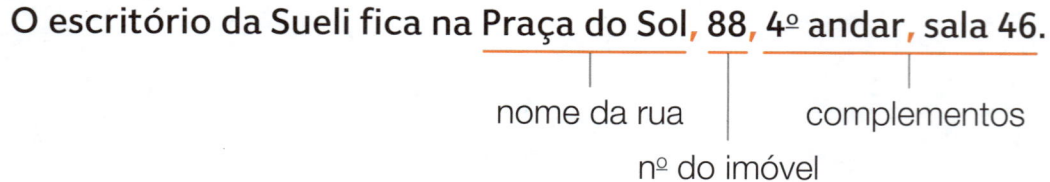

Gustavo mora na **Rua da Praia**, **46**.
- nome da rua
- nº do imóvel

Marina mora na **Rua Liberdade**, **120**, **Jardim das Rosas**.
- nome da rua
- nº do imóvel
- bairro

O escritório da Sueli fica na **Praça do Sol**, **88**, **4º andar**, **sala 46**.
- nome da rua
- nº do imóvel
- complementos

Veja, por exemplo, como devemos preencher um envelope a ser enviado pelo correio.

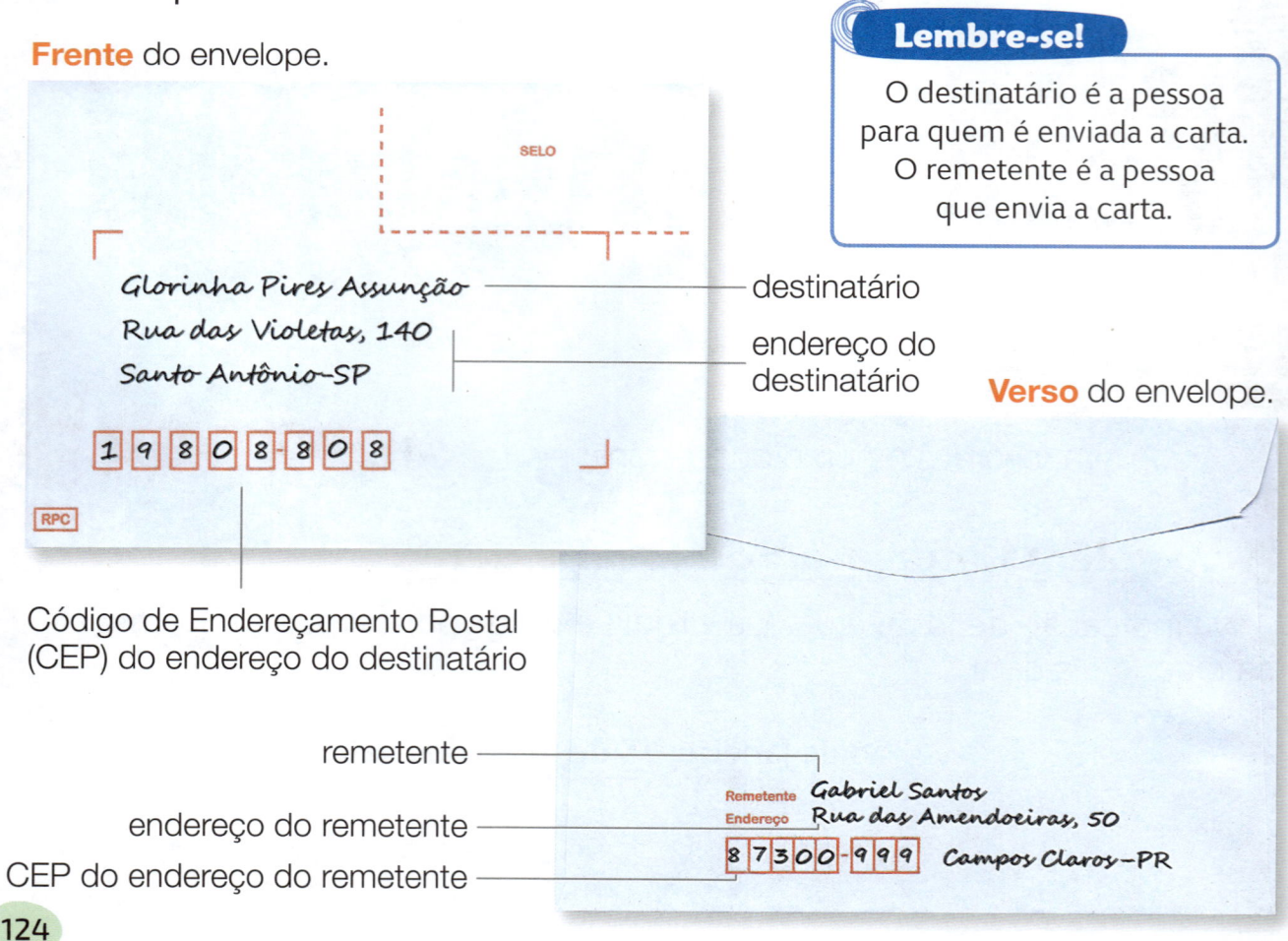

Frente do envelope.

Glorinha Pires Assunção — destinatário
Rua das Violetas, 140
Santo Antônio-SP — endereço do destinatário

1 9 8 0 8 - 8 0 8

Código de Endereçamento Postal (CEP) do endereço do destinatário

Lembre-se!
O destinatário é a pessoa para quem é enviada a carta. O remetente é a pessoa que envia a carta.

Verso do envelope.

remetente
endereço do remetente
CEP do endereço do remetente

Remetente: Gabriel Santos
Endereço: Rua das Amendoeiras, 50
8 7 3 0 0 - 9 9 9 Campos Claros-PR

Atividades

1. Coloque as vírgulas que estão faltando nestas frases.

a) Minha escola fica na Avenida dos Lagos 670 Jardim dos Ipês.

b) Moro na Praça da Árvore 450 bloco B 6º andar apartamento 640.

c) Foi aberta uma loja de brinquedos na Rua Monteiro Lobato 120 Parque Continental.

2. Ordene as informações que estão nos quadrinhos e escreva os endereços completos.

[5º andar] [Jardim das Flores] [nº 890] [Rua do Sol] [sala 56]

_____

_____

[Parque Cruzeiro] [bloco B] [8º andar] [24] [ap. 82] [Av. Radial]

_____

_____

[120] [sala 15] [Jardim do Lago] [Rua do Coqueiro] [térreo]

_____

_____

3. Imagine que você vai enviar uma carta pelo correio para um colega. Preencha o envelope com os nomes e endereços completos.

SELO

REMETENTE: ....

ENDEREÇO: ....

Aprendendo com o dicionário

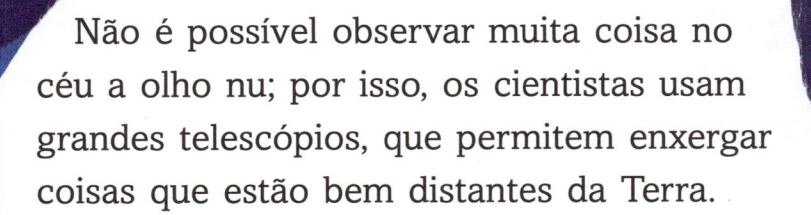

Não é possível observar muita coisa no céu a olho nu; por isso, os cientistas usam grandes telescópios, que permitem enxergar coisas que estão bem distantes da Terra.

A expressão **a olho nu**, que você leu no texto acima, significa "sem a ajuda de lentes".

1. Agora, relacione estas expressões com o substantivo **olho** a seus significados.

    a) Não consegui **pregar os olhos** esta noite.
    b) Assim que **bati os olhos** no bilhete, reconheci a letra da minha irmã.
    c) Os pais **veem com bons olhos** o casamento da filha.
    d) Essa guitarra **custa os olhos da cara**, não posso comprar.
    e) Não saia da sala e **fique de olho** nas crianças.
    f) Ele está emagrecendo **a olhos vistos**.
    g) Ela trocou de roupa **num piscar de olhos**.

    ☐ Dar uma olhada rápida.
    ☐ Ser muito caro.
    ☐ Vigiar, tomar conta.
    ☐ Rapidamente, num instante.
    ☐ Achar bom.
    ☐ Claramente.
    ☐ Dormir, pegar no sono.

2. Explique oralmente o sentido das expressões destacadas nas frases a seguir.

    a) **Aos olhos** dos pais, os filhos são sempre bonitos e inteligentes.
    b) Ele fez a pesquisa **a olho**, por isso não ficou boa.
    c) O empregado foi mandado para o **olho da rua**.

Reforço ortográfico

Por que, por quê, porque

Por que o palhaço tem esse nome?

Sabe por quê? Porque a roupa dele tem a ver com palha. Muitos anos atrás, quando o palhaço começou a aparecer nos espetáculos de circo, além da cara pintada e do nariz vermelho, ele vestia uma roupa feita do mesmo pano que se usava para revestir os colchões de palha. Essa roupa, aliás, parecia um saco de palha feito de pedaços de pano de diferentes cores. Ainda hoje, muitos palhaços usam uma roupa em forma de saco.

Por que o palhaço tem esse nome?

separado e sem acento

Por que é usado geralmente no começo de frases interrogativas. Pode ser substituído por **por que motivo**.

Porque a roupa dele tem a ver com palha.

junto e sem acento

Porque é usado quando explicamos a causa de alguma coisa. Geralmente, aparece no início da resposta a uma pergunta feita anteriormente.

Sabe **por quê**?

separado e com acento

Por quê é usado no fim de uma frase interrogativa.

Atividades

1. Reescreva as frases interrogativas usando **por quê**. Veja o exemplo.

   Por que você está alegre? → Você está alegre por quê?

   a) Por que você chorou?

   _____

   b) Por que a Bete saiu da sala?

   _____

   c) Por que eles estão contentes?

   _____

Reforço ortográfico

2. Crie uma pergunta para cada resposta.

a) _____

> Abri a janela porque estava com calor.

b) _____

> Eles não foram ao cinema porque estava chovendo forte.

c) _____

> Os dois garotos comeram a *pizza* inteira porque estavam com fome.

d) _____

> Saí correndo porque não queria perder o ônibus.

3. Leia o diálogo e complete os espaços com **porque**, **por que** ou **por quê**.

_____ o cachorro abana o rabo?

Não sei... _____ ?

Ora, _____ o rabo não pode abanar o cachorro...

4. Imagine que você esteja dando uma entrevista que será publicada em um jornal. Como responderia a estas perguntas?

Você gosta de ser criança? Por quê?

_____
_____
_____

Você acha que a vida de adulto é boa? Por quê?

_____
_____
_____

Que mensagem quer mandar aos adultos? Por quê?

_____
_____
_____

11

▸ **Substantivo comum e próprio**

Oi! Meu nome é Luana. Gosto muito de animais. Tenho uma cachorrinha que se chama Paçoca. Ela é uma graça, brincalhona e supercarinhosa. Eu e alguns colegas formamos um grupo na internet chamado "Amigos de animais". Nesse grupo, trocamos ideias e fotos de nossos bichos de estimação. E tem de tudo: cachorros, gatos, coelhos, tartarugas, tem até um porquinho! Você não gostaria de participar do nosso grupo? Então, entre em contato. Veja algumas fotos da nossa turma.

Ricardo e seu coelho Fred.

Kimi e sua tartaruga Mila.

Betina e sua gata Luna.

Mateus e seu porquinho-da-índia Ted.

Você já aprendeu que damos o nome de **substantivo** à palavra que usamos para nomear tudo o que existe: pessoas, animais, coisas, lugares, sentimentos etc.

A palavra **menina** se refere a qualquer criança do sexo feminino. Por isso, dizemos que **menina** é um **substantivo comum**.

Já a palavra **Luana** dá nome a certas meninas, não a todas. Nesse caso, dizemos que **Luana** é um **substantivo próprio**.

O mesmo raciocínio vale para as palavras **cachorrinha** e **Paçoca**.

menina	cachorrinha	Luana e Paçoca
substantivos comuns		substantivos próprios

menino	coelho	Ricardo e Fred
substantivos comuns		substantivos próprios

Substantivo comum é aquele que se refere a qualquer ser de uma espécie.
Substantivo próprio é aquele que dá nome a determinado ser de uma espécie, distinguindo-o dos outros.

Os substantivos comuns são escritos com letra minúscula. Só quando começam uma frase é que eles devem ser escritos com letra inicial maiúscula. Mas os substantivos próprios devem ser escritos sempre com inicial maiúscula.

Atividades

1. Em cada item abaixo, há dois substantivos próprios misturados com os substantivos comuns. Sublinhe-os e escreva-os corretamente.

   a) esporte   música   bahia   mariana   chuva

   _____

   b) amazonas   árvore   indígenas   tribo   ceará

   _____

   c) semana   júlio   mês   dia   marcelo

   _____

   d) colega   escola   europa   brasileiro   áfrica

   _____

   e) alegria   emoção   canadá   felicidade   itália

   _____

2. Veja como podemos descobrir um substantivo comum dentro de outro substantivo comum.

   capote → pote

   - Agora, é sua vez! Descubra os substantivos comuns escondidos nos substantivos a seguir.

   universo → _____   macaco → _____

   alface → _____   galinha → _____

   máscara → _____   serpente → _____

   escorpião → _____   permissão → _____

   algema → _____   felicidade → _____

3. No texto abaixo, há vários erros de ortografia. Alguns substantivos próprios estão com letra inicial minúscula e alguns substantivos comuns, com letra inicial maiúscula. Sublinhe todos esses substantivos e faça a correção de cada um deles.

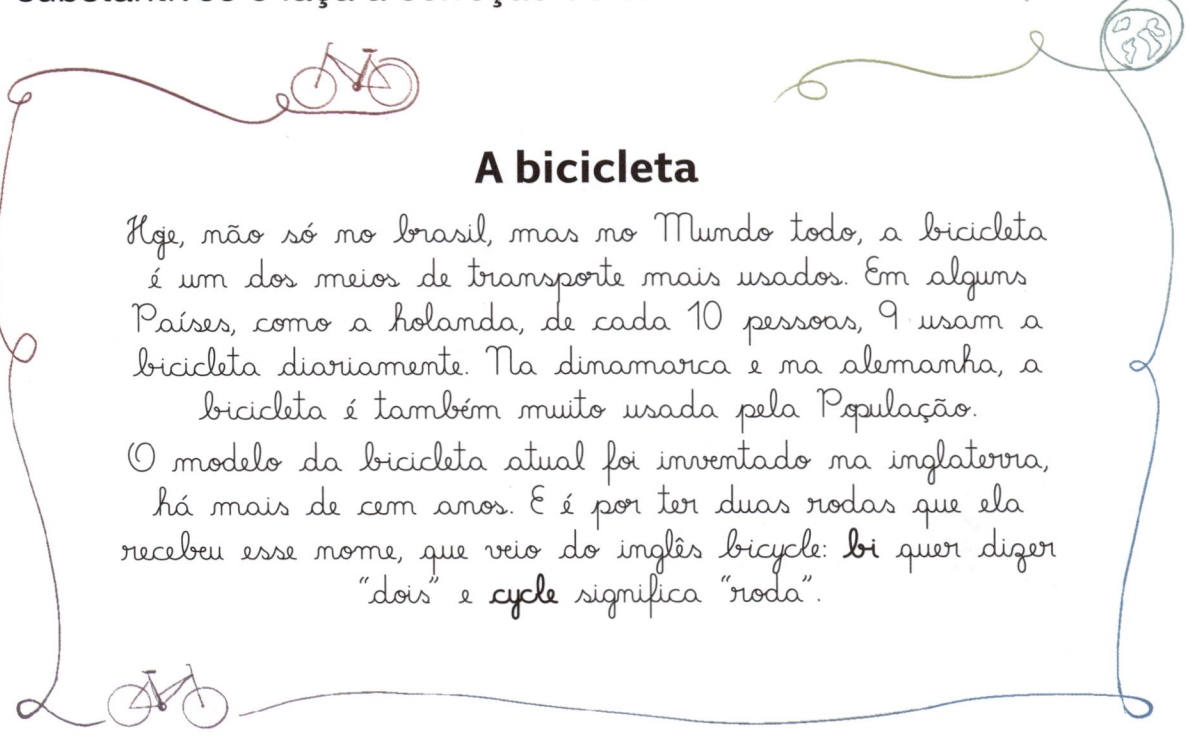

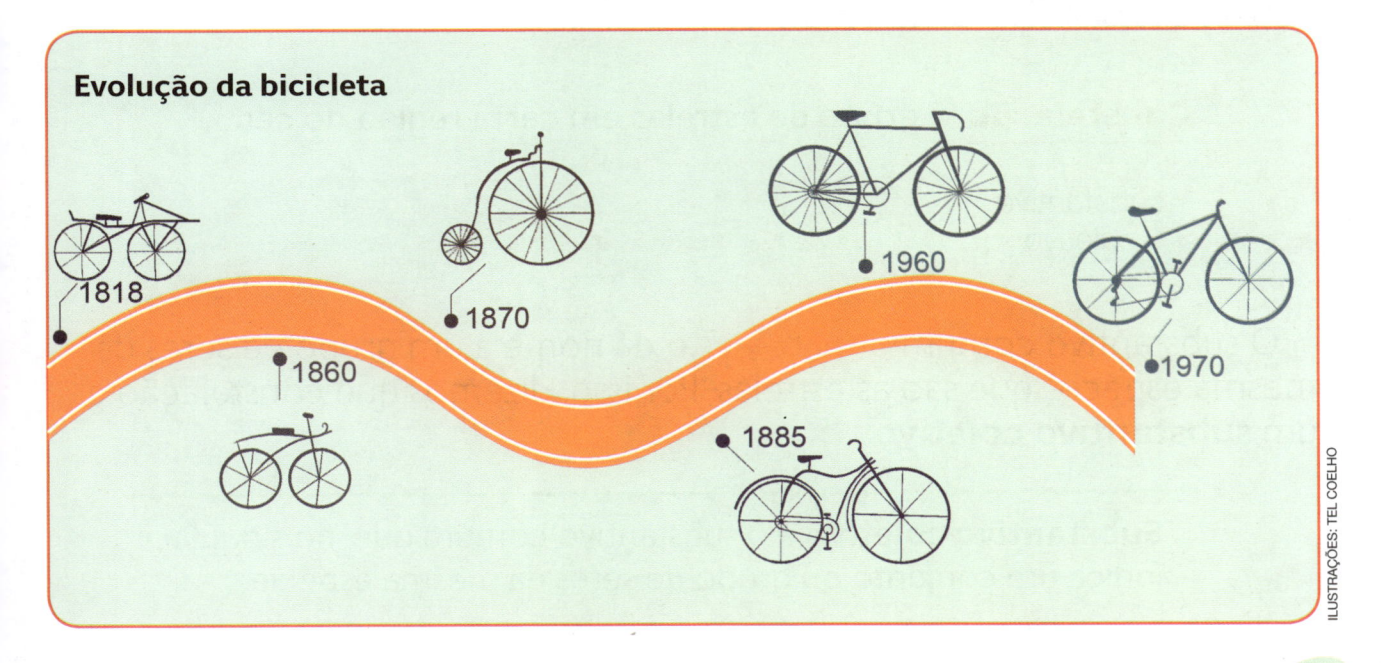

A bicicleta

Hoje, não só no brasil, mas no Mundo todo, a bicicleta é um dos meios de transporte mais usados. Em alguns Países, como a holanda, de cada 10 pessoas, 9 usam a bicicleta diariamente. Na dinamarca e na alemanha, a bicicleta é também muito usada pela População.

O modelo da bicicleta atual foi inventado na inglaterra, há mais de cem anos. E é por ter duas rodas que ela recebeu esse nome, que veio do inglês *bicycle*: **bi** quer dizer "dois" e **cycle** significa "roda".

Evolução da bicicleta

1818
1860
1870
1885
1960
1970

Substantivo coletivo

Constelações

As constelações são agrupamentos de estrelas em certa região do céu. Ao observar o céu à noite, o ser humano sempre ficou fascinado pelo brilho das estrelas. Os primeiros astrônomos, muitos anos atrás, viram que certos grupos de estrelas pareciam formar desenhos no céu. Assim, imaginaram linhas ligando as estrelas e compondo figuras. Deram nomes a essas figuras, criando um sistema de classificação das constelações. Vistas daqui da Terra, as estrelas parecem próximas, mas, na verdade, estão muito distantes umas das outras.

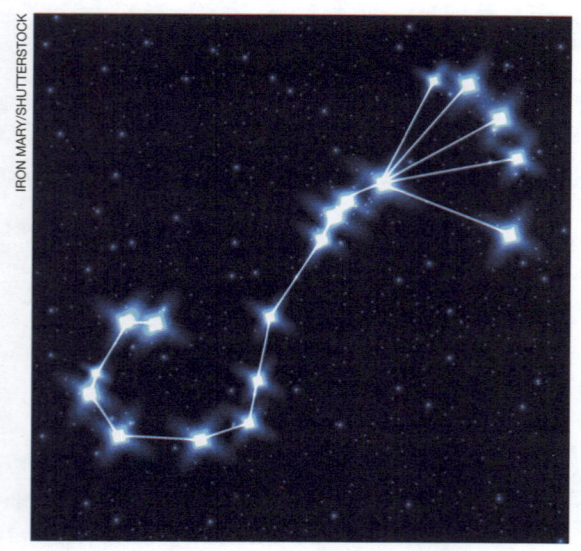

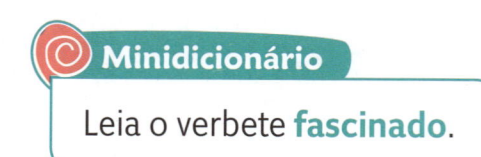

Minidicionário

Leia o verbete **fascinado**.

Desenho da constelação chamada Escorpião. Observe que as linhas imaginárias que ligam as estrelas formam uma figura que, para os antigos, lembrava esse animal.

Constelação = grupo de estrelas em certa região do céu
substantivo coletivo

O substantivo comum **constelação** dá nome a um grupo de seres da mesma espécie, que são as estrelas. Por isso, dizemos que constelação é um **substantivo coletivo**.

Substantivo coletivo é o substantivo comum que, no singular, indica um conjunto ou grupo de seres da mesma espécie.

Há vários substantivos coletivos. Veja uma lista com alguns deles.

álbum: de selos, de fotografias, de figurinhas
alcateia: de lobos
armada ou **esquadra**: de navios de guerra
arquipélago: de ilhas
banda: de músicos
bando: de animais, de crianças, de pessoas
batalhão: de soldados
biblioteca: de livros
boiada: de bois
cacho: de uvas, de bananas, de cabelos
cardume: de peixes da mesma espécie
constelação: de estrelas
elenco: de artistas de um espetáculo, de jogadores de um time
enxame: de abelhas, de insetos
fauna: de animais de certa região
flora: de plantas de certa região
frota: de navios, de veículos da mesma empresa
grupo: de pessoas
manada: de bois, de elefantes, de cavalos, de búfalos
matilha: de cães de caça
molho (lê-se "mólho"): de chaves
multidão: de pessoas
ninhada: de filhotes
nuvem: de mosquitos, de gafanhotos
orquestra: de músicos
penca: de bananas
pinacoteca: de quadros ou telas
pomar: de árvores frutíferas
quadrilha: de bandidos
ramalhete: de flores
rebanho: de gado em geral (ovelhas, bois, cabras etc.)
revoada: de aves em voo
tropa: de burros de carga, de soldados
turma: de estudantes, de trabalhadores
vara: de porcos

Atividades

1. Ordene as letras e forme substantivos coletivos.

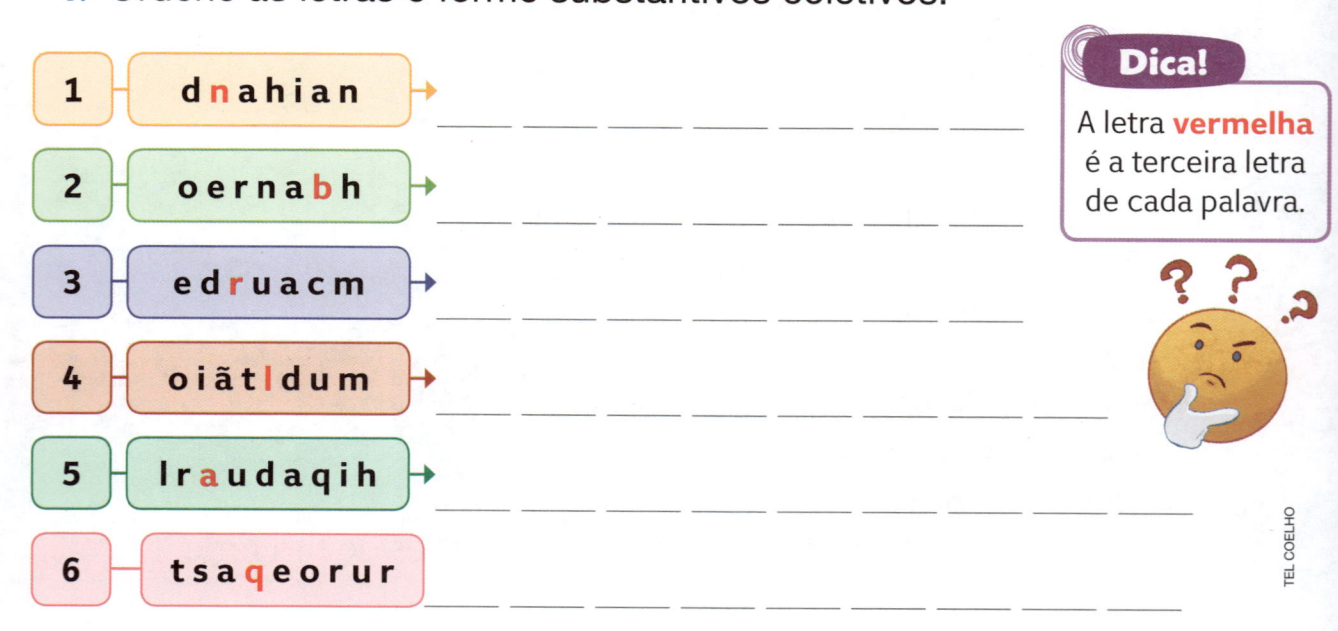

1	d n a h i a n	→
2	o e r n a b h	→
3	e d r u a c m	→
4	o i ã t l d u m	→
5	l r a u d a q i h	→
6	t s a q e o r u r	→

Dica!
A letra **vermelha** é a terceira letra de cada palavra.

- Agora, escreva o que indicam os coletivos que você formou, de acordo com a numeração.

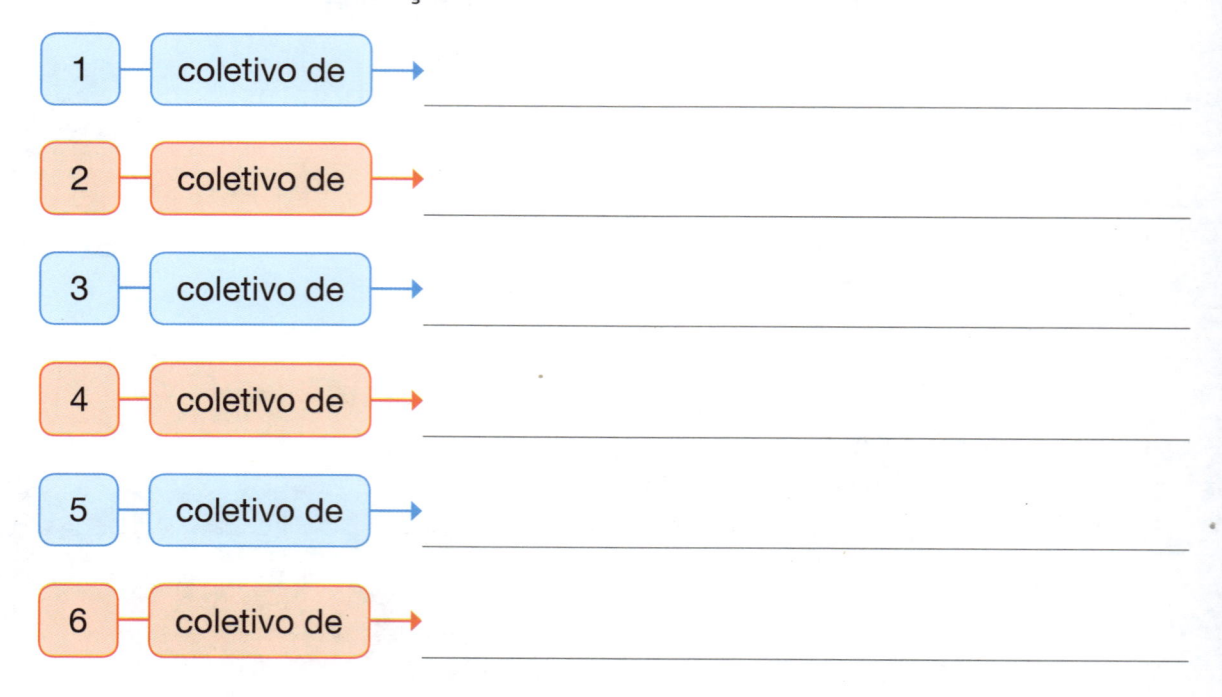

1 — coletivo de →

2 — coletivo de →

3 — coletivo de →

4 — coletivo de →

5 — coletivo de →

6 — coletivo de →

2. Na letra **t** do **Minidicionário**, há um substantivo coletivo. Você é capaz de encontrá-lo?

3. Complete as frases com os coletivos dos quadrinhos.

flora | elenco | ramalhete | manada | fauna | nuvem

a) O Brasil tem uma variedade incrível de animais. Nossa _____ é a mais rica do mundo e precisa ser preservada.

b) A professora ganhou um _____ de rosas.

c) No fim do espetáculo, os artistas voltaram ao palco. E todo o _____ foi muito aplaudido pelo público.

d) Milhares de gafanhotos invadiram o país. Ninguém conseguiu evitar que aquela _____ enorme destruísse as plantações.

e) A _____ brasileira é riquíssima, possui mais de 60 mil espécies de plantas.

f) Durante nossa viagem, vimos, ao longe, um grande grupo de elefantes. Infelizmente, não conseguimos filmar a _____.

4. Escreva os coletivos das palavras a seguir. Depois, encontre esses coletivos no quadro de letras.

a) de letras: _____   b) de figurinhas: _____

c) de lobos: _____   d) de frutas: _____

e) de livros: _____   f) de abelhas: _____

A	L	F	E	O	T	B	I	N	L	P	B
E	N	X	A	M	E	I	T	A	O	X	K
N	X	X	L	A	I	B	Á	L	B	U	M
X	A	E	C	A	A	A	L	T	F	M	A	Y
E	I	P	A	L	N	E	R	A	I	T	P
A	M	B	T	E	C	A	O	B	E	T	O
B	L	I	E	P	E	M	A	E	C	A	M
E	I	B	I	B	L	I	O	T	E	C	A
T	E	C	A	B	I	B	B	O	M	A	R

Substantivo simples e composto

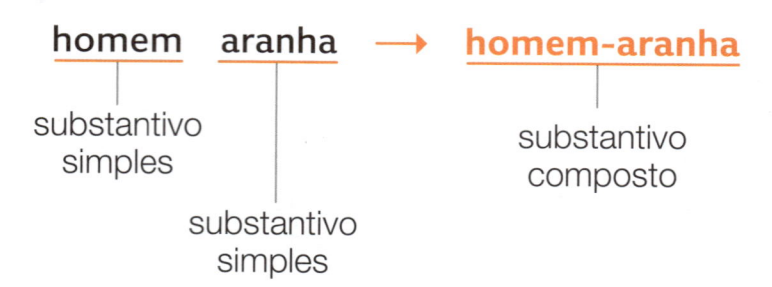

homem   aranha → **homem-aranha**

- homem: substantivo simples
- aranha: substantivo simples
- homem-aranha: substantivo composto

Quanto à formação, o substantivo pode ser **simples** ou **composto**.

> O **substantivo simples** é formado por apenas uma palavra.
> O **substantivo composto** é formado por mais de uma palavra.

Atividades

1. Forme oito substantivos compostos juntando as palavras abaixo. Já fizemos uma como exemplo: **peixe-espada**.

Atenção! Use o hífen para unir essas palavras.

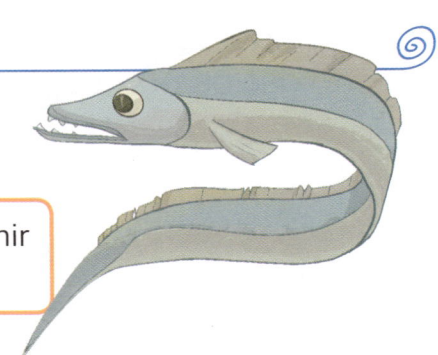

peixe	íris	chuva	couve	saca	guarda
criado	pombo	rolha	arco	correio	espada
mudo	bandeira	salva	porta	flor	vidas

_____

_____

2. Relacione os substantivos compostos a seguir com seus significados.

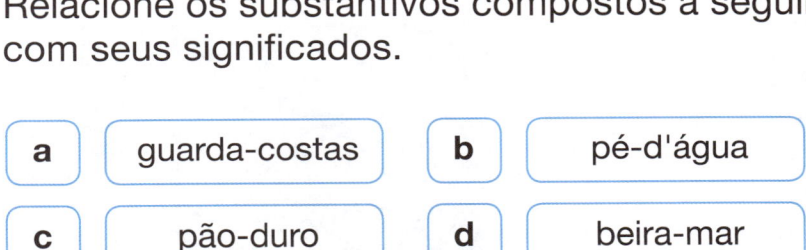

- a) guarda-costas
- b) pé-d'água
- c) pão-duro
- d) beira-mar
- e) água-viva
- f) bate-papo

( ) Faixa de terra batida pelo mar.

( ) Aguaceiro, chuva forte e inesperada.

( ) Animal marinho cujo corpo queima a pele de quem toca nele.

( ) Pessoa que acompanha outra para protegê-la de algum perigo.

( ) Avarento, pessoa que faz de tudo para não gastar dinheiro.

( ) Conversa animada, amigável.

3. Usando as palavras abaixo, forme substantivos compostos para indicar os nomes dos animais das fotos.

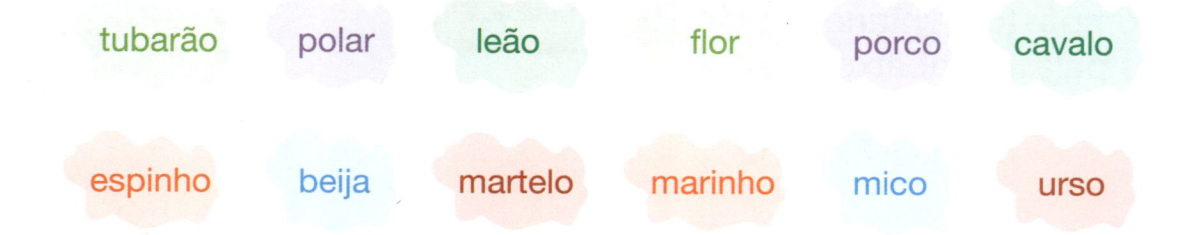

tubarão   polar   leão   flor   porco   cavalo

espinho   beija   martelo   marinho   mico   urso

_____   _____

_____   _____

_____   _____

Substantivo primitivo e derivado

Patinadores artísticos apresentam-se em Pequim, China.

A patinação no gelo é um espetáculo de grande beleza. Os patinadores parecem flutuar e fazem movimentos incríveis com muita elegância. Nem parece que estão usando patins.

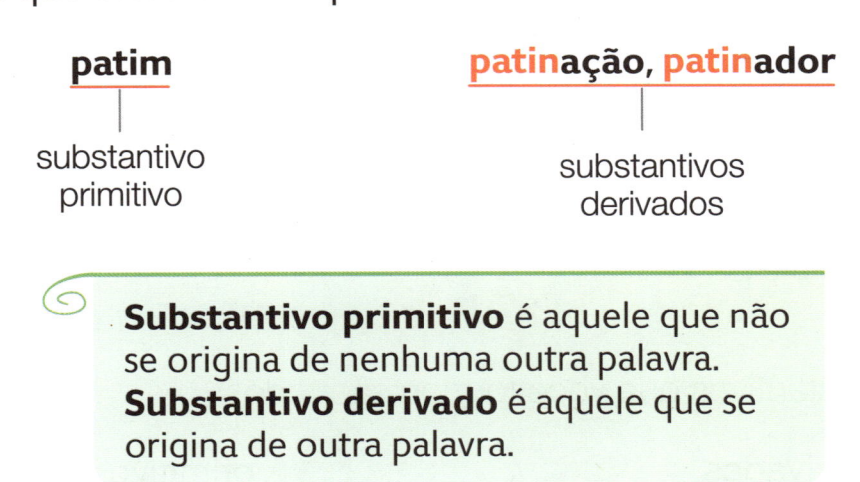

patim
substantivo primitivo

patinação, patinador
substantivos derivados

> **Substantivo primitivo** é aquele que não se origina de nenhuma outra palavra.
> **Substantivo derivado** é aquele que se origina de outra palavra.

Atividades

1. Complete o quadro com os substantivos primitivos. Já fizemos o primeiro como exemplo.

Derivado	Primitivo	Derivado	Primitivo
fazendeiro	*fazenda*	chuvisco	
dentista		açucareiro	
marinheiro		saleiro	
geleira		carteiro	
arvoredo		barqueiro	

2. Escreva dois substantivos derivados de cada palavra abaixo.

a) ferro → _____

b) laranja → _____

c) pedra → _____

d) flor → _____

3. Troque as letras por aquelas que vêm **antes** no alfabeto e forme três substantivos.

d i v w f j s p _____

k p s o b m f j s p _____

h s b n b e p _____

- Os substantivos que você formou são todos:

☐ derivados.   ☐ primitivos.

Aprendendo com o dicionário

Os palhaços costumam pintar a cara para ficar engraçados.

Você sabe que o substantivo **cara** significa "rosto". Mas, dependendo da frase, ele também pode ter outros significados. Como você explicaria, oralmente, o uso dessa palavra na frase abaixo?

> Vi meus amigos conversando com um **cara** em frente à escola.

1. Há muitas expressões com o substantivo **cara**. Leia as frases abaixo e relacione cada expressão com seu significado.

   a) Os dois ficaram **cara a cara**.
   b) Ele entrou na sala com a **cara fechada**.
   c) **Está na cara** que ele gosta dessa menina.
   d) Ao sair da sala, **deu de cara** com o professor.
   e) Ele quis bancar o engraçadinho e **quebrou a cara**.
   f) **Não vou com a cara** desse sujeito.

   ☐ Ser muito claro, evidente.
   ☐ Com jeito de bravo ou zangado.
   ☐ Frente a frente.
   ☐ Não gostar, não simpatizar com alguém.
   ☐ Sair-se mal.
   ☐ Encontrar alguém de repente.

2. Explique oralmente o sentido da expressão destacada na frase abaixo.

   Faz tempo que ele não **dá as caras** por aqui.

Reforço ortográfico

Sons do X

MÔNICA — Mauricio de Sousa

— A DENISE É UMA EXIBIDA! DEPOIS QUE ELA GANHOU UM CELULAR, SÓ QUER SABER DE TIRAR FOTO DE TUDO!
— É...

— OI, MENINAS!

FIM

e**x**ibida
x com som de **z**

A letra **x** pode representar vários sons. Leia em voz alta estas palavras e perceba.

e**x**aminar	e**x**plicar	dure**x**	cai**x**a
x com som de **z**	**x** com som de **s**	**x** com som de **cs**	**x** com som de **ch**

Atividades

1. Leia o texto abaixo.

> **Gêmeos idênticos**
>
> Os gêmeos idênticos sempre despertam a curiosidade das pessoas. Um irmão é a cópia exata do outro, parece uma xerox. Até os familiares, às vezes, se confundem.

a) Copie as palavras que têm a letra **x**.

_____

b) Quantos sons diferentes tem a letra **x** nessas palavras? Quais são eles?

_____

2. Escreva o que se pede.

a) O **substantivo** correspondente ao verbo **examinar**. _____

• Qual é o som do **x** nessas palavras? _____

b) O **substantivo** correspondente ao verbo **explicar**. _____

• Qual é o som do **x** nessas palavras? _____

c) O **verbo** correspondente ao adjetivo **tóxico**. _____

• Qual é o som do **x** nessas palavras? _____

d) O **verbo** correpondente ao substantivo **paixão**. _____

• Qual é o som do **x** nessas palavras? _____

147

Reforço ortográfico

3. Assinale as palavras em que o **x** tem o mesmo som que tem na palavra **táxi**.

- oxigênio
- máximo
- fixo
- crucifixo
- reflexo

- luxuoso
- oxítona
- lixo
- saxofone
- exagero

4. Observe a escrita das palavras primitivas e complete com **s** ou **x** as palavras derivadas.

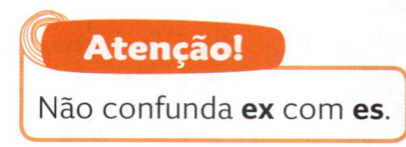

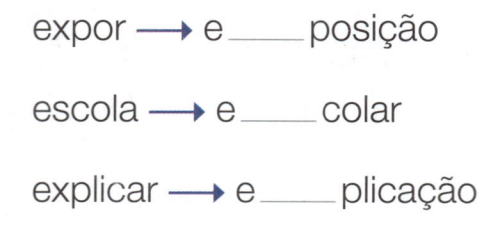

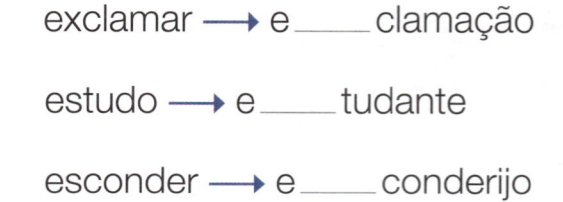

Atenção! Não confunda **ex** com **es**.

expor ⟶ e____posição

escola ⟶ e____colar

explicar ⟶ e____plicação

exclamar ⟶ e____clamação

estudo ⟶ e____tudante

esconder ⟶ e____conderijo

5. Complete a cruzadinha.

Dica! Todas as palavras têm **x**.

1. Recipente com asa para bebidas quentes.
2. Conjunto de palavras escritas, em livro, jornal, caderno; qualquer obra escrita.
3. Fita adesiva.
4. Viver.

• Agora, classifique essas palavras de acordo com o som do **x**.

x com som de **s**: _____

x com som de **ch**: _____

x com som de **cs**: _____

x com som de **z**: _____

6. Leia estes verbetes.

extraordinário ex.tra.or.di.**ná**.rio
adj. Fora do comum, notável: *Ele mostrou uma coragem extraordinária.*

extinto ex.**tin**.to
adj. Que não existe mais, que desapareceu: *Existem poucos animais pré-históricos que não foram extintos.*

êxito **ê**.xi.to
subst. masc. Sucesso, resultado positivo: *Nossa experiência deu certo, teve êxito.*

extenso ex.**ten**.so
adj. Vasto, amplo: *O pomar da fazenda ocupa uma área extensa.*

a) Complete as frases usando as palavras explicadas nos verbetes.

- Esse campeão de ginástica é _____, ele dá saltos incríveis.
- Em frente à escola, há um _____ gramado.
- Os dinossauros estão _____ há milhões de anos.
- A campanha de doação de alimentos teve um grande _____.

b) Agora, leia as frases em voz alta.

c) Qual é a única dessas palavras em que o **x** tem som de **z**? _____

d) Qual é o som do **x** das outras palavras? _____

7. Complete as palavras usando **xa**, **xe**, **xi**, **xo**, **xu**.

E N ☐ ☐ T O

☐ ☐ M P U

O ☐ ☐ T O N A

L I ☐ ☐

☐ ☐ R I F E

12

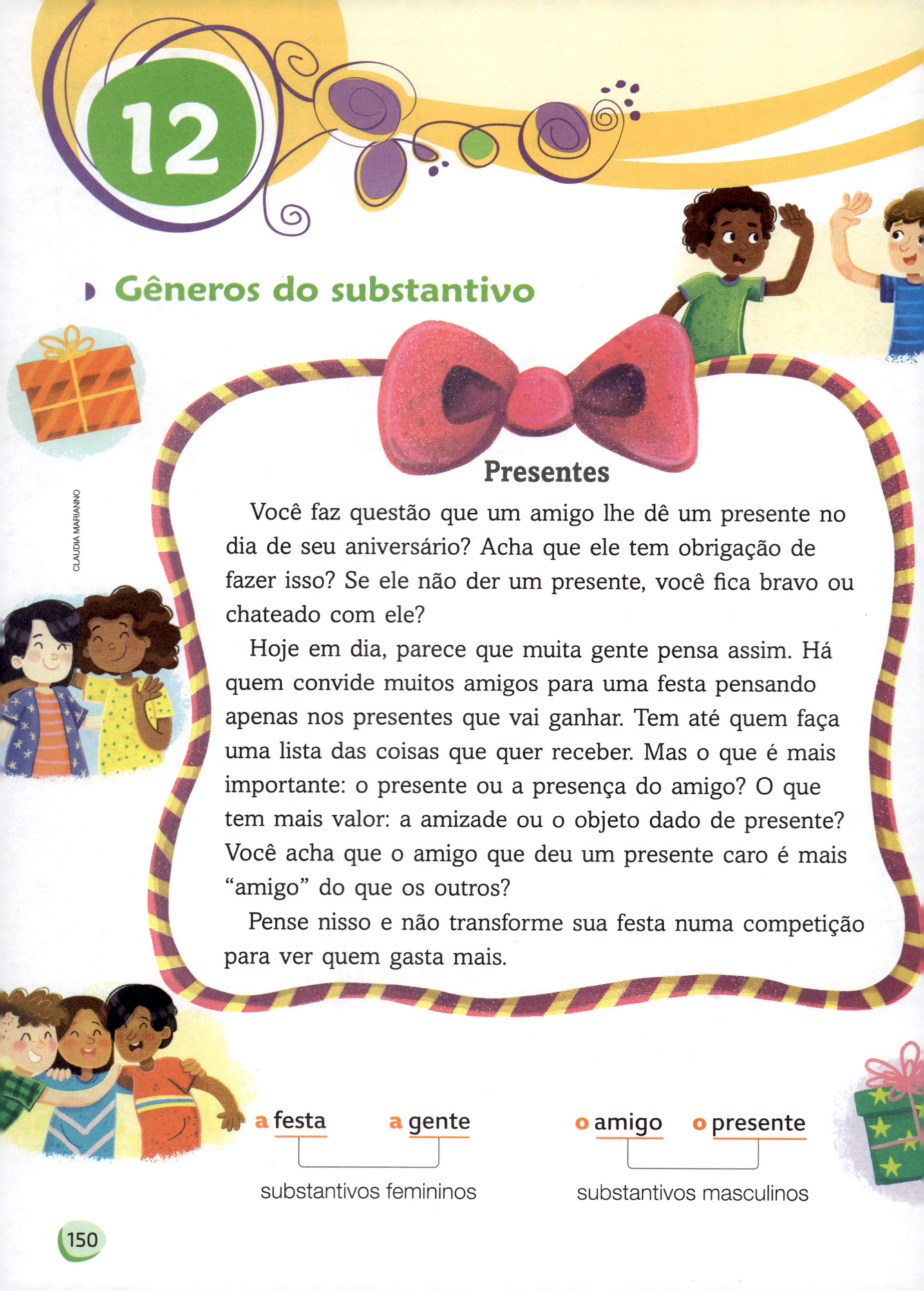

Gêneros do substantivo

Presentes

Você faz questão que um amigo lhe dê um presente no dia de seu aniversário? Acha que ele tem obrigação de fazer isso? Se ele não der um presente, você fica bravo ou chateado com ele?

Hoje em dia, parece que muita gente pensa assim. Há quem convide muitos amigos para uma festa pensando apenas nos presentes que vai ganhar. Tem até quem faça uma lista das coisas que quer receber. Mas o que é mais importante: o presente ou a presença do amigo? O que tem mais valor: a amizade ou o objeto dado de presente? Você acha que o amigo que deu um presente caro é mais "amigo" do que os outros?

Pense nisso e não transforme sua festa numa competição para ver quem gasta mais.

a **festa**   a **gente**   o **amigo**   o **presente**

substantivos femininos   substantivos masculinos

Na língua portuguesa, há dois gêneros: o **masculino** e o **feminino**.
O substantivo é **masculino** quando podemos usar o artigo **o** antes dele.
O substantivo é **feminino** quando podemos usar o artigo **a** antes dele.

Os substantivos que dão nome a coisas não variam em gênero, isto é, têm apenas uma forma: ou são masculinos ou são femininos. Observe.

o parque **o** carro **o** livro ⟶ sempre masculinos
a porta **a** estrada **a** mochila ⟶ sempre femininos

Os substantivos que dão nome a pessoas e animais geralmente têm uma forma para indicar os seres do sexo masculino e outra para indicar os seres do sexo feminino.

- **o** amigo ⟶ **a** amiga
- **o** homem ⟶ **a** mulher
- **o** leão ⟶ **a** leoa
- **o** digitador ⟶ **a** digitadora
- **o** doutor ⟶ **a** doutora
- **o** bode ⟶ **a** cabra

Algumas regras de formação do feminino

- Quando o masculino termina em **o**, trocamos **o** por **a**.

    o pat**o** ⟶ a pat**a**   o garot**o** ⟶ a garot**a**

- Quando o masculino termina em **r**, **s** ou **z**, acrescentamos um **a**.

    o professo**r** ⟶ a professor**a**   o freguê**s** ⟶ a fregues**a**

    o jui**z** ⟶ a juíz**a**

> **Atenção!**
>
> Os substantivos terminados em **ês** (fregu**ês**) perdem o acento no feminino (fregu**esa**).

Atividades

1. Passe os substantivos destacados nas frases abaixo para o feminino. Mude o que for necessário em outras palavras das frases.

   a) O **diretor** conversou com o **professor** de Inglês.

   _____

   b) O **freguês** procurou o **vendedor** da loja.

   _____

   c) Esse **aluno** é **sobrinho** de um **advogado**.

   _____

   d) O **veterinário** cuidou de meu **gatinho**.

   _____

2. Passe os substantivos a seguir para o masculino.

   a) a chinesa _____   b) a loba _____

   c) a torcedora _____   d) a nadadora _____

   e) a instrutora _____   f) a escritora _____

3. Observe as figuras dos homens e escreva a atividade de cada um.

   [_____]   [_____]

   [_____]   [_____]

   • Agora, passe para o feminino as palavras que você escreveu.

   _____

Outras regras de formação do feminino

- Quando o masculino termina em **ão**, dependendo da palavra, o feminino pode ser feito de três formas:
  - trocando **ão** por **ã**: o irm**ão** ⟶ a irm**ã**;
  - trocando **ão** por **oa**: o le**ão** ⟶ a le**oa**;
  - trocando **ão** por **ona**: o comil**ão** ⟶ a comil**ona**.

- Alguns substantivos não seguem nenhuma das regras anteriores e apresentam formas bem diferentes no masculino e no feminino.

  Veja estes exemplos.

  o pai ⟶ **a** mãe   **o** homem ⟶ **a** mulher   **o** rei ⟶ **a** rainha

Atividades

1. No quadro abaixo há oito substantivos femininos. Encontre, no quadro de letras, o masculino de seis deles.

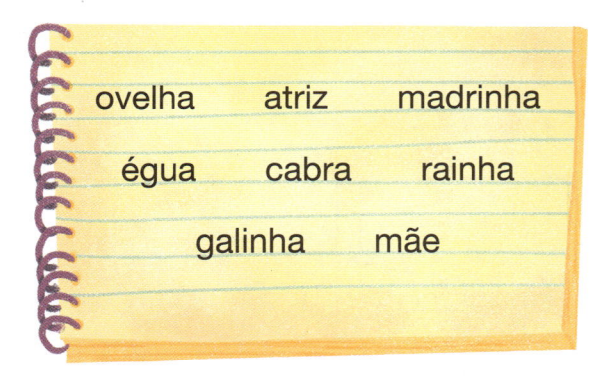

ovelha   atriz   madrinha

égua   cabra   rainha

galinha   mãe

G	A	D	I	P	A	I	R
A	G	V	T	A	T	O	D
C	A	V	A	L	O	D	E
O	L	A	L	O	R	E	I
B	O	D	E	G	O	D	E

a) Escreva em ordem alfabética os seis substantivos que você encontrou.

❶ _____   ❹ _____

❷ _____   ❺ _____

❸ _____   ❻ _____

b) Quais substantivos masculinos não estão no quadro de letras?

_____

2. Os substantivos abaixo formam o feminino da mesma maneira que o substantivo **leão**. Escreva o feminino de cada um.

patrão

pavão

leitão

3. Alguns substantivos abaixo fazem o feminino como o substantivo **comilão**. Outros fazem o feminino da mesma maneira que o substantivo **irmão**. Escreva o feminino de cada um deles.

a) campeão

b) valentão

c) anão

d) brincalhão

e) chorão

f) cidadão

g) amigão

h) cristão

4. Relacione o masculino ao feminino das palavras pela numeração.

1	esposo
2	padrasto
3	zangão
4	compadre
5	genro

	madrasta
	esposa
	abelha
	nora
	comadre

154

Substantivo comum de dois gêneros

Pianista faz uma apresentação especial para as crianças.

   Observe que, lendo a frase acima, não sabemos se é um homem ou uma mulher que está tocando. A palavra **pianista** pode se referir tanto a uma pessoa do sexo masculino como a uma pessoa do sexo feminino. Por isso, esse tipo de substantivo recebe o nome de **comum de dois gêneros**, isto é, um substantivo que designa os dois gêneros – masculino e feminino.

   E como podemos informar que se trata de homem ou de mulher? Nesse caso, temos de acrescentar outros elementos na frase que deem essa informação. Ela poderia ficar como no exemplo a seguir.

Um famoso pianista faz uma apresentação especial para as crianças.

Agora podemos saber que a frase se refere a um homem, pois temos dois elementos nela que dão essa informação: **um** e **famoso**, que estão no **masculino**. Se se referisse a uma mulher, deveríamos escrever **uma** e **famosa**. Veja.

Uma famosa pianista faz uma apresentação especial para as crianças.

CLAUDIA MARIANNO

um pianista	**uma** pianista
esse pianista	**essa** pianista
o pianista	**a** pianista

palavras que indicam que o substantivo é masculino

palavras que indicam que o substantivo é feminino

> **Substantivo comum de dois gêneros** é aquele que tem uma só forma para o masculino e para o feminino. O gênero pode ser indicado pelas palavras que acompanham o substantivo.

Lembre-se!

- Se pudermos sempre colocar **o** antes de um substantivo, ele é **masculino**.
- Se pudermos sempre colocar **a** antes de um substantivo, ele é **feminino**.
- Se pudermos colocar **o** ou **a** antes de um substantivo, ele é **comum de dois gêneros**.

Atividades

1. Analise os substantivos abaixo e classifique-os usando o código seguinte.

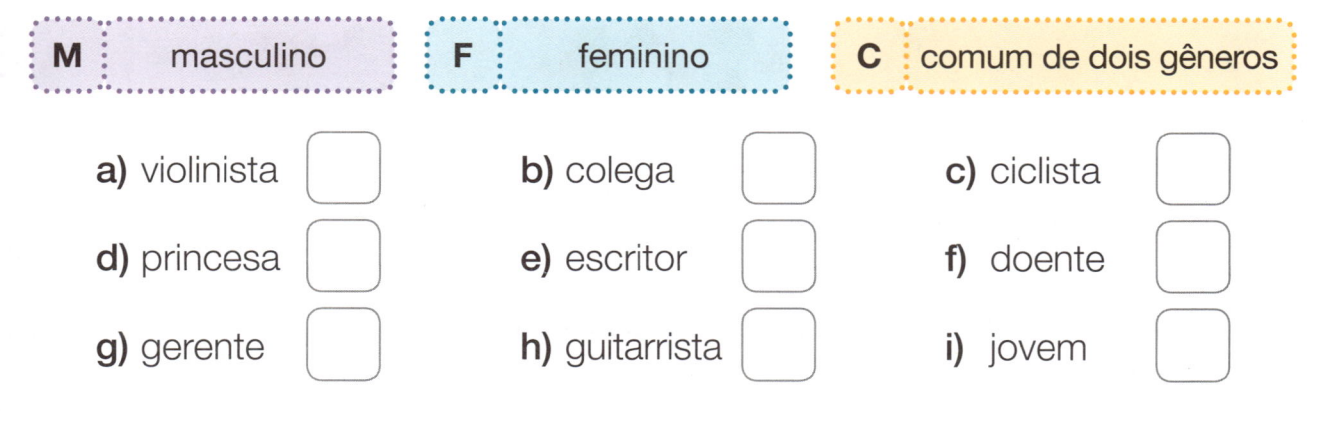

| M | masculino | | F | feminino | | C | comum de dois gêneros |

a) violinista ☐ b) colega ☐ c) ciclista ☐

d) princesa ☐ e) escritor ☐ f) doente ☐

g) gerente ☐ h) guitarrista ☐ i) jovem ☐

2. Leia este cartaz.

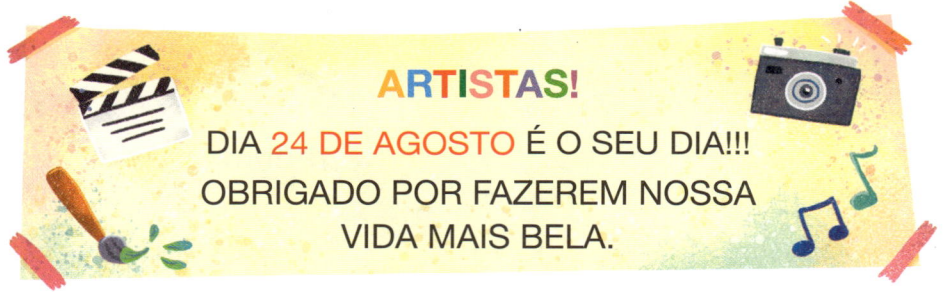

ARTISTAS!
DIA 24 DE AGOSTO É O SEU DIA!!!
OBRIGADO POR FAZEREM NOSSA VIDA MAIS BELA.

CLAUDIA MARIANNO

- O texto desse cartaz se refere a homens ou a mulheres? É possível saber? Por quê?

3. Nas frases abaixo, sublinhe o substantivo comum de dois gêneros e circule a palavra que indica se ele se refere a um homem ou a uma mulher. Veja o exemplo.

> O professor está conversando com (uma) estudante.
> mulher

a) O vendedor foi gentil com o cliente. _____

b) Esta cientista fez uma grande descoberta. _____

c) Aquele artista esteve em nossa escola. _____

d) Não conheço essa jornalista. _____

157

Substantivo sobrecomum

Um dos principais direitos da criança é o direito de brincar. Toda criança deve ter um tempo livre para brincar à vontade. E não só no Dia da Criança, mas em todos os dias!

menino
a criança

menina
a criança

Dizemos sempre **a criança**, tanto para o menino (sexo masculino) como para a menina (sexo feminino). Por isso, classificamos o substantivo **criança** como um **substantivo sobrecomum** do gênero feminino.

Veja outro exemplo.

homem
o indivíduo

mulher
o indivíduo

Usamos sempre **o indivíduo** para indicar tanto um homem quanto uma mulher. A palavra **indivíduo** é um **substantivo sobrecomum** do gênero masculino.

> **Substantivo sobrecomum** é aquele que tem um só gênero (masculino ou feminino) para indicar uma pessoa do sexo masculino ou uma pessoa do sexo feminino.

Atividades

1. Sublinhe os substantivos sobrecomuns nas frases abaixo.

   a) Pessoas sem convite não podem entrar na festa.

   b) Felizmente não houve vítimas no acidente.

   c) Nesse filme, estranhas criaturas invadem a cidade.

2. Classifique as palavras destacadas nas frases abaixo usando este código.

C	comum de dois gêneros

S	sobrecomum

   a) Esse homem era a única **testemunha** do acidente. ☐

   b) Meu sobrinho é **fã** desse jogador. ☐

   c) A **dentista** cuidou de várias **crianças** da escola. ☐ ☐

3. Siga as instruções e forme dois substantivos.

	1	2	3	4	5
A	R	E	N	Ó	X
B	D	A	T	J	U
C	M	O	S	P	E
D	Z	B	L	V	Ã
E	G	C	H	I	K

3B, 5B, 1A, 4E, 3C, 3B, 2B → ☐ ☐ ☐ ☐ ☐ ☐ ☐

3B, 2A, 3A, 4E, 3C, 3B, 2B → ☐ ☐ ☐ ☐ ☐ ☐ ☐

- Os substantivos que você formou são:

   ☐ comuns de dois gêneros.   ☐ sobrecomuns.

Substantivo epiceno

ARMANDINHO — Alexandre Beck

> MÃE! RECEBI A FOTO DE UM BEM-TE-VI!
> FAZ TEMPO QUE NÃO VEMOS UM!
> QUE LEGAL! MANDA PRA MIM, FILHO!

o bem-te-vi
sempre usado no masculino

o bem-te-vi **macho**   **o** bem-te-vi **fêmea**

Os substantivos que dão nome a certos animais podem ser sempre do gênero masculino ou sempre do gênero feminino. É o caso de **bem-te-vi**. Sempre dizemos **o bem-te-vi**, no masculino. Veja outros exemplos.

o jacaré
sempre usado no masculino

a girafa
sempre usado no feminino

O substantivo **jacaré** é sempre usado no **masculino**, e o substantivo **girafa** é sempre usado no **feminino**. Esse tipo de substantivo é classificado como **substantivo epiceno**.

Se for necessário indicar o sexo do animal, usamos as palavras **macho** ou **fêmea**. Observe os exemplos.

A girafa macho do zoológico da cidade é muito dócil.
O jacaré macho é geralmente maior que **o jacaré fêmea**.

Veja outro exemplo do uso das palavras **macho** e **fêmea** neste texto sobre o tatu.

Curiosidades sobre o tatu

Um fato muito curioso, que só acontece entre os tatus: todos os filhotes de uma ninhada são do mesmo sexo, ou seja, ou são todos machos ou todos fêmeas!

O tatu macho não pode ter irmã gêmea e o tatu fêmea não pode ter irmão gêmeo.

Rosane Pamplona. *Almanaque dos bichos do Brasil*. São Paulo: Moderna, 2014. p. 15.

Substantivo epiceno é aquele que designa certos animais e apresenta uma só forma para os dois gêneros: ou é masculino, ou é feminino.

Atividades

1. Nas frases abaixo, há substantivos que se referem a animais. Sublinhe de **vermelho** os substantivos epicenos e de **azul** os que **não** são epicenos.

a) Esse filme mostrou um pouco da vida dos jacarés e dos leões.

b) As fotos mostram revoadas de pombas e de andorinhas.

c) Os golfinhos e as baleias são animais que vivem nos oceanos.

2. Escreva as letras nos locais indicados e forme o nome de quatro animais.

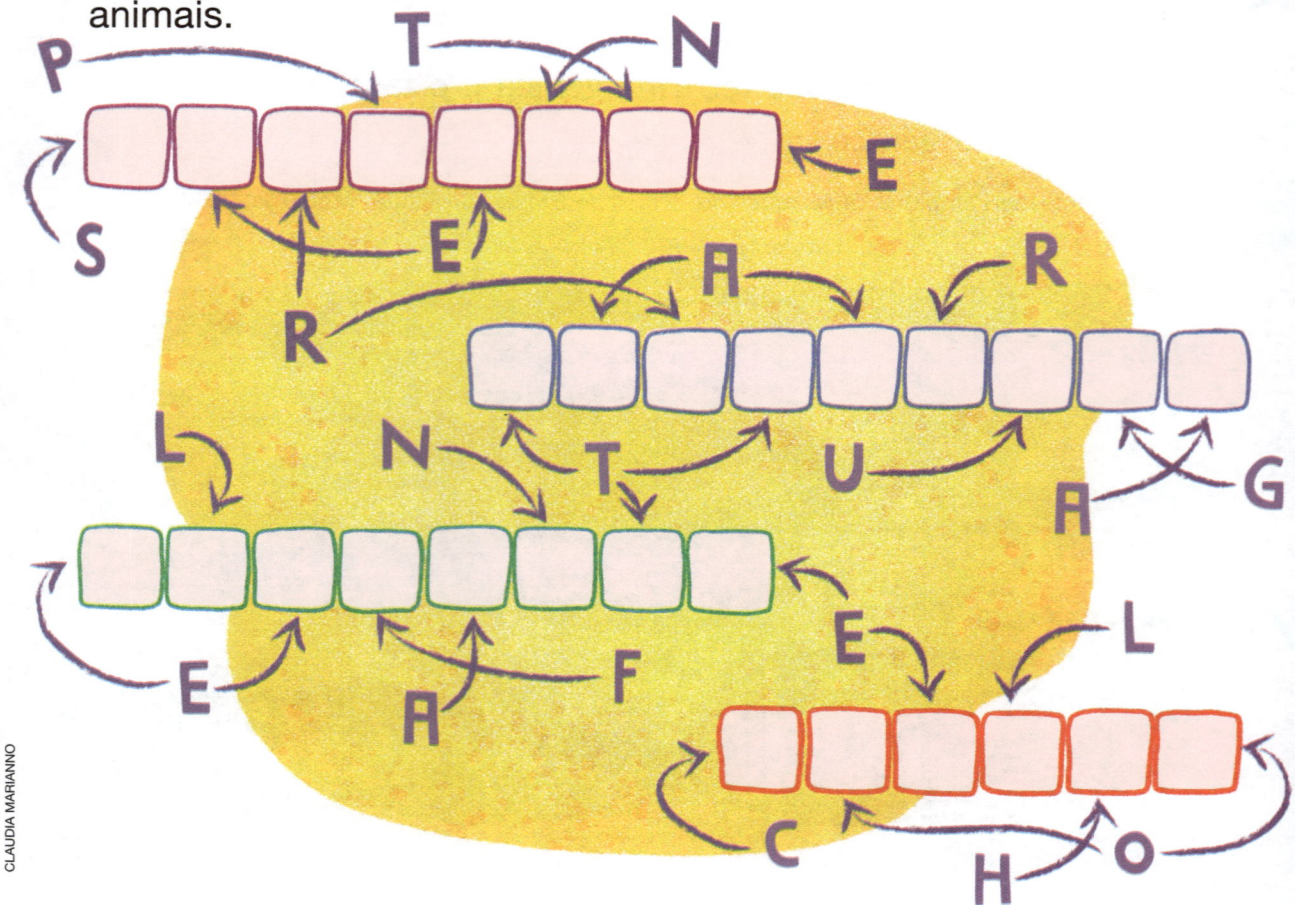

- Dois dos substantivos que você formou **não** são epicenos. Quais?

_____

_____

Aprendendo com o dicionário

Guepardo.

Leopardo.

O guepardo e o leopardo são parecidos, mas entre eles há diferenças importantes. Uma delas é que o leopardo é musculoso, enquanto o guepardo é mais magro, com pernas longas. Outra diferença é o tamanho da cabeça: o leopardo é mais "cabeçudo" com relação ao corpo.

1. Leia este verbete.

> **cabeça** ca.**be**.ça
> **subst. fem. 1.** Parte do corpo do ser humano e de muitos animais onde se encontram os olhos, o cérebro, as orelhas, o nariz e a boca. **2.** Parte arredondada e mais larga de certos objetos. **3.** Centro da memória, do pensamento e da inteligência. **subst. masc. 4.** Chefe, líder.

- Em qual desses sentidos a palavra **cabeça** foi usada no texto acima?

2. Quanto ao gênero (masculino ou feminino) do substantivo **cabeça**, o que a leitura do verbete nos informa?

3. Com base no verbete, indique o sentido que o substantivo **cabeça** tem nas frases abaixo.

a) Levei uma bolada na cabeça durante o jogo. ☐

b) Esse garoto é o cabeça da turma. ☐

c) Bata o martelo na cabeça do prego. ☐

d) O sonho que tive ontem não me sai da cabeça. ☐

e) Essa aluna tem cabeça boa para números e cálculos. ☐

f) A bola bateu na cabeça do jogador e entrou no gol. ☐

4. Explique oralmente o sentido das expressões destacadas nas frases a seguir.

a) Ele **quebrou a cabeça** para resolver esse problema.

b) Agora, ele **meteu na cabeça** que quer ser astronauta.

c) Não **esquente a cabeça**! Nós resolvemos isso num instante.

5. Há várias expressões com a palavra **cabeça**. Ligue cada expressão à frase que corresponde ao seu significado.

perder a cabeça	A família enfrentou as dificuldades com coragem e caráter.
de cabeça erguida	Ficou tão nervoso quando viu o filho machucado que agiu sem pensar.
estar sem cabeça	O garoto foi hábil e inteligente: conseguiu pedir socorro e tudo acabou bem.
cabeça de vento	Não posso ajudar você; não tenho condições de pensar no problema agora.
usar a cabeça	Ele é muito distraído! Não presta atenção em nada!

Reforço ortográfico

Encontros consonantais

Você conhece a calopsita?

    É uma ave muito bonitinha, que tem uma crista amarela e manchinhas rosadas perto do bico. Precisa ser bem treinada, mas, depois, se mostra muito carinhosa e apegada ao dono. Ela gosta de voar para o ombro dele e lá fica por muito tempo. E também é possível que fique seguindo o dono pela casa, andando atrás dele e pedindo atenção.

calo**ps**ita
encontro consonantal

Reforço ortográfico

Você já aprendeu que existem os encontros consonantais. Isso ocorre quando temos duas consoantes seguidas na mesma sílaba. É o caso de palavras, como **crista** (**cr**).

Mas há outro tipo de encontro consonantal no qual as consoantes pertencem a sílabas diferentes. É o que acontece na palavra **calopsita**. A primeira consoante (**p**) está ligada à vogal que está antes dela. A outra consoante (**s**) se liga à vogal que vem depois dela. Observe a divisão silábica.

calo**ps**ita → ca-lo**p**-**s**i-ta

Há muitas palavras com esse tipo de encontro consonantal. Veja outros exemplos.

a**dm**irar → a**d**-**m**i-rar

ma**gn**ífico → ma**g**-**n**í-fi-co

Mas preste atenção: se as duas consoantes iniciarem a palavra, elas ficam na mesma sílaba. Veja.

psicólogo → **ps**i-có-lo-go

pneumonia → **pn**eu-mo-ni-a

Atividades

1. Forme palavras acrescentando **ad**, **ob** e **sub**. Veja o exemplo.

   ad + mitir = admitir

   a) _____versário
   b) _____solo
   c) _____tropical
   d) _____jeto
   e) _____quirir
   f) _____servar
   g) _____jetivo
   h) _____tração
   i) _____vogado
   j) _____jetivo
   k) _____vertir
   l) _____ministração
   m) _____marino
   n) _____servatório
   o) _____terrâneo

2. Leia estas frases.

> ERUPÇÃO DE VULCÃO ASSUSTA OS MORADORES DE UMA ILHA.

> Ficar muito tempo diante da tela de celulares pode causar impacto negativo nas crianças.

> CONHEÇA AS CARACTERÍSTICAS DOS PEIXES QUE VIVEM NO FUNDO ESCURO DOS OCEANOS.

> Faça um passeio por um bosque de eucaliptos.

- Agora, separe as sílabas das seguintes palavras.

   a) erupção ⟶ _____

   b) impacto ⟶ _____

   c) características ⟶ _____

   d) eucaliptos ⟶ _____

3. Leia estas palavras.

cacto   absurdo   trigo   cravo
   zebra   ritmo   clima   rapto

- Agora, organize as palavras no quadro.

Encontros consonantais inseparáveis	Encontros consonantais separáveis

167

Reforço ortográfico

4. Troque as letras do quadro por aquelas que vêm **antes** no alfabeto e forme uma palavra com encontro consonantal.

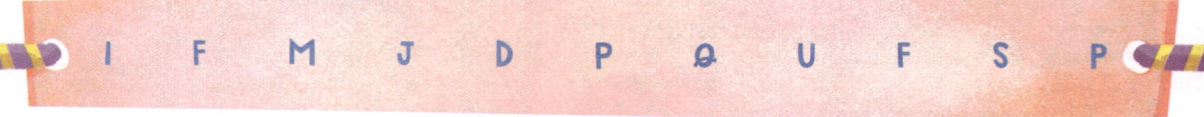

| I | F | M | J | D | P | Q | U | F | S | P |

_____

a) Separe as sílabas da palavra formada.

_____

b) Essa palavra deve ser acentuada. Por quê?

_____

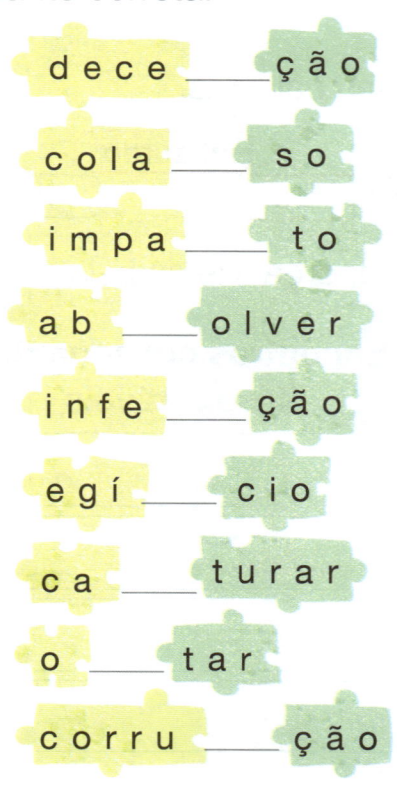

5. Nas palavras abaixo, estão faltando as seguintes consoantes.

p c t d s g

- Complete as palavras com a consoante correta.

ari____mética   dece____ção
ri____mo   cola____so
ca____to   impa____to
hi____notizar   ab____olver
fi____ção   infe____ção
si____nificado   egí____cio
ra____tar   ca____turar
a____to   o____tar
a____jetivo   corru____ção

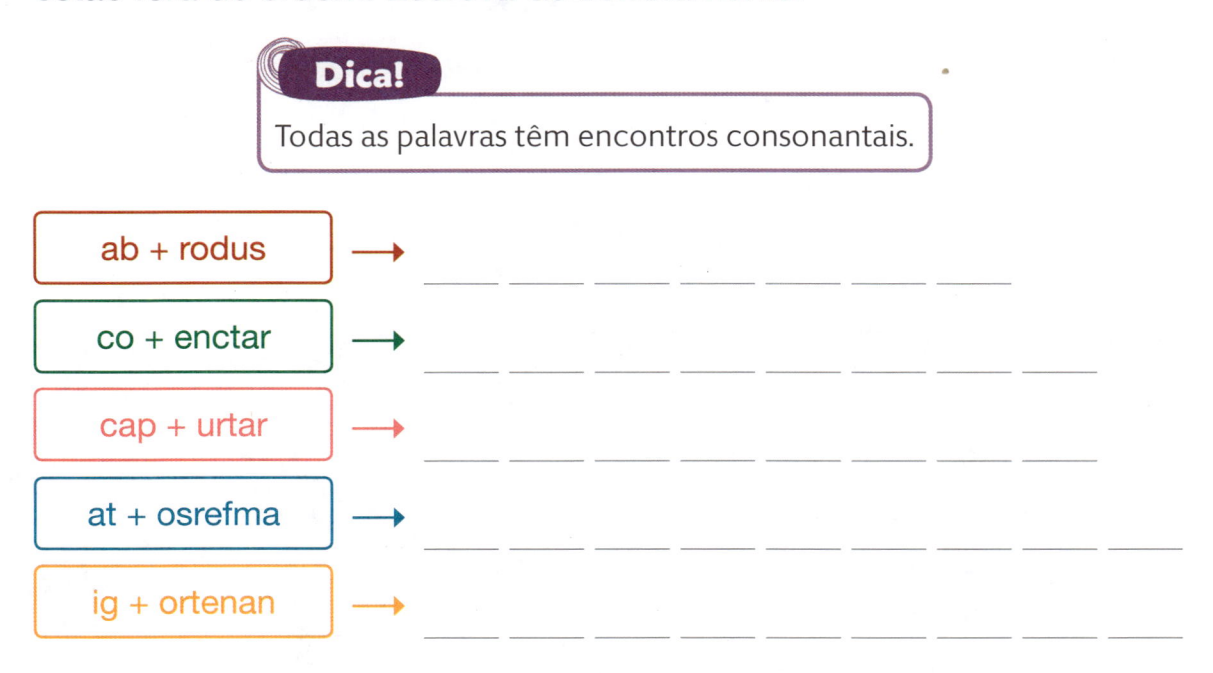

6. Nas palavras a seguir, a primeira sílaba está correta, mas as outras letras estão fora de ordem. Escreva-as corretamente.

> **Dica!**
> Todas as palavras têm encontros consonantais.

- ab + rodus →
- co + enctar →
- cap + urtar →
- at + osrefma →
- ig + ortenan →

7. As palavras abaixo estão escritas ao contrário. Escreva-as corretamente.

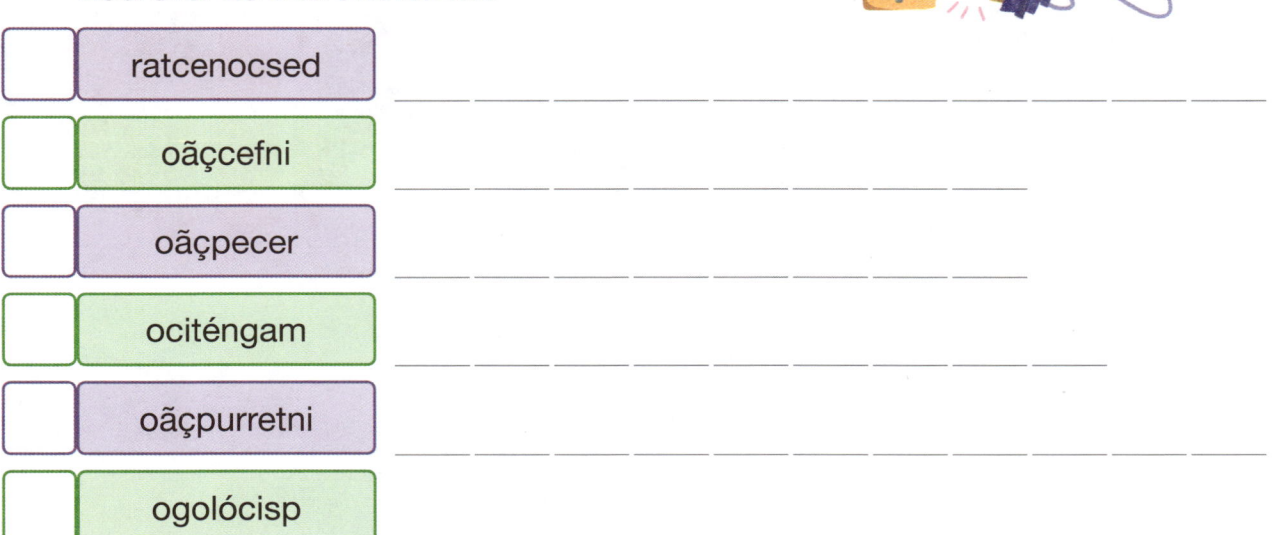

- ratcenocsed
- oãçcefni
- oãçpecer
- ociténgam
- oãçpurretni
- ogolócisp

a) Escreva T nas palavras trissílabas e P nas polissílabas.

b) Duas dessas palavras que você formou são acentuadas. Quais são elas? Por quê?

13

▸ Números do substantivo

Desejo de morar numa nuvem

Quando o céu está azul
e nuvens brancas nos chamam
como se fôssemos pássaros,
nada seria melhor do que fazer
uma casa flutuante sobre a mais bela.
Seria melhor do que tapete voador
e poderíamos olhar tudo do alto,
pela nossa janela,
árvores, casas, bichos, gente,
até nossos sonhos seriam diferentes.

Roseana Murray. *Poço dos desejos*.
São Paulo: Moderna, 2014. p. 45.

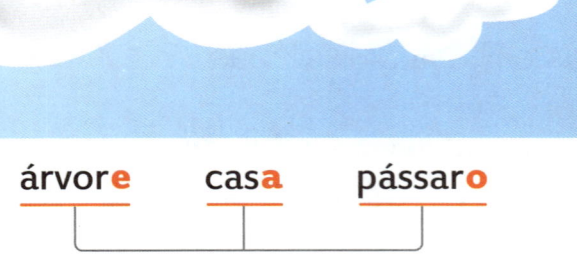

árvor**e**   cas**a**   pássar**o**

substantivos no singular

árvor**es**   cas**as**   pássar**os**

substantivos no plural

O substantivo pode variar em **número**, isto é, pode ser usado no **singular** ou no **plural**.
No singular, o substantivo indica apenas um elemento.
No plural, o substantivo indica mais de um elemento.

Os substantivos geralmente fazem o plural com o acréscimo de **s** no final da palavra.

cas**a** ⟶ casa**s**   pa**i** ⟶ pai**s**   tapet**e** ⟶ tapete**s**

Outras formas de fazer o plural serão vistas nas atividades a seguir.

Atividades

1. Observe as figuras e escreva o nome delas.

_____   _____   _____   _____   _____

- Agora, escreva essas palavras no plural.

_____

2. Reescreva as frases passando as palavras destacadas para o plural. Faça as mudanças necessárias no restante de cada frase.

a) O **táxi** chegou depressa.

_____

b) O **urubu** está voando.

_____

c) O **jabuti** anda devagar.

_____

3. Veja como se forma o plural dos substantivos terminados em **r**, **s** e **z**.

flo**r** ⟶ flor**es**
mê**s** ⟶ mes**es**
cru**z** ⟶ cruz**es**

O plural dos substantivos terminados em **r**, **s** e **z** se faz com o acréscimo de **es**.

a) Agora, é sua vez! Passe estas palavras para o plural.

vez _____   luz _____

dor _____   colar _____

voz _____   gás _____

b) Complete as frases com algumas palavras que você escreveu.

- As _____ da praça brilhavam na noite escura.

- Na festa, havia mulheres com lindos _____ de flores.

- Ouvi _____ de algumas pessoas no jardim.

- Ele explicou várias _____ esse exercício.

4. Os substantivos **paroxítonos** e **proparoxítonos** terminados em **s** não mudam no plural.

Observe os exemplos.

o tênis
os tênis

o pires
os pires

o ônibus
os ônibus

Lembre-se!
- **Oxítona**: palavra em que a última sílaba é tônica.
- **Paroxítona**: palavra em que a penúltima sílaba é tônica.
- **Proparoxítona**: palavra em que a antepenúltima sílaba é tônica.

- Agora, complete as frases com **o** ou **os**, como nos exemplos da página anterior.

   a) Ela adquiriu _____ vírus na viagem.

   b) _____ vírus da catapora e do sarampo são contagiosos.

   c) Lia quebrou _____ lápis vermelho.

   d) Os meninos perderam _____ lápis verdes.

5. Observe a formação do plural dos substantivos terminados em **m**.

   so**m** → so**ns**   nuve**m** → nuve**ns**

O plural dos substantivos terminados em **m** se faz com a troca de **m** por **ns**.

a) Escreva o plural destas palavras.

Atenção!
Na divisão silábica da forma do plural, o **ns** não se separa da vogal anterior.

bombom _____   armazém _____

álbum _____   jardim _____

viagem _____   trem _____

b) Complete as frases com algumas palavras que você escreveu.

- Ela tem vários _____ de fotos das _____ que fez pelo Brasil.

- Em alguns países, há _____ supervelozes.

- Estes _____ de chocolate estão deliciosos!

6. Atenção agora para a formação do plural dos substantivos terminados em **al**, **ol** e **ul**.

> jorn**al** ⟶ jorn**ais**
> lenç**ol** ⟶ lenç**óis**
> az**ul** ⟶ az**uis**

Para fazer o plural dos substantivos terminados em **al**, **ol** e **ul**, tiramos o **l** e acrescentamos **is**.

- Complete as frases passando os substantivos dos quadrinhos para o plural.

  a) Os _____ estão examinando os _____ desse carro.

  fiscal / farol

  b) Nos _____ de terra dessas casas há muitos _____.

  quintal / caracol

  c) Os turistas _____ visitaram os _____ históricos da cidade.

  espanhol / local

  d) Os pescadores preparam os _____.

  anzol

  e) Ela pendurou os _____ nos _____ do quintal.

  avental / varal

  f) O pintor fez um lindo quadro de campo de _____.

  girassol

7. Veja como fazemos o plural dos substantivos terminados em **el**.

pape**l** → pap**éis**

Quando o substantivo é uma palavra **oxítona**, trocamos **el** por **éis** (com acento).

túne**l** → tún**eis**

Quando o substantivo é uma palavra **paroxítona**, trocamos **el** por **eis**.

- Complete as frases usando os substantivos dos quadrinhos no plural.

   a) Esses dois _____ são donos de vários _____ no litoral.

   | casal | hotel |

   b) O mecânico está consertando os _____ desses _____ .

   | pedal | automóvel |

   c) As _____ da cantina fizeram deliciosos _____ para a festa da escola.

   | mulher | pastel |

   d) Os fazendeiros estão preocupados com os _____ que invadem os _____ .

   | animal | cafezal |

   e) Vamos limpar os _____ da sala e os _____ com esses _____ .

   | móveis | abajur | espanador |

8. Troque as letras abaixo por aquelas que vêm **antes** no alfabeto e forme quatro substantivos.

D B T D B W F M

R V B S U F M

U F N Q P S B M

B M V H V F M

a) Leia em voz alta as palavras que você formou.

- Qual delas não combina com as outras? Por quê?

b) Faça o plural das quatro palavras.

_____

_____

Atenção!
Algumas palavras devem levar acento.

9. Passe para o plural as palavras abaixo e recorde o que estudou até agora.

a) cadeira

b) amor

c) clube

d) nariz

e) rubi

f) lilás

g) mundo

h) atlas

i) xampu

j) homem

k) sol

l) fusível

m) rim

n) carrossel

o) general

p) pompom

176

10. Observe a formação do plural dos substantivos terminados em **il**.

barr**il** → barr**is**   répt**il** → répte**is**

palavra oxítona   palavra paroxítona

> Quando o substantivo é **oxítono**, fazemos o plural trocando **il** por **is**.
> Quando o substantivo é **paroxítono**, fazemos o plural trocando **il** por **eis**.

- Agora, é com você! Leia em voz alta os substantivos, marque se eles são oxítonos ou paroxítonos e passe-os para o plural.

	Oxítono	Paroxítono	Plural
canil			
fóssil			
gatil			

Canil.

Gatil.

Fóssil de um animal pré-histórico.
Fóssil é parte de um animal ou planta que ficou conservada na natureza.

11. O plural dos substantivos terminados em **ão** pode variar de três maneiras.

Veja os exemplos.

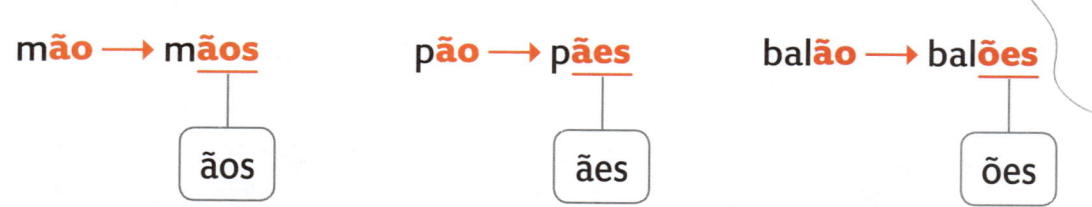

m**ão** → m**ãos** — ãos

p**ão** → p**ães** — ães

bal**ão** → bal**ões** — ões

> **Atenção!**
>
> Não há uma regra que podemos aplicar sempre para saber qual deve ser o plural certo. Por isso, quando tiver dúvidas, consulte um dicionário, pois ele traz essa informação.

- Siga o modelo de cada coluna e faça o plural dos substantivos abaixo.

mãos		pães		balões	
irmão		cão		fogão	
cidadão		capitão		botão	

12. Ordene as letras e forme o plural de quatro substantivos terminados em **ão**.

> **Dica!**
>
> A letra vermelha é a primeira de cada palavra.

e o s a r **c** õ ç

l e **a** m e s ã

m **e** o s ç e õ

i **c** a d ã s o d

- Agora, escreva o singular dos substantivos que você formou.

Plural dos substantivos compostos

Com base nas regras que estudamos para os substantivos simples, observe agora como formamos o plural de alguns substantivos compostos.

- As duas palavras vão para o plural. Veja os exemplos.

> cart**ão**-post**al**
> cart**ões**-post**ais**

> segund**a**-feir**a**
> segund**as**-feir**as**

Atenção!

Todos os nomes compostos dos dias da semana fazem o plural da mesma forma.
terça-feira ⟶ terças-feiras
quarta-feira ⟶ quartas-feiras
quinta-feira ⟶ quintas-feiras
sexta-feira ⟶ sextas-feiras

- Veja como se forma o plural dos substantivos compostos que têm a palavra **guarda**.

> o guarda-noturno
> os guarda**s**-noturno**s**

> o guarda-roupa
> os guard**a**-roupa**s**

Se **guarda** se refere à pessoa que vigia, os dois elementos vão para o plural: os guarda**s**-noturno**s**.

Se **guarda** se refere ao verbo **guardar**, isto é, colocar em certo lugar, só o segundo elemento vai para o plural: os guarda-roupa**s**.

Atividades

1. Passe para o plural estes substantivos compostos.

- batata-doce
- couve-flor
- criado-mudo
- obra-prima

2. Escreva o plural destes substantivos com a palavra **guarda**.

- o guarda-chuva
- o guarda-florestal 
- o guarda-comida 

3. Forme três substantivos compostos com as palavras do quadro.

| primeiro | cavalo | ministro | marinho | perfeito | amor |

- Agora, escreva o plural de cada substantivo.

Aprendendo com o dicionário

O primeiro *emoticon*

O professor americano Scott Falman queria inventar um jeito de diferenciar, nas mensagens eletrônicas, as brincadeiras dos assuntos sérios. Sugeriu aos colegas usarem a sequência que ficaria universalmente famosa

:-)

para representar um sorriso e sugeriu

:-(

para o contrário. Isso foi em 1982. A partir daí outros *emoticons* surgiram, evoluíram e viraram a febre que são hoje.

Silmara Franco. *Navegando em mares conhecidos*: como usar a internet a seu favor. São Paulo: Moderna, 2012. p. 46.

A palavra *emoticon* é formada da junção de duas palavras inglesas: *emotion* ("emoção") e *icon* ("imagem"). Portanto, *emoticon* quer dizer "imagem de emoção".

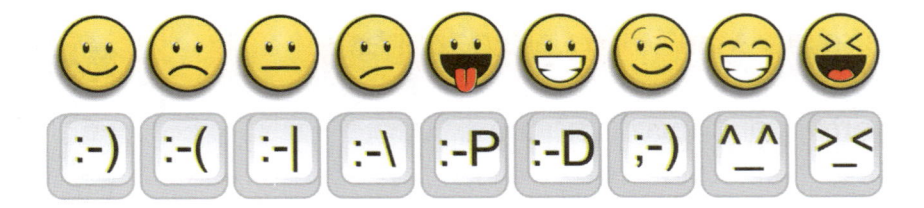

:-)   :-(:-| :-\   :-P   :-D   ;-)   ^_^   ><

ILUSTRAÇÕES: EDNEI MARX

1. Leia este verbete.

> **jeito** **jei**.to
> subst. masc. **1.** Habilidade. **2.** Modo, maneira. **3.** Talento. **4.** Aspecto, tipo.

- Em qual desses sentidos o substantivo **jeito** foi usado no texto?

2. Indique agora, com base no verbete, o sentido que a palavra **jeito** tem em cada frase abaixo.

a) Acho que ele tem um jeito de malandro... ☐

b) Preciso encontrar um jeito de resolver esse problema. ☐

c) Ele não tinha jeito para trabalhos manuais. ☐

d) Essa moça mostrou que tem jeito para ser atriz. ☐

e) Esse não é jeito de uma pessoa educada se comportar. ☐

3. Há muitas expressões com a palavra **jeito**. Relacione cada expressão destacada abaixo com seu significado.

a) Preciso **dar um jeito** nesse relógio, está sempre parando.

b) Acho que você **leva jeito** para goleiro.

c) Ele digitou o trabalho **daquele jeito**! Está cheio de erros!

d) Ele **ficou sem jeito** diante das visitas.

e) Você precisa **dar um jeito** no seu filho, ele está malcriado.

f) Você é muito **sem jeito** para cozinhar.

g) **Pelo jeito**, vai chover daqui a pouco.

h) No fim da festa, ele se desculpou pelo **mau jeito**.

☐ Corrigir, ensinar bom comportamento.
☐ Consertar.
☐ Pela aparência.
☐ Atrapalhado, desajeitado.

☐ Envergonhado, sem graça.
☐ Sem atenção ou capricho.
☐ Mostrar habilidade ou talento.
☐ Ofensa ou embaraço involuntários.

Reforço ortográfico

L, U

O papel e a tinta

Certo dia, uma folha de papel que estava em cima de uma mesa, junto com outras folhas exatamente iguais a ela, viu-se coberta de sinais. Uma pena, molhada de tinta preta, havia escrito uma porção de palavras em toda a folha.

— Será que você não podia me poupar esta humilhação? — disse, furiosa, a folha de papel para a tinta.

— Espere! — respondeu a tinta. — Eu não estraguei você. Eu cobri você de palavras. Agora você não é mais apenas uma folha de papel, mas sim uma mensagem. Você se transformou num documento precioso.

E, realmente, pouco depois, alguém foi arrumar a mesa e apanhou as folhas de papel para jogá-las na lareira. Mas subitamente reparou na folha escrita com tinta e então jogou fora todas as outras, guardando apenas a que continha uma mensagem escrita.

Pedro Bandeira. Adaptação de um apólogo de Leonardo da Vinci.

Minidicionário

Leia o verbete **subitamente**.

Reforço ortográfico

O texto que você leu é um **apólogo**, isto é, uma pequena história que transmite uma lição de sabedoria ou moral, como a fábula, mas que geralmente tem como personagens apenas objetos, e não seres vivos, como pessoas e animais.

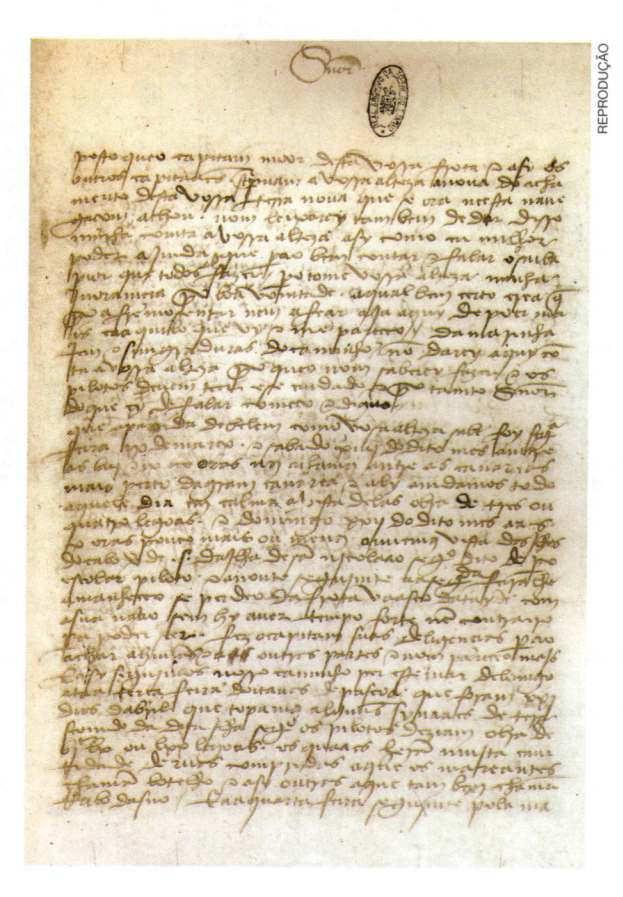

A carta de Pero Vaz de Caminha ao rei de Portugal, em 1500, contando a chegada da frota de Pedro Álvares Cabral ao Brasil, é um importante documento escrito em papel.

pape**l**   a**l**guém

Muitas vezes, o **l** é pronunciado com som de **u**. Isso pode acontecer no final ou no meio de certas palavras.

Veja outros exemplos.

| cana**l** | jorna**l** | a**l**moço | pa**l**ma | genti**l** | Brasi**l** |

Atenção!

Na hora de escrever, não confunda **l** com **u**.

Atividades

1. Observe como se escreve a palavra primitiva e complete a derivada com **l** ou **u**.

sal →	sa____gado		alfabeto →	a____fabetizar
aumento →	a____mentativo		calcular →	ca____culadora
alto →	a____tura		automóvel →	a____tomobilismo
fácil →	faci____idade		gentil →	genti____mente
ouvir →	o____vido		falso →	fa____sidade

2. Releia o primeiro parágrafo do texto *O papel e a tinta*.

> Certo dia, uma folha de papel que estava em cima de uma mesa, junto com outras folhas exatamente **iguais** a ela, viu-se coberta de **sinais**. Uma pena, molhada de tinta preta, havia escrito uma porção de palavras em toda a folha.

- Copie as palavras destacadas e escreva ao lado a forma do **singular** de cada uma delas.

3. Siga as indicações e descubra no diagrama uma palavra terminada em **l**. Escreva essa palavra.

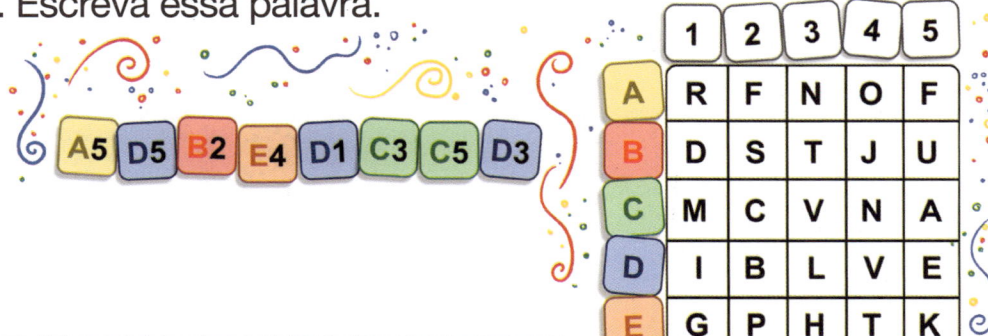

A5 D5 B2 E4 D1 C3 C5 D3

	1	2	3	4	5
A	R	F	N	O	F
B	D	S	T	J	U
C	M	C	V	N	A
D	I	B	L	V	E
E	G	P	H	T	K

____ ____ ____ ____ ____ ____ ____ ____

Reforço ortográfico

4. Para saber se uma palavra termina com **l** ou **u**, pense como ela forma o plural. Observe.

Singular	Plural
degr**au**	degr**aus**
chap**éu**	chap**éus**
pard**al**	pard**ais**
tún**el**	tún**eis**
cac**au**	cac**aus**
an**el**	an**éis**

Se no plural a palavra termina em **aus** ou **éus**, o singular termina em **u**.
Se no plural a palavra termina em **ais**, **eis** ou **éis**, o singular termina em **l**.

- Com base nessa explicação, escreva o singular destas palavras.

Plural	Singular	Plural	Singular
aventais		mensais	
mingaus		mundiais	
capitais		troféus	
canaviais		pincéis	
hotéis		móveis	
bacalhaus		carnavais	
orientais		berimbaus	
réus		carretéis	
coronéis		maus	

5. Desafio! Troque a letra vermelha de cada palavra por outra e forme novas palavras. Veja o exemplo.

mal → **s**al

- fi**r**me
- **f**altar
- **t**alco
- b**o**lsa
- vara**r**
- **p**alma
- **f**inal

6. As letras coloridas de cada palavra estão fora de ordem. Escreva-as na ordem certa e forme as palavras. Veja o exemplo.

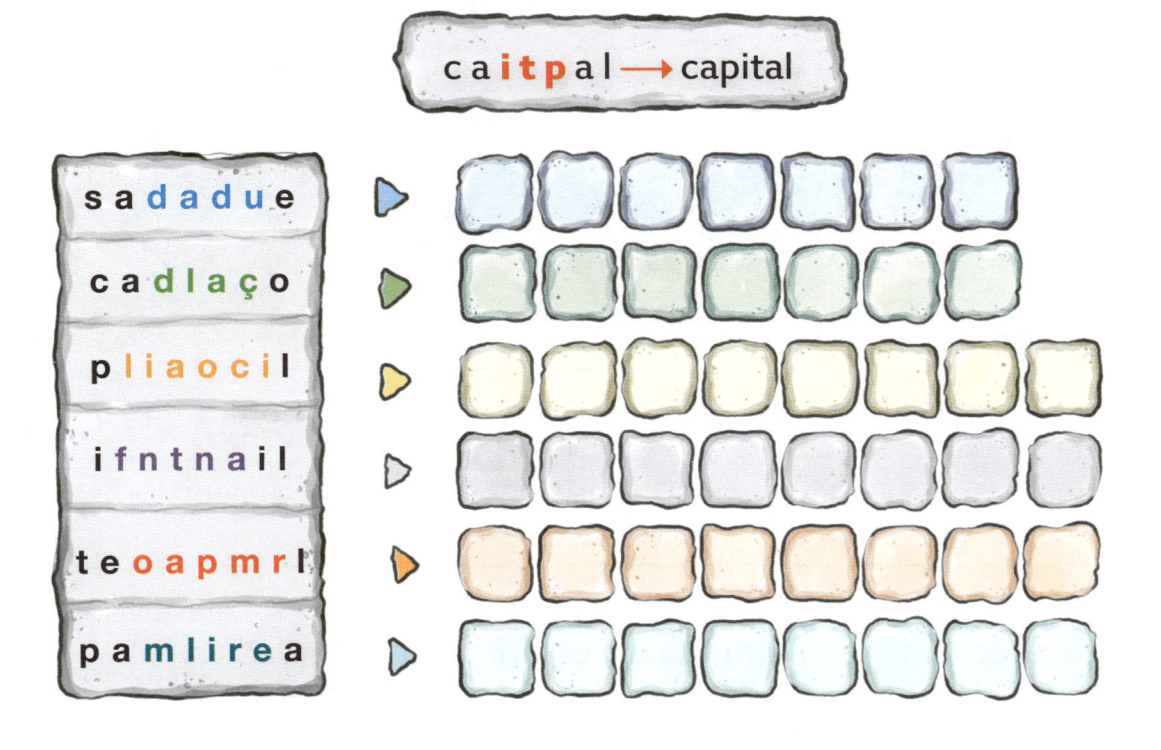

c a **i t p** a l → capital

- s a **d a d** u e
- c a **d** l a ç o
- p **l i a o c** i l
- **i f n t** n a i l
- t e **o a p m r** l
- p a **m l i r e** a

14

▸ Graus do substantivo

O pastor e o filhote de lobo

Uma vez, um pastor encontrou um lobinho perdido na floresta. O pastor levou-o para casa, cuidou dele e começou a ensiná-lo a roubar animais dos vizinhos.

O lobo foi crescendo, ficou um lobão e aprendeu a lição: roubava tão bem que, um dia, roubou um animal do rebanho do próprio pastor.

— Eu sempre cuidei tão bem de você... Por que me roubou? — perguntou o pastor.

— Ora, eu só fiz o que você sempre me ensinou... — respondeu o lobo.

Quem ensina o mal com o mal sofrerá.

Adaptação de fábula de Esopo.

lobo	lobinho	lobão
forma normal	grau diminutivo	grau aumentativo

Para indicar tamanho, podemos variar a forma do substantivo usando-o no grau **diminutivo** ou no grau **aumentativo**.

Grau diminutivo

Para formar o diminutivo, usamos geralmente estas terminações.

inho/inha
filhote → filhot**inho**
folha → folh**inha**
gato → gat**inho**
cadeira → cadeir**inha**

zinho/zinha
bagagem → bagagen**zinha**
cão → cão**zinho**
papel → papel**zinho**
trem → tren**zinho**

Há também outras terminações menos comuns para formar o diminutivo. Veja estes exemplos.

Ilhota Coroa do Avião, no município de Igarassu, em Pernambuco.

forma normal	grau diminutivo
gota →	got**ícula**
vila →	vilar**ejo**
ilha →	ilh**ota**
sala →	sal**eta**

forma normal	grau diminutivo
rio →	ri**acho**
chuva →	chuv**isco**
burro →	burr**ico**
rua →	ru**ela**

Riacho do Ipiranga, na cidade de São Paulo.

Charmosa ruela no vilarejo de Pipa, no Rio Grande do Norte.

Atividades

1. Forme o diminutivo dos substantivos abaixo usando **inho**, **inha**, **zinho**, **zinha**.

dor	nuvem
pão	mão
laço	chapéu
frio	praça
porta	jornal

2. Reescreva as frases abaixo de acordo com o exemplo.

Ele trabalha numa **saleta**.

Ele trabalha numa **sala pequena**.

a) Eles vivem isolados num **lugarejo**.

_____

b) Anotei o recado num **papelucho**.

_____

c) A escola estava enfeitada com **bandeirolas**.

_____

d) O ratinho entrou na casa por essa **portinhola**.

_____

e) Estou lendo um **livreto** de receitas.

_____

Grau aumentativo

Para formar o aumentativo, geralmente usamos estas terminações.

ão
gato → gat**ão**

ona
gata → gat**ona**

zão
baú → bau**zão**

Há outras terminações menos comuns para formar o aumentativo. Veja estes exemplos.

forma normal	grau aumentativo
nariz →	nari**gão**
copo →	cop**ázio**
barca →	barc**aça**
muro →	mur**alha**
cabeça →	cabe**çorra**

A Muralha da China tem 21.196 quilômetros de comprimento.

forma normal	grau aumentativo
boca →	boc**arra**
voz →	voz**eirão**
corpo →	cor**panzil**
fogo →	fog**aréu**

A bocarra do jacaré tem muitos dentões.

191

Atividades

1. No quadro abaixo, há vários substantivos terminados em **inho**, **inha** e **ão**. Mas nem todos são aumentativos ou diminutivos – alguns estão na forma normal. Leia os substantivos do quadro.

paredão	ladrão	facão	emoção	boizão	focinho
bocão	prisão	mãozona	tatuzão	carinho	orelhona
cachorrão	feijão	farinha	flautinha	espinho	sininho

- Sublinhe de **azul** os substantivos que estão no **aumentativo** e de **vermelho** os que estão no **diminutivo**.

2. Relacione os aumentativos com a forma normal correspondente.

casarão	festa
fornalha	homem
canzarrão	casa
homenzarrão	carroça
festança	cão
carroção	forno

Agora, leia o texto.

Porquinho-da-índia

O porquinho-da-índia é um dos animais de estimação mais queridos pelas crianças. Mas, apesar do nome, ele não tem nada a ver com a família dos porcos. É um roedor que gosta de viver em pequenos grupos, brincando com seus amiguinhos.

Observe a escrita dos diminutivos.

por**c**o ⟶ por**qu**inho   ami**g**o ⟶ ami**gu**inho

Se a palavra termina em **ca** ou **co**, no diminutivo o **c** se transforma em **qu**.
Se a palavra termina em **ga** ou **go**, no diminutivo o **g** se transforma em **gu**.

3. Escreva o diminutivo destas palavras.

faca _____   toco _____

fogo _____   boneca _____

manga _____   briga _____

4. Leia os diminutivos e os aumentativos do quadro abaixo.

maleta   salão   florzinha   riacho
muralha   bigodão   mesona

a) As formas normais de seis desses substantivos estão escondidas no quadro de letras. Você consegue achá-las?

D	A	T	O	M	A	L	A	D	I
A	B	O	T	E	T	U	T	A	E
S	S	R	I	S	O	A	D	O	A
A	A	A	B	A	D	M	U	R	O
F	L	O	R	B	R	A	D	I	E
A	A	A	E	D	O	M	U	O	A
D	T	B	O	T	U	B	U	A	M

b) Escreva em ordem alfabética as palavras que você descobriu.

1. _____   2. _____

3. _____   4. _____

5. _____   6. _____

Nem sempre o diminutivo e o aumentativo indicam variação de tamanho. Eles podem ser usados também para expressar sentimentos, como carinho, afeto, desprezo ou zombaria. Observe estes exemplos.

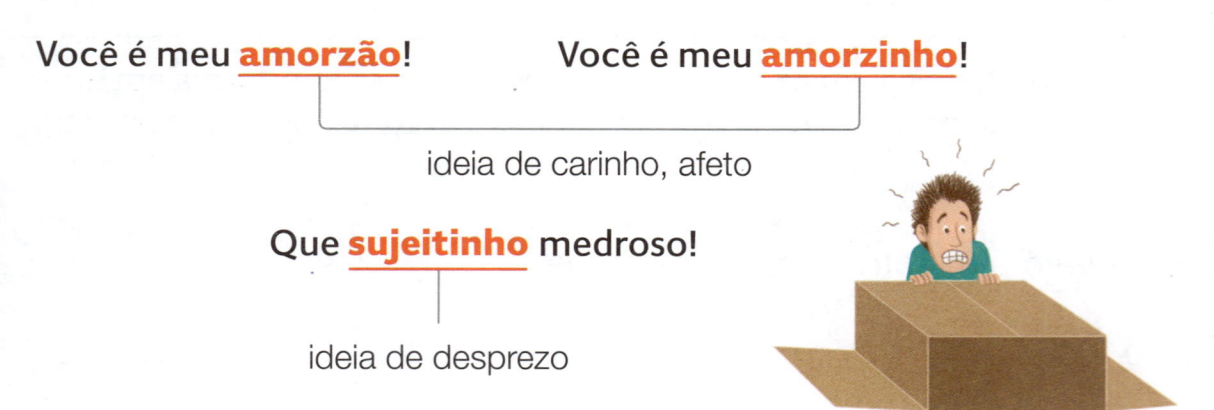

Você é meu amorzão!   **Você é meu amorzinho!**

ideia de carinho, afeto

Que sujeitinho medroso!

ideia de desprezo

O nome das pessoas também pode ser usado no aumentativo ou no diminutivo para expressar sentimentos. Veja os exemplos.

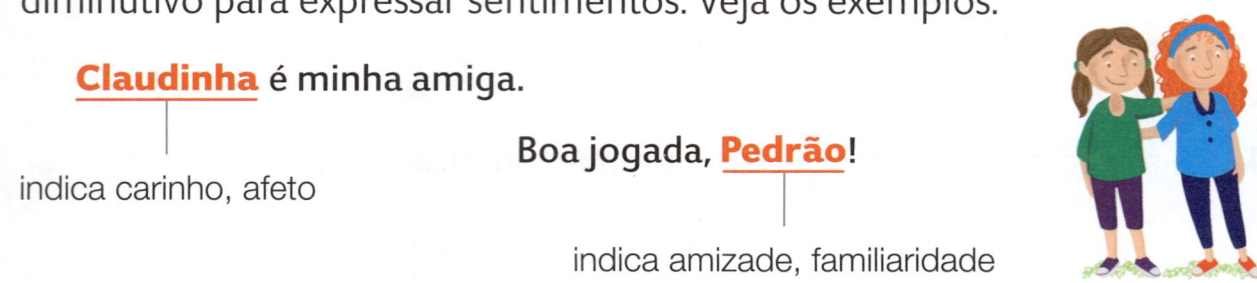

Claudinha é minha amiga.

indica carinho, afeto

Boa jogada, **Pedrão**!

indica amizade, familiaridade

5. Indique os sentimentos que os diminutivos e os aumentativos expressam nas frases a seguir, usando as palavras do quadro.

| admiração | carinho | desprezo |

a) Meu **tiozão** é parceiro de todas as horas. _____

b) Beto é o **goleirão** do nosso time! _____

c) Esse cara me parece um **malandrão**. _____

d) **Paizinho**, me faz um favor? _____

e) Ganhei este presente do meu **vovozão**. _____

f) **Sandrinha** é nossa colega de escola. _____

g) Que golaço! Parabéns, **filhão**! _____

h) Que musiquinha mais chata! _____

Os aumentativos terminados em **ão** fazem o plural em **ões**.

gato → **gatão** → **gatões**

forma normal · aumentativo singular · aumentativo plural

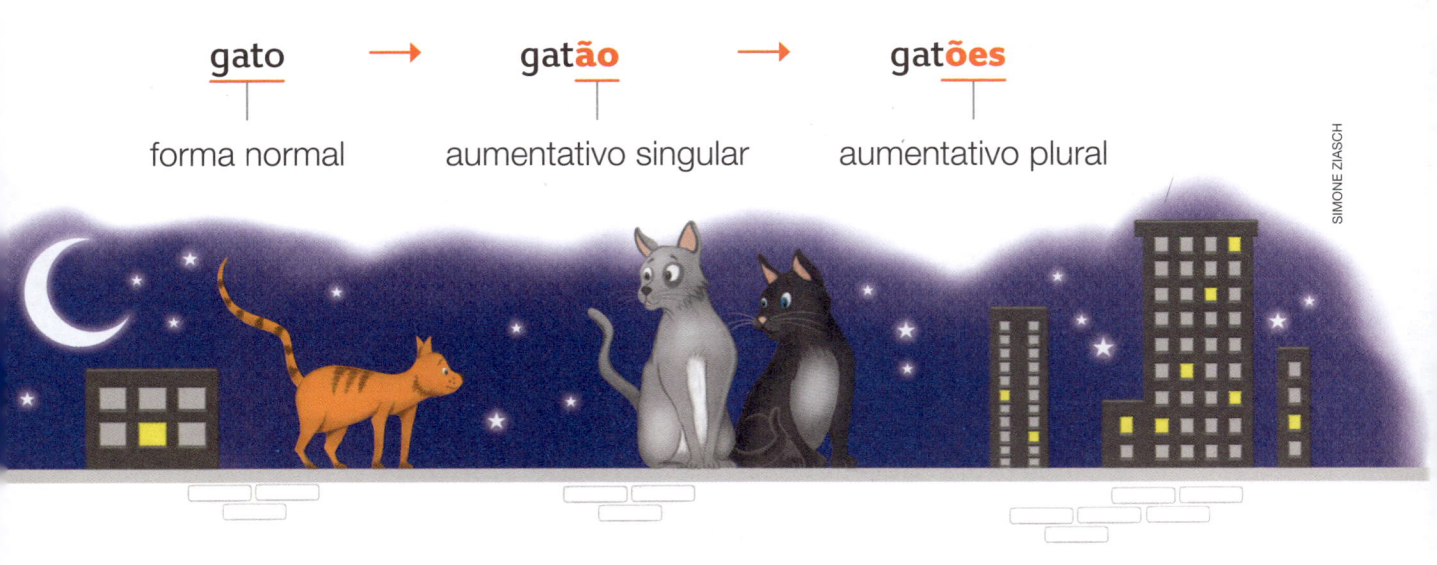

6. Escreva o plural dos aumentativos abaixo.

pedação _____   abração _____

meninão _____   garrafão _____

garotão _____   casarão _____

Agora, observe a escrita do diminutivo destes substantivos.

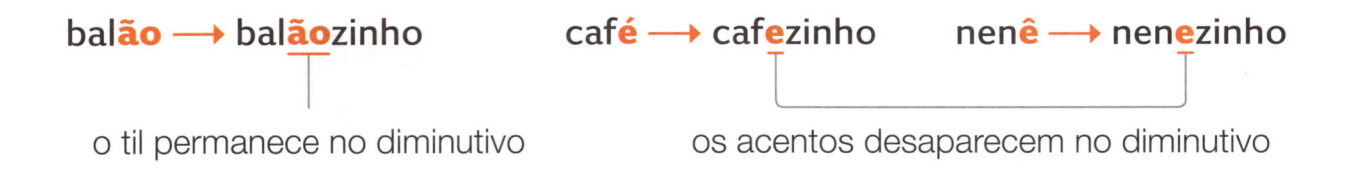

bal**ão** → bal**ão**zinho   caf**é** → caf**e**zinho   nen**ê** → nen**e**zinho

o til permanece no diminutivo   os acentos desaparecem no diminutivo

> O **til** permanece no diminutivo, mas o **acento agudo** e o **acento circunflexo** desaparecem.

7. Escreva o diminutivo destas palavras. Atenção com os acentos!

maçã _____   pião _____

nó _____   chapéu _____

mamão _____   bebê _____

195

Observe como formamos o plural dos diminutivos terminados em **zinho** ou **zinha**.

pastel → pastelzinho   pastéi~~s~~ → past**ei**zinho**s**

avião → aviãozinho   aviõe~~s~~ → avi**õe**zinho**s**

diminutivos singular   diminutivos plural

> Formamos o plural dos diminutivos terminados em **zinho** e **zinha** eliminando o **s** do plural na forma normal e acrescentando **zinhos** ou **zinhas**.

8. Escreva o plural e o diminutivo plural destes substantivos. Veja o exemplo.

jornal → jornais → jornaizinhos

forma normal   plural   diminutivo plural

Forma normal	Plural	Diminutivo
leão		
cão		
sinal		
pão		
mãe		
hotel		
casal		

9. Leia o texto.

Um gato especial

O persa é um gato peludo, calmo e charmoso que se dá muito bem com crianças. É um amorzinho. Sua cor pode variar, mas é sempre muito bonita. De olhos redondos e focinho pequeno e achatado, gosta de ficar ao lado de seus donos, ama tirar boas sonecas (como todo gato) e costuma conviver bem com outros animais. Aprecia muito o conforto de um sofá ou de uma almofada macia. Enfim, o persa é um amigão, o gato ideal para quem quer um companheiro dócil e tranquilo.

a) Escreva o que se pede em cada item.

Diminutivo e aumentativo plural de **gato**: _____

Diminutivo de **crianças**: _____

Diminutivo de **sonecas**: _____

Diminutivo e aumentativo de **sofá**: _____

Diminutivo de **animais**: _____

Diminutivo de **cor**: _____

b) No texto, há um substantivo no diminutivo e um substantivo no aumentativo. Quais?

_____

c) Assinale a ideia expressa por esses substantivos.

☐ Tamanho.   ☐ Carinho, afeto.

Aprendendo com o dicionário

O beija-flor-abelha mede aproximadamente 5 centímetros de comprimento e pesa menos de dois gramas. É a ave mais leve do mundo.

Leia este verbete.

> **leve** **le**.ve
> **adj. masc. fem. 1.** Que tem pouco peso. **2.** Superficial, sem gravidade. **3.** Que faz tão pouca pressão que a gente quase nem sente. **4.** Que quase não se ouve. **5.** Aliviado, despreocupado. **6.** Que é de fácil digestão, que não pesa no estômago. **7.** Que não cansa muito. **8.** Suave, brando. **9.** Fino, fresco (tecido).

1. Qual é o sentido do adjetivo **leve** no texto que você leu?

2. Indique o sentido do adjetivo **leve** nas frases abaixo.

   a) Hoje estou me sentindo bem, com a cabeça leve.

   b) Como estava calor, ela vestiu uma roupa leve e foi passear.

   c) Ele se acidentou, mas sofreu apenas ferimentos leves.

   d) O ventinho leve que vinha do jardim refrescava a sala.

   e) Este é um trabalho leve, não vai esgotar ninguém.

   f) À noite, comi um lanche leve.

   g) Com um leve toque no braço, ele chamou a atenção do colega.

   h) A bolinha de pingue-pongue é bem leve.

   i) Durante a noite, ouvi um barulhinho leve que vinha da cozinha.

Reforço ortográfico

▸ INHO(A), ZINHO(A)

Pequeno e bonitinho

Essa coisinha pequena e graciosa é um dos menores pássaros que existem. Seu nome é *Caçula*. Mede aproximadamente 6 centímetros (veja na sua régua como ele é pequenininho). Tem uma corzinha verde-amarelada, o peito branco e, em volta dos olhos, uma espécie de anelzinho branco.

coi**sinha**
coi**s**a + **inha**

anel**zinho**
anel + **zinho**

Lendo em voz alta a palavra **coisinha**, percebemos que o **s** tem som de **z**, pois vem entre vogais. Por isso, muita gente fica em dúvida na hora de escrever esse diminutivo: devemos usar **s** ou **z**?

Veja como é fácil resolver essa dúvida.

Reforço ortográfico

Para formar o diminutivo de palavras que já têm **s** ou **z** na sílaba final, basta acrescentar **inho** ou **inha**.

casa → cas**inha**   nariz → nariz**inho**

Se a palavra tem apenas uma sílaba, fica ainda mais fácil.

cruz → cruz**inha**

Para formar o diminutivo de palavras que não têm **s** na sílaba final, usamos **zinho** ou **zinha**.

pão → pão**zinho**   cor → cor**zinha**

Atividades

1. Escreva o diminutivo destas palavras.

lápis _____

rosa _____

peso _____   brasa _____

voz _____   giz _____

raposa _____   vaso _____

2. Os nomes de pessoas também seguem as regras de ortografia usadas para as outras palavras. Leia os nomes abaixo e escreva o diminutivo de cada um.

Maria _____   Luís _____

João _____   Beatriz _____

Luísa _____   Sueli _____

Rosa _____   Marisa _____

3. Siga as orientações e forme quatro palavras.

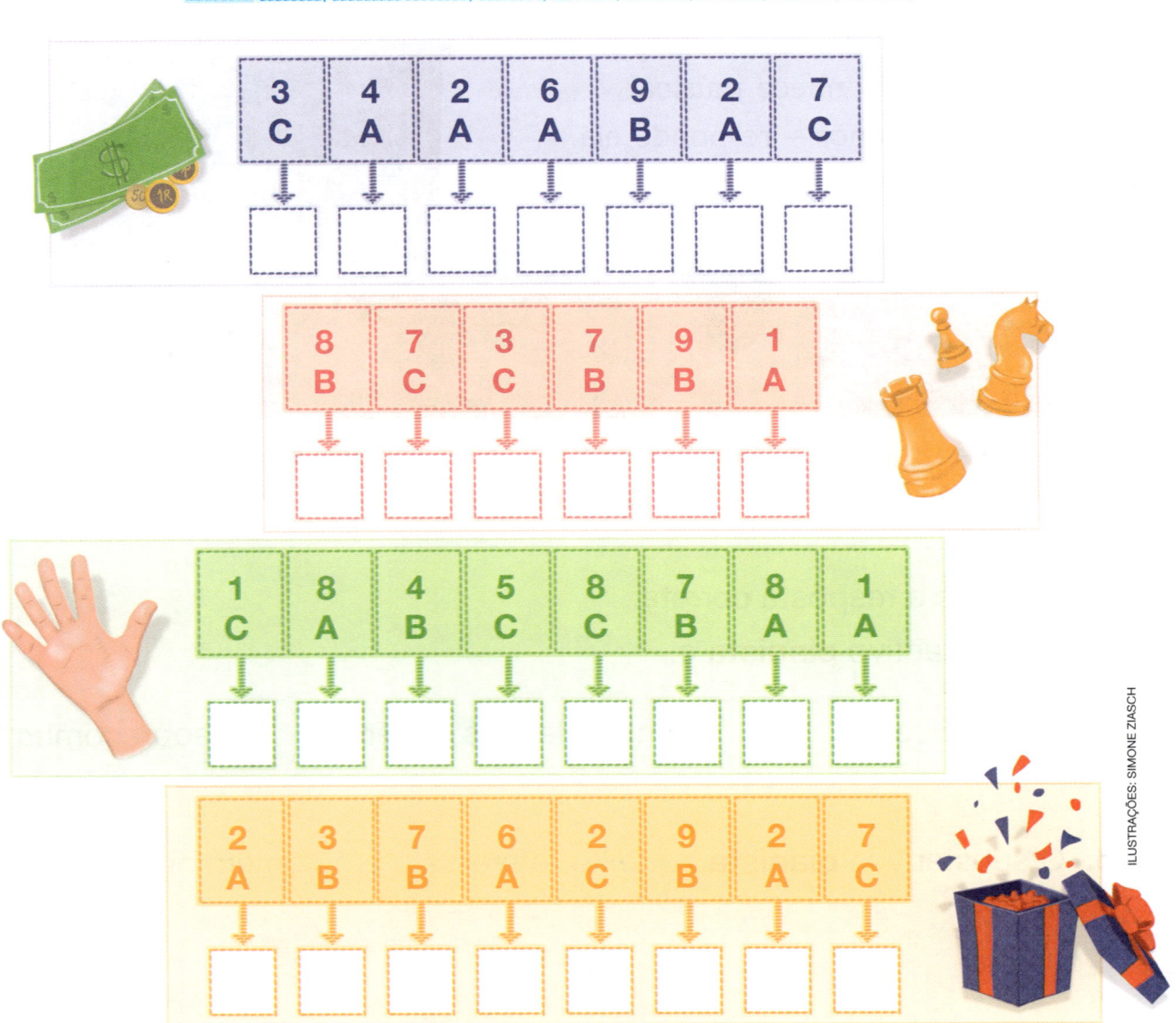

	1	2	3	4	5	6	7	8	9
A	Z	S	B	E	V	P	Q	I	Y
B	F	J	U	C	G	O	R	X	E
C	C	R	D	L	A	N	A	T	B

3	4	2	6	9	2	7
C	A	A	A	B	A	C

8	7	3	7	9	1
B	C	C	B	B	A

1	8	4	5	8	7	8	1
C	A	B	C	C	B	A	A

2	3	7	6	2	9	2	7
A	B	B	A	C	B	A	C

- Escreva em ordem alfabética as palavras que você formou. Depois, ao lado, escreva o diminutivo de cada uma.

1. _____ ; _____   2. _____ ; _____

3. _____ ; _____   4. _____ ; _____

Revisão

O pianista

No palco, um famoso pianista está executando uma música.

Um homem entra atrasado no auditório, procura um lugar na plateia e senta-se. Depois de alguns minutos, pergunta baixinho à mulher que está sentada a seu lado:

— A senhora conhece música?
— Mais ou menos – responde ela.
— O que ele está tocando?
— Piano...

1. Circule todos os sinais de pontuação usados no texto. Depois, oralmente, dê o nome de cada um deles.

2. Assinale a resposta correta.

O substantivo **pianista** é:

☐ epiceno.   ☐ comum de dois gêneros.   ☐ sobrecomum.

3. O substantivo **pianista** no texto refere-se a um homem ou a uma mulher?

_____

- Que palavras do texto permitem chegar a essa resposta?

_____
_____
_____

4. Escreva o diminutivo destas palavras.

cães	_____	palco	_____
animais	_____	lugar	_____
homem	_____	mulher	_____
música	_____	besouro	_____

5. Complete as frases usando **alguns** destes substantivos no **plural**.

coração   pão   campeão   avião   mão   blusão   coleção

a) Esses times já foram _____ duas vezes.

b) Essa loja vende bonitos _____ de couro.

c) A menina apaixonada desenhou dois _____ no caderno.

d) Esses _____ estão quentinhos e deliciosos.

e) Não esqueça de lavar as _____ antes de comer.

• Sublinhe os substantivos que você não usou, escolha um deles e escreva uma frase em que ele esteja no **plural**.

_____

_____

6. Separe as sílabas destas palavras.

passado → _____   nascer → _____

conversa → _____   tecnologia → _____

admiração → _____   néctar → _____

Revisão

7. Escreva **o** ou **a** nos quadrinhos para indicar se os substantivos são masculinos ou femininos.

☐ gavião ☐ foca ☐ falcão

☐ formiga ☐ gaivota ☐ escorpião

a) Quando queremos indicar com precisão o sexo desses animais, que palavras acrescentamos ao nome deles?

_____

b) Qual é o nome desse substantivo? Assinale a resposta correta.

☐ Epiceno.   ☐ Sobrecomum.

8. Complete as piadinhas com **por que**, **por quê**, **porque**.

— Sabe _____ o peixe está sempre com fome?

— Essa é fácil: _____ ele vive com água na boca.

— Você sabe que as mangas caem das árvores, não é mesmo?

Mas sabe _____ ?

— Ora, _____ elas não sabem descer...

9. Leia as frases e pontue-as adequadamente.

a) Guarde os copos ☐ os talheres e os pratos ☐

b) Que bom que você chegou ☐

c) Onde moram esses meninos ☐

d) Puxa, que dia frio ☐ Será que não vai esquentar nem um pouco ☐

10. Escreva o plural destes substantivos compostos.

a) guarda-roupa _____

b) guarda-civil _____

- Relacione o plural de cada palavra à sua explicação.

    ☐ A palavra **guarda** refere-se ao verbo **guardar**, por isso só o segundo elemento vai para o plural.

    ☐ A palavra **guarda** refere-se à pessoa que **vigia**, por isso os dois elementos vão para o plural.

11. Complete a cruzadinha. Já colocamos algumas letras para ajudá-lo.

1 O contrário de interior.
2 Nome da frase que expressa admiração, surpresa.
3 Estourar fazendo um grande barulho.
4 Desaparecido, que não existe mais.
5 Aparelho para apagar fogo.
6 Exibir, mostrar.

Dica! Todas as palavras começam com **ex**.

Hora da história

O cão e o lobo

LOBO (*entra em cena*) — Oh! que vida triste, sempre com fome. Antes eu era um lobão forte, agora, não passo de um pobre lobinho! (*Entra um cão com coleira, todo exibido; o lobo olha para ele admirado e pensa em voz alta.*) Puxa! Que cachorrão! Esse não passa fome. Será que pode me ajudar? Vou falar com ele. (*Dirige-se ao cão.*) Olá, como vai?

CÃO (*olhando e respondendo com pouco caso*) — Olá!

LOBO — Você parece ter uma vida muito boa!

CÃO — É verdade. E você, pobre lobinho, poderia ter uma vida como a minha.

LOBO (*interessado*) — Eu?! Mas como?

CÃO — É só arranjar um dono, como eu fiz. Vamos até a minha casa que eu peço ao meu dono pra ficar com você.

LOBO — E daí?

CÃO — Daí que você vai ter boa comida todos os dias, além de uma cama quentinha.

LOBO — Aceito! Aceito! E o que eu tenho que fazer?

CÃO — É só tomar conta do quintal e fazer umas festinhas para o dono, sacudindo o rabo e lambendo a mão dele.

LOBO — Pois é pra já! Vamos lá! (*Começam a andar e o lobo se aproxima do cão e repara na sua coleira.*) Mas o que é isso no seu pescoço?

CÃO — Uma coleira.

LOBO — E para que serve?

CÃO — Para me prender numa corrente.

LOBO — Mas então você não é livre para ir aonde quiser?

CÃO — Só quando o meu dono me solta. Mas às vezes passo muitos dias preso. Mas que me importa? Comida não falta.

LOBO — Ah! Nada disso! Não quero saber de dono nem de coleira. Prefiro passar fome, mas ser livre. Adeus!

(*O lobo sai por um lado e o cão, por outro.*)

Adaptação de uma versão de Monteiro Lobato baseada em fábula original de Esopo.

O texto que você leu é um **texto teatral**, isto é, escrito para ser representado por atores em um palco e visto por uma plateia.

As frases entre parênteses indicam a maneira como os atores devem representar as personagens: as falas, a entonação da voz, os gestos, as expressões corporais e faciais etc.

Atividades

1. Quem são as personagens da fábula?

Hora da história

2. Numere as frases de acordo com a ordem em que se passa a história.

☐ O lobo vê a coleira do cão e fica sabendo que o cão não é livre e que passa muitos dias preso a uma corrente.

☐ O lobo está triste e faminto quando vê um cachorro bem cuidado e exibido.

☐ O lobo vai embora, pois prefere ser livre mesmo passando fome.

☐ O lobo descobre que o cão tem um dono.

☐ O cão diz que pedirá a seu dono para deixar o lobo morar com eles.

3. Assinale com X a imagem que representa o lobo da fábula.

☐ ☐

4. Os lobos geralmente são mais fortes que os cães. Por que o lobo da fábula era mais fraco que o cão?

5. Por que o lobo gostou da ideia de ir morar com o dono do cão?

6. O que o lobo teria de fazer se fosse morar na casa do cão?

☐ Uivar, se chegasse um estranho na casa à noite.

☐ Tomar conta do quintal e fazer festa para o dono, sacudindo o rabo e lambendo a mão dele.

208

7. O que fez o lobo mudar de ideia?

_____

_____

- Circule no texto o parágrafo em que o lobo repara que o cão tem algo em volta do pescoço.

8. Você acha que o lobo fez bem em não querer viver como o cão? Por quê?

9. Para você, o que é ser livre?

10. Você acha que as crianças deveriam ser livres para fazer o que quisessem? Por quê?

11. Reúna-se com seus colegas e criem uma frase que pode servir de moral para a fábula.

_____

_____

Vamos ler mais?

Na fábula *O cão e o lobo*, o lobo trocou conforto e comida farta por liberdade. Muitas vezes, ao fazermos escolhas, temos de abrir mão de alguma coisa. Para o lobo, liberdade era essencial, mas, para o cão, era mais importante moradia e alimentação constante. Não é nada fácil tomar decisões. Daí a importância de um amigo para conversar...

No livro *Trocando uma ideia*, de Geert De Kockere, encontramos 15 diálogos divertidos sobre vários assuntos: o Pinguim discute com o Urso Polar sobre suas cores prediletas; o Gafanhoto apaixonado tenta explicar essa condição a uma Joaninha; a Minhoca quer convencer a Galinha de que não é, na verdade, uma minhoca...

Quer saber o final dessas conversas? Leia o livro!

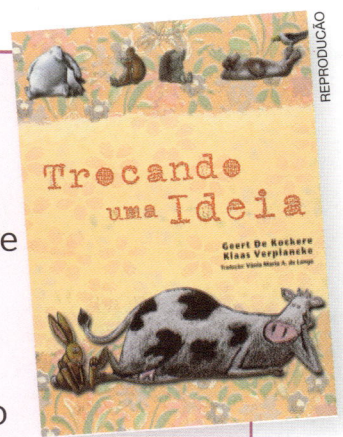

15

▸ Artigo

MINDUIM — Charles Schulz

— VOCÊ TEM UM LÁPIS PRA ME EMPRESTAR, MARCIE?

— E UMAS FOLHAS DE PAPEL E UMA BORRACHA E UMA RÉGUA E O LIVRO DE MATEMÁTICA E...

— MARCIE!

o → **livro**

o: artigo masculino singular
livro: substantivo masculino singular

um → **lápis**

um: artigo masculino singular
lápis: substantivo masculino singular

umas → **folhas**

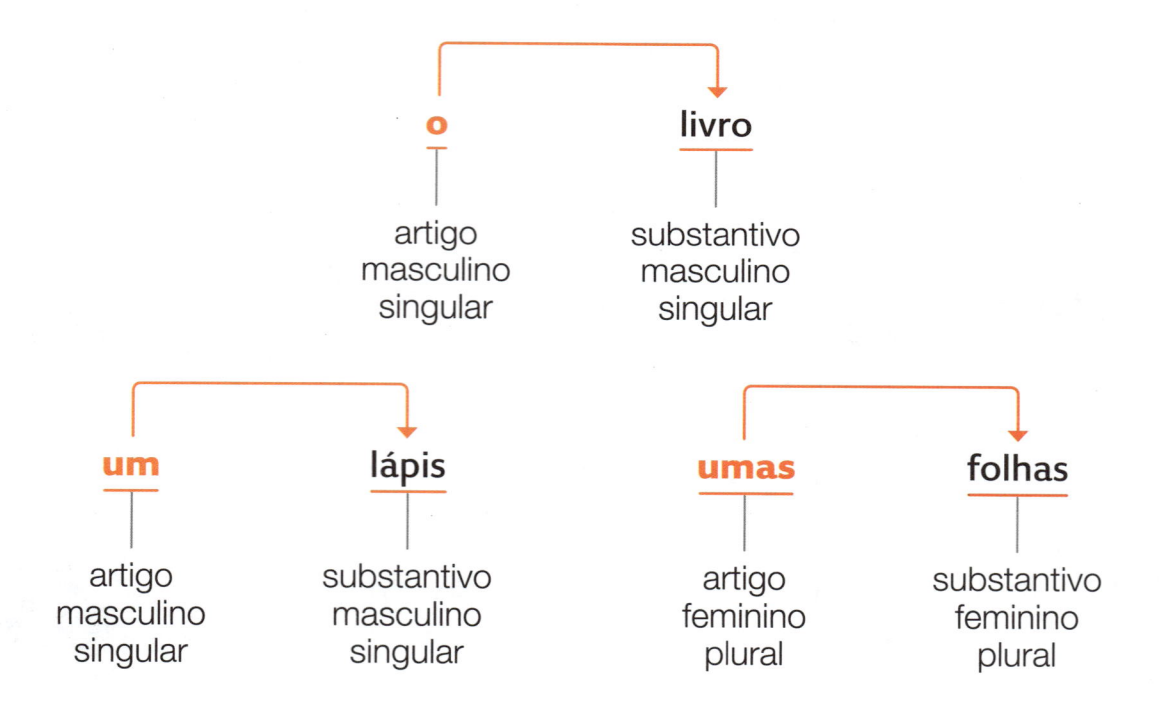

umas: artigo feminino plural
folhas: substantivo feminino plural

> O **artigo** é uma palavra que vem sempre antes do substantivo, determinando ou indeterminando seu sentido. Ele concorda com o substantivo em **gênero** (masculino ou feminino) e em **número** (singular ou plural).

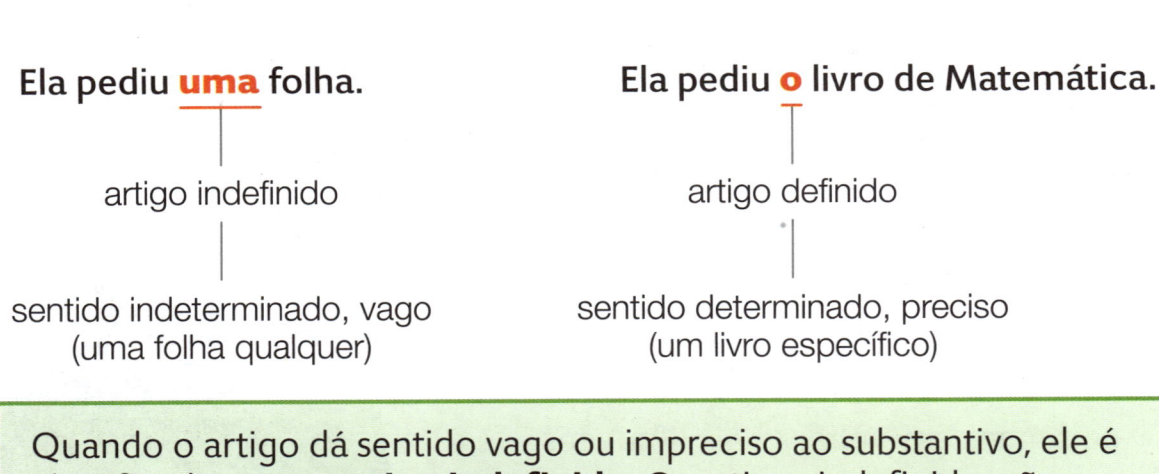

Ela pediu uma folha. — artigo indefinido — sentido indeterminado, vago (uma folha qualquer)

Ela pediu o livro de Matemática. — artigo definido — sentido determinado, preciso (um livro específico)

> Quando o artigo dá sentido vago ou impreciso ao substantivo, ele é classificado como **artigo indefinido**. Os artigos indefinidos são: **um**, **uma**, **uns**, **umas**.
> Quando o artigo dá sentido determinado ou preciso ao substantivo, distinguindo-o dos demais, ele é classificado como **artigo definido**. Os artigos definidos são: **o**, **a**, **os**, **as**.

Atividades

1. Leia com atenção as frases e complete-as com os artigos definidos.

a) _____ dentista que me atendeu é muito simpática e competente.

b) Os alunos entrevistaram _____ artista que visitou a escola. Ela foi muito atenciosa com todos.

c) _____ cliente saiu da sala irritado.

d) Não conheço _____ estudante vencedora do concurso.

e) _____ jornalista que escreveu esse artigo foi muito elogiado.

f) Ele é _____ pessoa certa para representar nossa cidade nas Olimpíadas de Matemática.

g) _____ gerente da loja de materiais esportivos é organizada e eficiente.

h) Admiramos muito _____ cientista inglês que desenvolveu essa importante vacina.

i) _____ motorista do ônibus escolar ficou bastante satisfeita com o presente que recebeu das crianças.

2. Complete o texto com os artigos que estão faltando.

Alpinismo

Daniel pratica alpinismo. Ele gosta de escalar _____ montanhas. Quando chega lá em cima, senta para descansar e fica olhando _____ paisagem em volta, _____ nuvens, _____ céu. _____ horas passam e ele nem sente. Faz _____ fotos, come _____ lanche e, depois de _____ tempo, guarda _____ coisas na mochila e começa a descer.

- Agora, circule de **vermelho** os artigos definidos e de **azul** os artigos indefinidos.

O artigo e o significado das palavras

O artigo pode mudar o sentido de uma palavra. Observe.

Esse menino machucou **a cabeça**.

a cabeça: parte do corpo

Esse menino é **o cabeça** da turma.

o cabeça: chefe, líder

O dicionário explica essas diferenças de sentido. Leia este verbete.

> **cabeça** ca.**be**.ça
> **subst. fem. 1.** Parte do corpo: *Ela amarrou um lenço na cabeça e saiu.*
> **subst. masc. 2.** Chefe, líder: *Ele é o cabeça da turma.*

Veja outros exemplos.

Meu cachorro é **o** guarda da casa.

o guarda: vigia, guardião

Ela ficou sob **a** guarda da tia quando a mãe viajou.

a guarda: proteção, vigilância

Atividades

1. Procure no **Minidicionário** as diferenças de sentido entre as palavras dos quadrinhos e, em seguida, complete as frases com os **artigos definidos** corretos.

o rádio	a rádio		o nascente	a nascente		o grama	a grama

a) Precisamos cortar ____ grama do jardim.

b) Quanto custa ____ grama do ouro?

c) Os viajantes seguiram ____ nascente, isto é, o lado onde nasce o Sol.

d) Qual é ____ rádio que tem bons programas de música?

e) A expedição está procurando ____ nascente desse rio.

f) Ligue ____ rádio para ouvirmos o jogo.

2. Leia o verbete.

> **capital** ca.pi.**tal**
> **subst. fem. 1.** Cidade onde fica o governo de um estado ou país: *A cidade de Brasília é a capital do Brasil.* **subst. masc. 2.** Soma de dinheiro que se usa para abrir um negócio comercial: *Meu tio abriu essa loja com um pequeno capital.*

- Agora, complete as frases com uma das palavras indicadas entre parênteses.

    a) Recife é _____ capital do estado de Pernambuco. **(o – a)**

    b) O professor mostrou no mapa _____ capitais de todos os estados brasileiros. **(as – os)**

    c) Para abrir uma lanchonete, preciso de _____ capital. **(muito – muita)**

    d) Ela sabe o nome _____ capitais dos países da América do Sul. **(dos – das)**

    e) _____ capital não é suficiente para abrir um restaurante. **(minha – meu)**

3. Complete as frases com uma das palavras indicadas nos quadrinhos.

a) Esse grande rio é bem pequeno _____ nascente. | no | na |

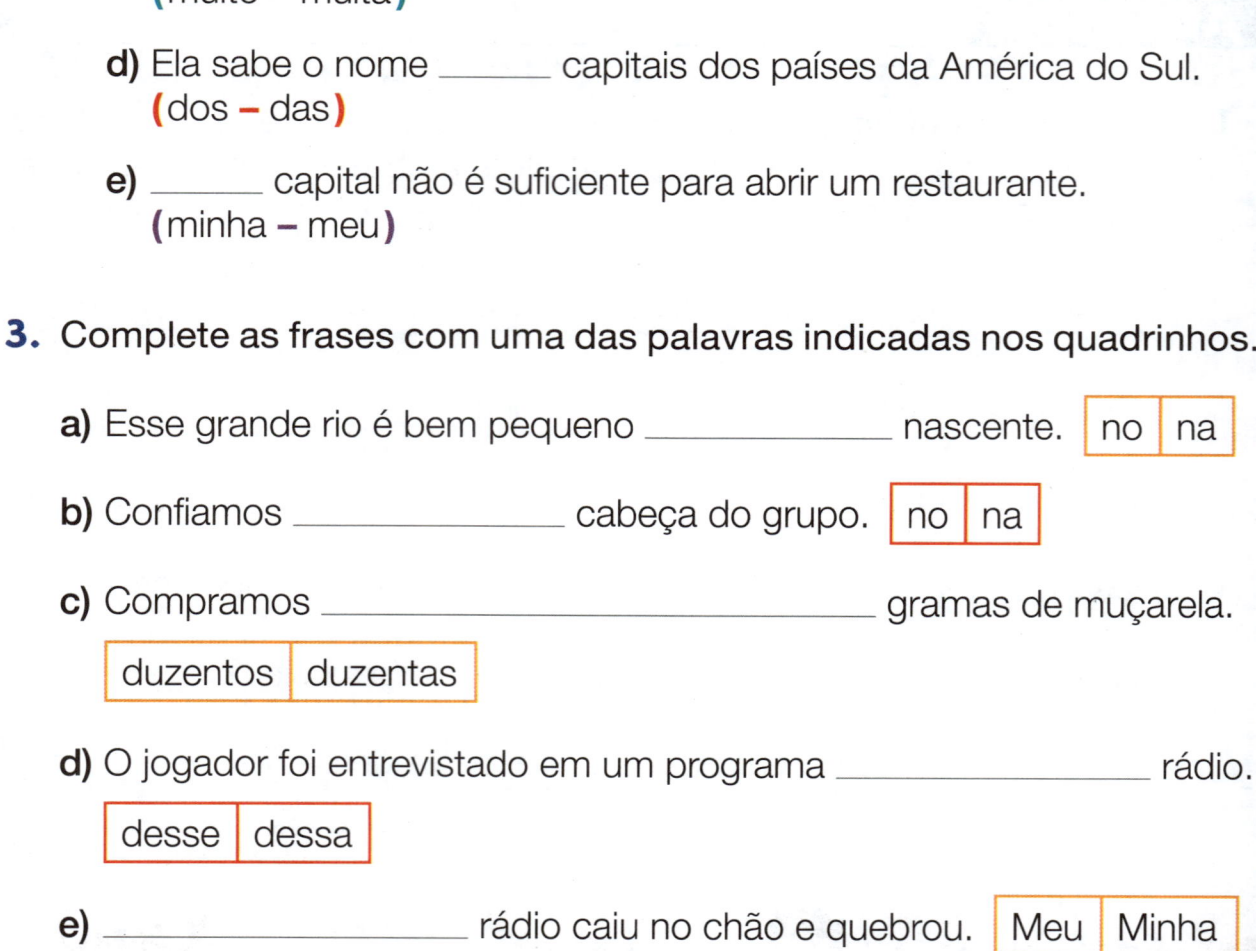

b) Confiamos _____ cabeça do grupo. | no | na |

c) Compramos _____ gramas de muçarela.
| duzentos | duzentas |

d) O jogador foi entrevistado em um programa _____ rádio.
| desse | dessa |

e) _____ rádio caiu no chão e quebrou. | Meu | Minha |

Aprendendo com o dicionário

Os lobos **seguem** o líder da matilha.

Leia o verbete.

> **seguir** se.**guir**
> v. **1.** Ir atrás de pessoa ou animal. **2.** Aceitar. **3.** Tomar certa direção. **4.** Exercer (atividade, profissão). **5.** Imitar. **6.** Obedecer.

1. Em que sentido o verbo seguir foi usado na frase acima? ☐

2. Com base no verbete, indique os sentidos que o verbo seguir tem nas frases abaixo.

   a) Para chegar à escola, pegue essa rua e siga sempre em frente. ☐

   b) Siga as instruções do folheto para montar esse brinquedo. ☐

   c) Os turistas seguiam o guia pelas ruas da cidade. ☐

   d) Siga o meu conselho, vai ser melhor para você. ☐

   e) Ela pensa em seguir a carreira artística: quer ser cantora. ☐

   f) Você deve seguir o exemplo de seu pai e fazer como ele. ☐

   g) O detetive seguiu o suspeito até o cinema. ☐

Reforço ortográfico

Uso de super e ultra

Quem é super-herói?

Na vida real, o herói de verdade não é ultraveloz, não voa nem é superpoderoso. É a pessoa que está perto de nós, nos ama, nos protege do mal, nos ajuda diante das dificuldades. Quem é seu super-herói? Ou sua super-heroína?

super-herói — super

superpoderoso — super

ultraveloz — ultra

Quando acrescentamos **super** e **ultra** a uma palavra, reforçamos seu sentido. **Superpoderoso** significa "muito poderoso", e **ultraveloz** quer dizer "muito veloz".

Super

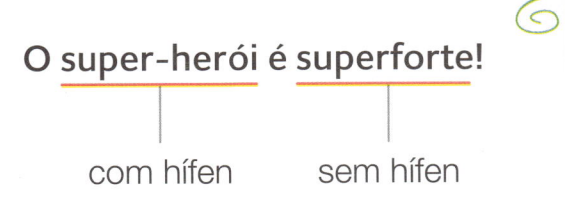

O <u>super-herói</u> é <u>superforte</u>!
      | |
 com hífen   sem hífen

> Nas palavras compostas com **super**, usamos o hífen quando o outro elemento começa com **h** ou **r**. Nos demais casos, não usamos o hífen.

Veja outros exemplos.

super-**h**omem   super-**r**ápido
super**f**orte   super**m**ulher

Ultra

Esse trem é **ultrarrápido** e **ultramoderno**.

Essa mensagem é **ultrassecreta** e **ultraimportante**.

Esse cãozinho é **ultra-amistoso**.

Esse homem é **ultra-honesto**.

ultra-**a**mistoso	ultra-**h**onesto	ultra**m**oderno	ultra**rr**ápido	ultra**ss**ecreta
vogal a	h	consoante	rr	ss

> Nas palavras compostas com **ultra**, usamos o hífen quando o outro elemento começa por **a** ou **h**. Quando o outro elemento começa por **r** ou **s**, duplicamos essas letras.

217

Reforço ortográfico

Atividades

1. Forme palavras compostas usando o hífen quando necessário.

super +

a) atrapalhado

b) valente

c) interessante

d) rabugento

e) honesto

f) engraçado

g) lotado

h) misterioso

i) famoso

j) resistente

2. Forme palavras compostas usando o hífen quando necessário.

ultra +

a) leve

b) responsável

c) simpático

d) perigoso

e) veloz

f) arriscado

g) apressado

h) antigo

i) higiênico

j) preocupado

3. Leia.

O agente ultramisterioso

Um homem entrou no táxi e disse baixinho ao motorista:
— Eu sou um agente ultrassecreto!
— E para onde quer ir? — perguntou o motorista.
— Ah! Ah! Ah! Você nunca saberá! É um ultrassegredo!...

- Reescreva o título da anedota, substituindo a palavra **misterioso** pelas palavras seguintes.

a) maluco ⟶ o agente _____

b) sabido ⟶ o agente _____

c) atrapalhado ⟶ o agente _____

d) azarado ⟶ o agente _____

e) ridículo ⟶ o agente _____

16

Adjetivo

Fatos curiosos sobre os olhos

Castanho é a cor de olhos mais comum do mundo! Mas, em alguns países da Europa, os olhos azuis são os mais comuns (como na Irlanda, Escócia e Islândia). Olhos verdes, na verdade, são bem raros!

Mais difícil ainda de encontrar são as pessoas que têm um olho de cada cor, um verde e outro azul, por exemplo. Isso é incrível!

Celia Catunda & Kiko Mistrorigo. *Luna em... Eu quero saber! Por que sonhamos? E outras perguntas curiosas.* São Paulo: Salamandra, 2018. p. 32.

azuis — **castanhos** — **verdes** — **cores diferentes**

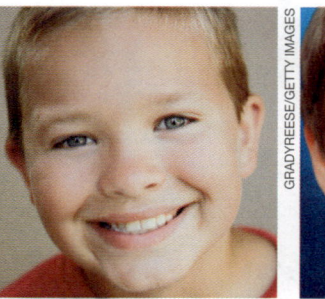

olhos (substantivo) — verdes (adjetivo)

Adjetivo é a palavra que indica características do substantivo. Ele explica como é ou como está uma pessoa, um animal, uma coisa etc.

Posição do adjetivo

O adjetivo pode vir antes ou depois do substantivo. Às vezes, um substantivo pode vir acompanhado de mais de um adjetivo. Observe estes exemplos.

Ganhei um livro **bonito**.
- livro: substantivo
- bonito: adjetivo

Que **belo** jardim!
- belo: adjetivo
- jardim: substantivo

Essas flores são **pequenas** e **perfumadas**.
- flores: substantivo
- pequenas: adjetivo
- perfumadas: adjetivo

Concordância do adjetivo

O adjetivo concorda com o substantivo a que se refere em **gênero** (masculino ou feminino) e em **número** (singular ou plural).

ave **colorida**
- ave: substantivo feminino singular
- colorida: adjetivo feminino singular

urso **branco**
- urso: substantivo masculino singular
- branco: adjetivo masculino singular

prédios ← altos

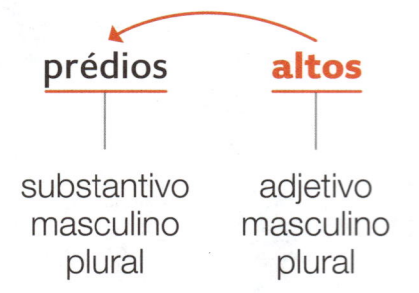

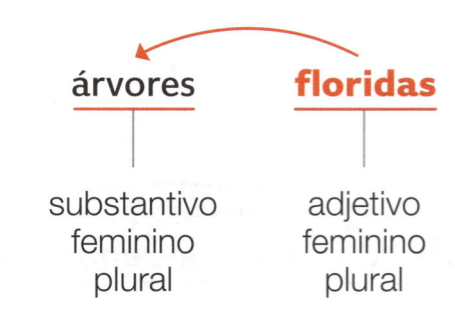

substantivo masculino plural — adjetivo masculino plural

árvores ← floridas

substantivo feminino plural — adjetivo feminino plural

Na variação de gênero e número, os adjetivos seguem as mesmas regras dos substantivos. Por isso, se tiver alguma dúvida, reveja os capítulos 12 e 13.

Adjetivos com uma só forma

Alguns adjetivos têm **uma só forma** para o masculino e para o feminino. Observe.

um homem ← **elegante**

substantivo masculino — adjetivo

um problema ← **difícil**

substantivo masculino — adjetivo

uma mulher ← **elegante**

substantivo feminino — adjetivo

uma questão ← **difícil**

substantivo feminino — adjetivo

Atividades

1. Sublinhe de **azul** os adjetivos usados nas frases abaixo e de **vermelho** os substantivos a que eles se referem. Veja o exemplo.

> Que <u>linda</u> <u>paisagem</u>!

a) Meu pai trabalha num pequeno escritório.

b) A professora parece feliz.

c) Os alunos desta classe são estudiosos.

d) Esse carro vermelho é muito bonito.

e) Ontem, o dia estava frio e chuvoso.

f) A criançada ficou animada com a festa.

2. Complete as frases com adjetivos relacionados aos substantivos destacados. Veja o exemplo.

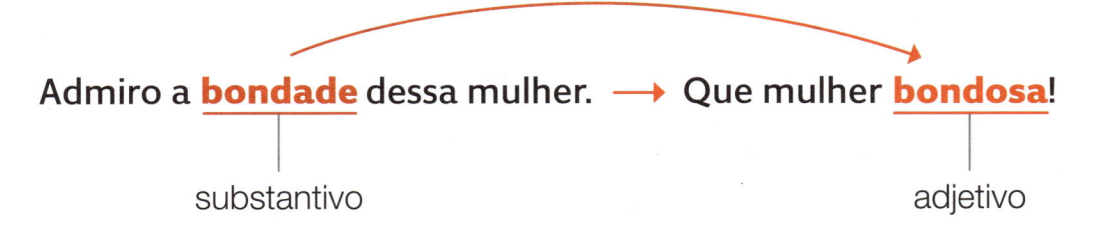

Admiro a **bondade** dessa mulher. → Que mulher **bondosa**!
　　　　　substantivo　　　　　　　　　　　　　　　adjetivo

a) Veja a **beleza** dessas flores. Que flores _____!

b) Gosto da **simpatia** dessa menina. Que menina _____!

c) Não gostei da **teimosia** desse menino. Que menino _____!

d) Admirei o **esforço** desse aluno. Que aluno _____!

e) Não gosto da **preguiça** desse homem. Que homem _____!

f) Espantei-me com a **mansidão** desse animal. Que animal _____!

3. Leia o texto.

O tuiuiú

O tuiuiú é uma linda ave do Pantanal. Com longas pernas, bico comprido, cabeça preta, corpo branco e uma faixa vermelha no pescoço, é uma ave que, sem dúvida, chama a atenção de todos os que visitam aquela fascinante região do Brasil.

a) Sublinhe os adjetivos do texto.

b) Agora, escreva os adjetivos que você sublinhou e os substantivos a que cada um deles se refere.

Adjetivo	Substantivo

4. Amplie as frases usando os adjetivos indicados nos quadrinhos. Veja o exemplo.

Há várias árvores no jardim dessa casa. | frutíferas | grande |
Há várias árvores **frutíferas** no **grande** jardim dessa casa.

a) Vimos alguns peixes nas águas desse riozinho. | coloridos | transparentes |

_____

b) Um grupo de alunos viajou nesse trem. | alegre | moderno |

_____

c) O rapaz foi atendido por uma moça. | elegante | gentil |

_____

5. Passe para o plural.

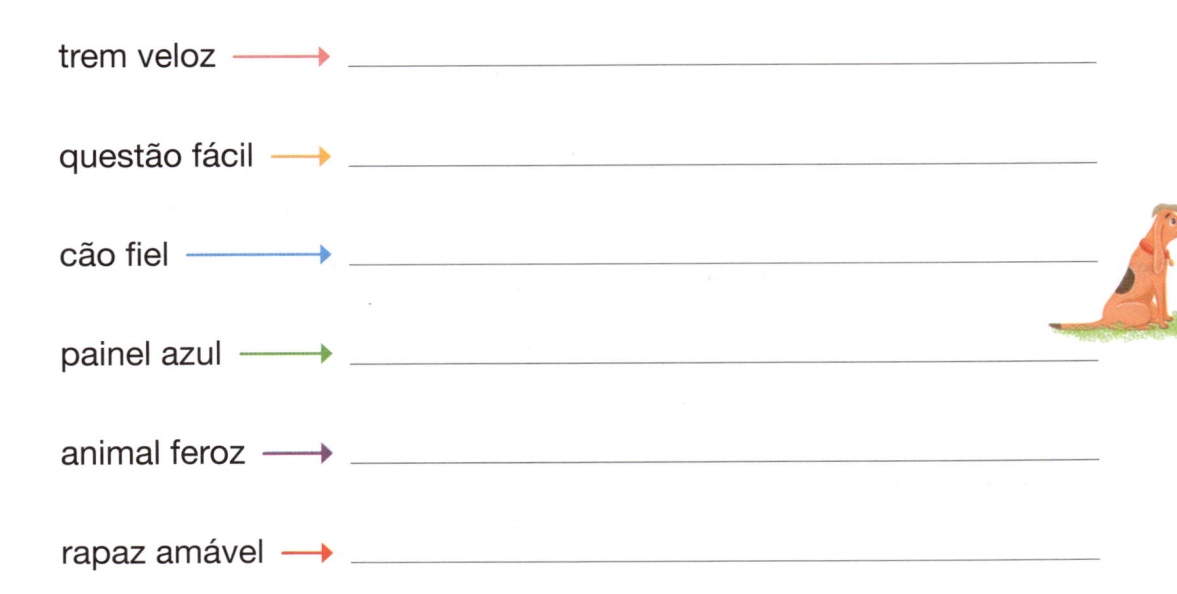

trem veloz ⟶ _____

questão fácil ⟶ _____

cão fiel ⟶ _____

painel azul ⟶ _____

animal feroz ⟶ _____

rapaz amável ⟶ _____

6. Quando um adjetivo se refere, ao mesmo tempo, a um **substantivo masculino** e a um **substantivo feminino**, no plural ele vai para o **masculino**. Veja o exemplo.

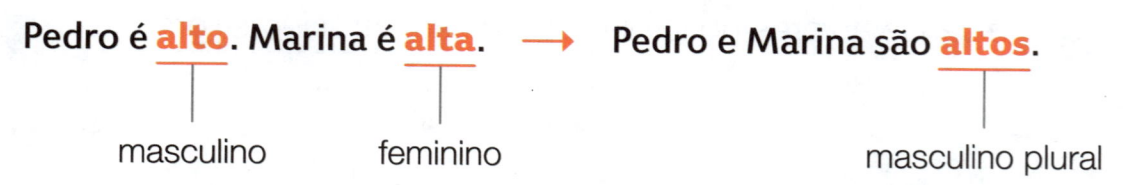

Pedro é **alto**. Marina é **alta**. → Pedro e Marina são **altos**.

masculino — feminino — masculino plural

- Junte as duas frases em uma só, conforme o exemplo.

a) O quarto está limpo. A sala está limpa.

_____

b) Caio é simpático. Bete é simpática.

_____

c) O professor é atencioso. A professora é atenciosa.

_____

Adjetivo pátrio

menino **japonês**   mulher **baiana**   comida **italiana**

adjetivos pátrios

Adjetivo pátrio é aquele que indica a nacionalidade ou o lugar de origem de alguém ou de alguma coisa.

Estados do Brasil

Fonte: IBGE. *Atlas geográfico escolar*. 6. ed. Rio de Janeiro: IBGE, 2012.

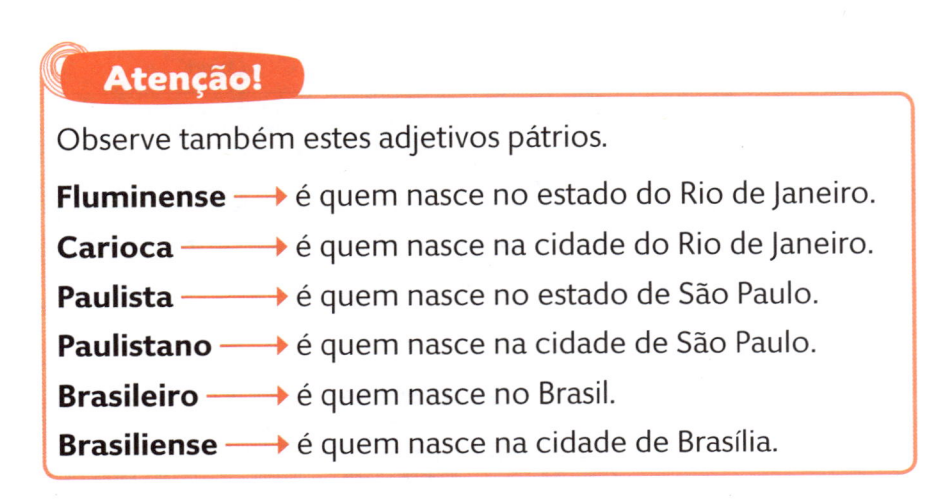

Atenção!

Observe também estes adjetivos pátrios.

Fluminense → é quem nasce no estado do Rio de Janeiro.
Carioca → é quem nasce na cidade do Rio de Janeiro.
Paulista → é quem nasce no estado de São Paulo.
Paulistano → é quem nasce na cidade de São Paulo.
Brasileiro → é quem nasce no Brasil.
Brasiliense → é quem nasce na cidade de Brasília.

Adjetivos pátrios referentes aos estados brasileiros

Estado	Adjetivo pátrio
Acre (AC)	acriano
Alagoas (AL)	alagoano ou alagoense
Amapá (AP)	amapaense
Amazonas (AM)	amazonense
Bahia (BA)	baiano
Ceará (CE)	cearense
Espírito Santo (ES)	espírito-santense ou capixaba
Goiás (GO)	goiano
Maranhão (MA)	maranhense
Mato Grosso (MT)	mato-grossense
Mato Grosso do Sul (MS)	mato-grossense-do-sul ou sul-mato-grossense
Minas Gerais (MG)	mineiro
Pará (PA)	paraense
Paraíba (PB)	paraibano
Paraná (PR)	paranaense
Pernambuco (PE)	pernambucano
Piauí (PI)	piauiense
Rio de Janeiro (RJ)	fluminense
Rio Grande do Norte (RN)	rio-grandense-do-norte ou norte-rio-grandense ou potiguar
Rio Grande do Sul (RS)	rio-grandense-do-sul ou sul-rio-grandense ou gaúcho
Rondônia (RO)	rondoniano ou rondoniense
Roraima (RR)	roraimense
Santa Catarina (SC)	catarinense ou santa-catarinense ou barriga-verde
São Paulo (SP)	paulista
Sergipe (SE)	sergipano ou sergipense
Tocantins (TO)	tocantinense

Locução adjetiva

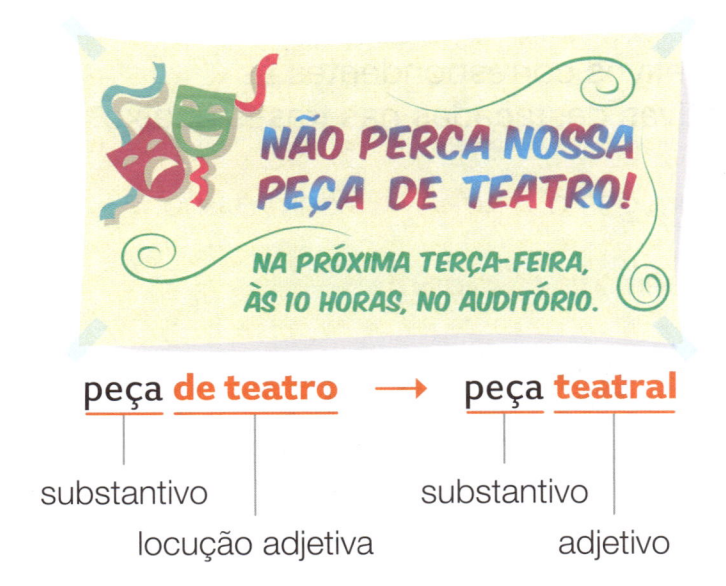

NÃO PERCA NOSSA PEÇA DE TEATRO!
NA PRÓXIMA TERÇA-FEIRA, ÀS 10 HORAS, NO AUDITÓRIO.

peça **de teatro** → peça **teatral**

- peça: substantivo
- de teatro: locução adjetiva
- peça: substantivo
- teatral: adjetivo

O substantivo **peça** está acompanhado da expressão **de teatro**. Essa expressão equivale ao adjetivo **teatral**. Por isso, dizemos que **de teatro** é uma **locução adjetiva**.

> **Locução adjetiva** é um grupo de duas ou mais palavras que tem valor de adjetivo.

Veja outros exemplos de **locução adjetiva**.

Locução adjetiva		Adjetivo correspondente	
manhã	de chuva	manhã	chuvosa
dia	de festa	dia	festivo
semana	de sol	semana	ensolarada
festa	de estudante	festa	estudantil
programa	de televisão	programa	televisivo

Atividades

1. Escreva os adjetivos correspondentes às locuções adjetivas destacadas nas frases abaixo.

a) A mãe teve um gesto **de carinho** com o filho. _____

b) Ele é um homem **de coragem**. _____

c) Ele trabalha no período **da noite**. _____

d) Passeamos na praia em uma noite **de luar**. _____

e) As cinzas **do vulcão** cobriam as casas. _____

f) Pedro Bandeira escreveu várias obras **de literatura**. _____

2. Complete as frases com os adjetivos do quadro fazendo as concordâncias necessárias.

vespertino   feminino   paterno   solar
materno   matutino   masculino   lunar

a) **Período da manhã** é período _____.

b) **Amor de pai** é amor _____.

c) **Luz do sol** é luz _____.

d) **Moda de mulher** é moda _____.

e) **Paisagem da lua** é paisagem _____.

f) **Carinho de mãe** é carinho _____.

g) **Roupa de homem** é roupa _____.

h) **Período da tarde** é período _____.

Aprendendo com o dicionário

1. Leia a frase abaixo. Depois, leia o verbete.

   A banda **saiu** da escola e desfilou pelas ruas da cidade.

   > **sair** sa.**ir**
   > v. **1.** Ir para fora. **2.** Surgir, despontar. **3.** Partir. **4.** Livrar-se. **5.** Retirar-se, não participar mais. **6.** Ser publicado. **7.** Desaparecer.

   - Em qual desses sentidos o verbo **sair** foi usado na frase acima? ☐

2. Com base no verbete, indique os sentidos que o verbo **sair** tem nas frases abaixo.

   a) O trem saiu às 10 horas. ☐

   b) O livro que escrevi vai sair no mês que vem. ☐

   c) O menino saiu do jogo porque se machucou. ☐

   d) Essa mancha na camisa não sai de jeito nenhum. ☐

   e) Meu amigo conseguiu sair daquela situação complicada. ☐

   f) Amanhece, o sol já está saindo. ☐

   g) Ontem, meu pai saiu cedo de casa. ☐

3. Explique oralmente o sentido que o verbo **sair** tem nas frases a seguir.

   a) Ele saiu-se bem nos exames, foi aprovado.

   b) A menina saiu ao pai, também gosta de música como ele.

Reforço ortográfico

ÊS/ESA, ENSE

Bicho de sete cabeças

Na língua portuguesa, existe a expressão "bicho de sete cabeças". Ela se origina de uma história da mitologia grega sobre um monstro que tinha sete cabeças que renasciam quando eram cortadas. O monstro só seria destruído se todas as cabeças fossem cortadas ao mesmo tempo. É claro que ninguém conseguia matar o monstro, até que chegou um super-herói. Quem foi? Ora, o incrível Hércules. Só ele conseguiu realizar essa proeza.

Em português, hoje em dia, usamos essa expressão para dizer que uma coisa não é tão difícil ou trabalhosa quanto se imagina. Por exemplo: "Ânimo, gente! Arrumar todos esses livros na estante não é um bicho de sete cabeças!".

Minidicionário
Leia o verbete **proeza**.

ÊS/ESA

portugu**ês** portugu**esa**

ês   esa

Os adjetivos pátrios terminados em **ês** e **esa** são escritos com **s**. Apenas a terminação **ês** do masculino singular leva acento. No feminino e no plural, esses adjetivos não são acentuados.

portug**ês** — masculino singular
portug**uesa** — feminino singular
portug**ueses** — masculino plural
portug**uesas** — feminino plural

ENSE

Manaus: cidade amazon**ense**. → ense

Florianópolis: cidade catarin**ense**. → ense

Os adjetivos pátrios terminados em **ense** são escritos com **s**. Esses adjetivos têm a mesma forma no masculino e no feminino.

233

Reforço ortográfico

Atividades

1. Complete com o masculino ou o feminino das palavras destacadas.

   a) cantor **inglês**, cantora _____

   b) escritor _____, escritora **francesa**

   c) atores _____, atrizes **japonesas**

   d) governo _____, arte **chinesa**

   e) menina **escocesa**, menino _____

2. Complete com o adjetivo pátrio correspondente à locução adjetiva destacada a seguir.

   Se precisar, consulte a tabela da página 228.

   a) cantora **do Piauí** → cantora _____

   b) escritor **do Ceará** → escritor _____

   c) professor **do Maranhão** → professor _____

   d) jogador **do Pará** → jogador _____

   e) artista **do Paraná** → artista _____

   f) criança **do Tocantins** → criança _____

3. Use o código abaixo e forme três adjetivos pátrios.

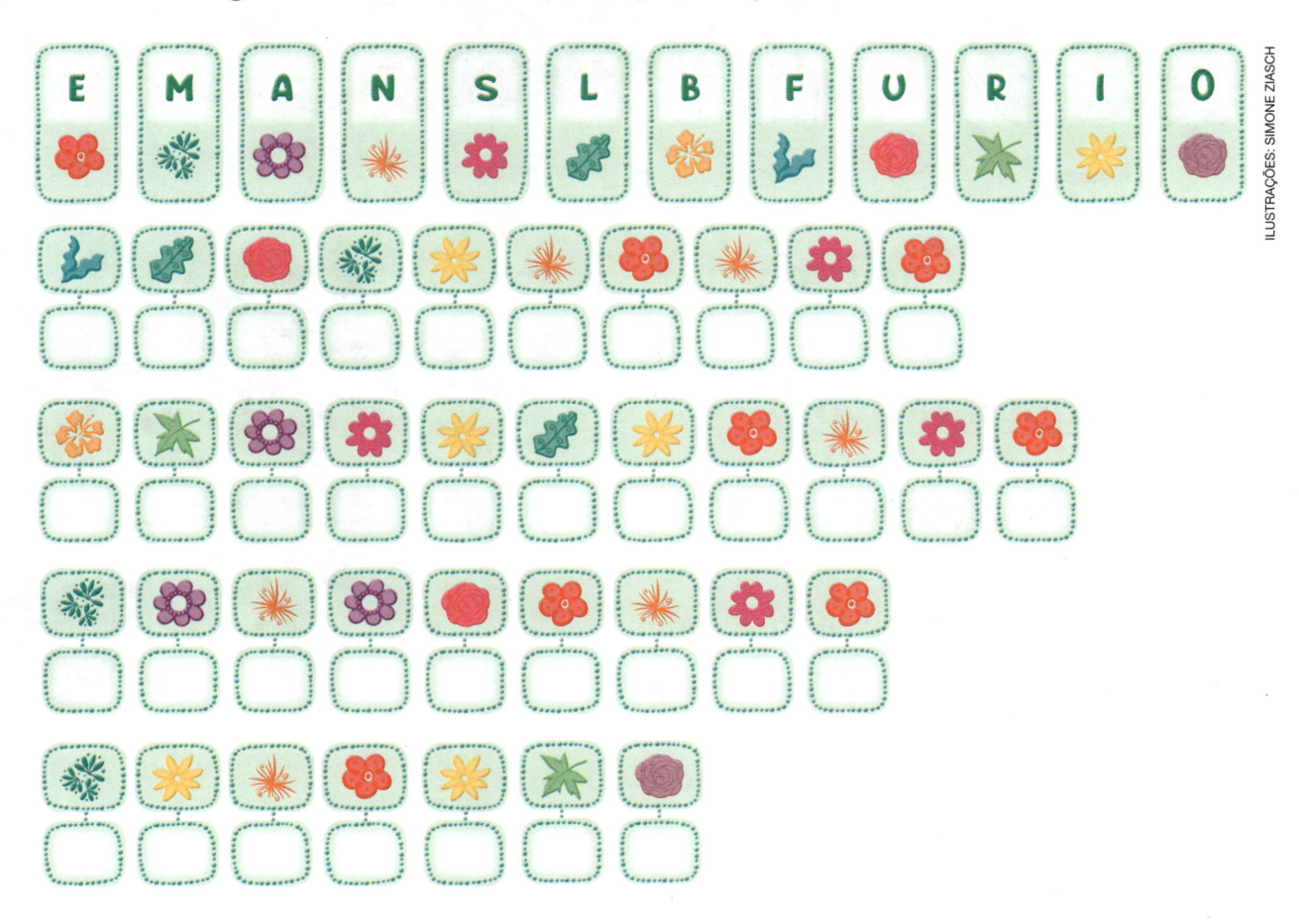

- Agora, escreva os adjetivos que você formou e explique o que eles indicam.

a) _____ → indica quem nasceu _____.

b) _____ → indica quem nasceu _____.

c) _____ → indica quem nasceu _____.

d) _____ → indica quem nasceu _____.

17

▶ Graus do adjetivo

Grau comparativo

Montanha-russa

Você gosta de dar uma volta na montanha-russa? Pode ser divertido, mas sempre dá um friozinho na barriga, não é mesmo?

Algumas montanhas-russas são próprias para crianças menores e não dão medo. Mas há outras muito altas, que fazem tantas curvas, tantas subidas e descidas, que deixam as pessoas tontas. E é quase impossível não gritar de entusiasmo... ou de medo.

A montanha-russa tem esse nome justamente porque foi inventada na Rússia, muitos anos atrás, por volta de 1890. Mas com o tempo ela foi sendo melhorada e ampliada. As montanhas-russas modernas são mais altas do que as antigas. E bem mais emocionantes. Hoje, vários países têm montanhas-russas gigantescas, que atraem milhares de visitantes.

Montanha-russa em Legoland, Alemanha.

Montanha-russa em Gyeongju, Coreia do Sul.

As montanhas-russas modernas são **mais altas do que** as antigas.

adjetivo no grau comparativo

Na frase acima, o adjetivo **alto** foi usado para fazer uma comparação entre as montanhas-russas modernas e as antigas. Por isso, dizemos que, nesse caso, ele está sendo empregado no **grau comparativo**.

> Há três formas de construção do grau comparativo.
> - **Comparativo de superioridade**: mais... do que
>   Esta montanha-russa é **mais alta do que** aquela.
> - **Comparativo de inferioridade**: menos... do que
>   Aquela montanha-russa é **menos alta do que** esta.
> - **Comparativo de igualdade**: tão... quanto
>   Esta montanha-russa é **tão alta quanto** aquela.

Observações

- Nos comparativos de superioridade e inferioridade, em vez de usar **do que**, podemos usar apenas **que**.
  Esta montanha-russa é **mais alta que** aquela.
  Aquela montanha-russa é **menos alta que** esta.
- No comparativo de igualdade, também podemos usar **como** em vez de **quanto**.
  Esta montanha-russa é **tão alta como** aquela.

Atividades

1. Complete as frases com **mais** ou **menos**, formando comparativos.

a) A lebre é _____ rápida _____ a tartaruga.

b) O gato é _____ forte _____ o lobo.

c) O cavalo é _____ veloz _____ o burro.

d) O galo é _____ esperto _____ a raposa.

2. Construa uma frase com cada grupo de palavras, usando o adjetivo no grau indicado. Atenção com a concordância dos adjetivos.

a) Marina | Luciana | simpático → comparativo de igualdade

_____

b) Mateus | brincalhão | seu irmão → comparativo de superioridade

_____

c) Zebra | elefante | pesado → comparativo de inferioridade

_____

3. Os adjetivos **grande**, **pequeno**, **bom** e **mau** têm formas especiais para o grau comparativo de superioridade. Observe.

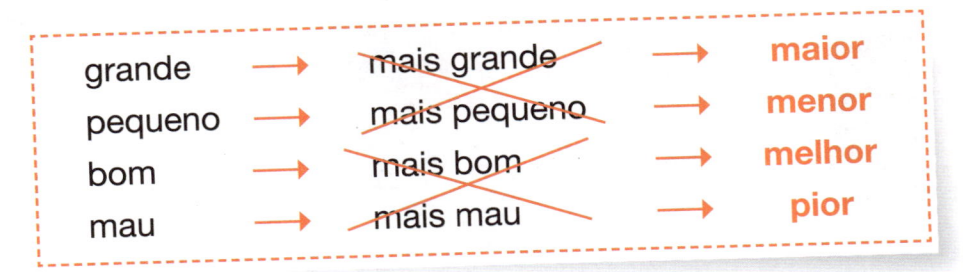

grande →	~~mais grande~~ →	**maior**
pequeno →	~~mais pequeno~~ →	**menor**
bom →	~~mais bom~~ →	**melhor**
mau →	~~mais mau~~ →	**pior**

- Complete as frases com os comparativos dos adjetivos destacados. Veja o exemplo.

> A casa vermelha é **pequena**, mas a amarela é **menor**.

a) Essa mochila é **grande**, mas a minha é ainda _____.

b) O filme de hoje foi **bom**, mas o de ontem foi _____.

c) Esse homem é **mau**, mas o outro parece ainda _____.

d) Meu celular é **pequeno**, mas o da minha irmã é _____.

4. Leia.

A baleia-azul é maior do que qualquer outro animal do nosso planeta. Ela pode chegar a 30 metros de comprimento.

- Em que grau foi usado o adjetivo **grande** nesse texto?

_____

5. Reescreva as frases, passando as palavras destacadas para o plural.

a) **Este livro é menor** do que o meu.

___

b) **Essa casa é maior** do que a minha.

___

c) **A redação desse aluno está melhor** do que a minha.

___

Grau superlativo

Montanha-russa em Sochi, Rússia.

Esta montanha-russa é **muito alta**, ela é **altíssima**.

grau superlativo

Na frase acima, o adjetivo **alto** foi usado num grau elevado, sem fazer nenhuma comparação. Dizemos então que, nesse caso, ele está sendo empregado no **grau superlativo**.

O **grau superlativo** expressa uma característica ou um estado em grau elevado, sem estabelecer comparações.

O **superlativo** pode ser formado de duas maneiras.

1. Usando-se, junto com o adjetivo, as palavras **muito**, **bem**, **bastante** e outras com sentido equivalente. Nesse caso, ele é classificado como **superlativo absoluto analítico**. Veja os exemplos.

O grupo de alunos ficou **muito contente**.

A torcida estava **bastante animada**.

Aquele homem é **bem pobre**.

Esse problema é **muito fácil**.

2. Usando-se, no adjetivo, as terminações **íssimo**, **érrimo** e **ílimo**. Nesse caso, o superlativo é classificado como **superlativo absoluto sintético**. Veja os exemplos.

O grupo de alunos ficou **contentíssimo**.

A torcida estava **animadíssima**.

Aquele homem é **paupérrimo**.

Esse problema é **facílimo**.

Veja algumas formas de **superlativos absolutos sintéticos**.

Adjetivo	Superlativo absoluto sintético
agradável	agradabilíssimo
alto	altíssimo
amigo	amicíssimo
célebre	celebérrimo
confortável	confortabilíssimo
cruel	crudelíssimo
difícil	dificílimo
fácil	facílimo
feio	feiíssimo ou feíssimo
feliz	felicíssimo
feroz	ferocíssimo
frio	friíssimo
grande	grandíssimo
hábil	habilíssimo
horrível	horribilíssimo
infeliz	infelicíssimo
magro	macérrimo ou magríssimo
pequeno	pequeníssimo
pobre	paupérrimo ou pobríssimo
sério	seriíssimo ou seríssimo
simples	simplíssimo ou simplicíssimo
terrível	terribilíssimo
útil	utilíssimo
veloz	velocíssimo

Outras formas de superlativo

Há outras formas muito comuns de indicar a intensidade de um adjetivo. Veja algumas delas.

- Usando junto com o adjetivo palavras como **super**, **ultra** etc. Exemplos: pessoa **super**simpática – veículo **ultra**rrápido.
- Usando o aumentativo do adjetivo, como ocorre nesta tira, por exemplo.

GARFIELD — Jim Davis

— VOCÊ SE ACHA MUITO ESPERTO!
— NA VERDADE, NÃO...
— EU ME ACHO ESPERTO E BONITÃO.

Observe que, nessa tira, o aumentativo **bonitão** tem valor de superlativo, significando "muito bonito". Ele é usado para intensificar o significado do adjetivo. Veja ainda que, no primeiro quadrinho, há um outro superlativo: **muito esperto** (= espertíssimo).

- Usando o diminutivo do adjetivo, como vemos nesta outra tira, por exemplo.

ARMANDINHO — Alexandre Beck

— MÃE, HOJE ESTOU ME SENTINDO FRAQUINHO...
— VOU FAZER UMA CANJA, TÁ BOM?
— CANJA NÃO...
— EU LI QUE CHOCOLATE TEM MUITA ENERGIA!

Veja que **fraquinho**, nessa tira, tem o sentido de "muito fraco". Trata-se também de uma forma de superlativo, pois intensifica o sentido do adjetivo **fraco**.

Atividades

1. Transforme o **superlativo analítico** em **sintético**, como no exemplo.

> homem **muito forte** ⟶ homem **fortíssimo**

a) Água **muito gelada** ⟶ água _____

b) comida **muito gostosa** ⟶ comida _____

c) dia **bem quente** ⟶ dia _____

d) rua **muito longa** ⟶ rua _____

e) pessoa **bastante vaidosa** ⟶ pessoa _____

f) história **muito triste** ⟶ história _____

2. Faça as cruzadinhas, escrevendo os adjetivos correspondentes aos superlativos indicados. Já fizemos um como exemplo.

1. belíssimo
2. felicíssimo
3. ferocíssimo
4. claríssimo
5. velocíssimo
6. sujíssimo
7. puríssimo
8. paupérrimo

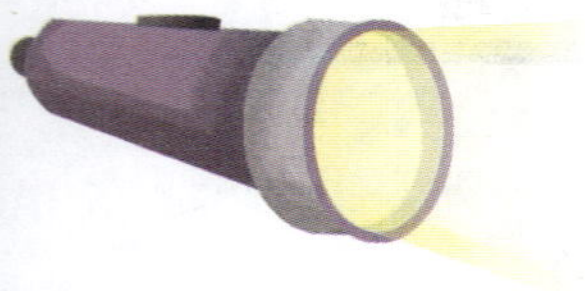

7. P U R O

3. Leia a piada e sublinhe o adjetivo que está no grau superlativo sintético.

— Pedrinho, diga uma palavra que tem quatro vezes a vogal **i**.
— Isso é dificílimo, professora.
— Muito bem, acertou!

4. Leia.

Penteados

Os penteados de homens, mulheres e crianças mudam com o tempo. Hoje em dia, muita gente gosta de ficar inventando e há penteados bem estranhos. Alguns são até engraçadíssimos. Pessoas muito famosas, que estão sempre aparecendo nos meios de comunicação, gostam de variar para chamar a atenção. Muitas crianças também gostam de variar. Na sua turma deve haver diferentes tipos de penteado, não é mesmo?

- No texto acima, há três adjetivos usados no grau superlativo. Você consegue identificá-los? Escreva-os aqui.

Aprendendo com o dicionário

Pé de uva.

Pé de morango.

Usamos a palavra **pé** para indicar cada unidade de uma planta. Essa palavra também indica a parte do nosso corpo que fica na extremidade da perna. Mas há um grande número de expressões populares com a palavra **pé**.

1. Leia as frases abaixo e relacione cada expressão destacada com seu significado.

   a) Quando a situação ficou ruim, achei melhor **dar no pé**.
   b) Neste trecho, acho que o rio **dá pé**.
   c) Os dois entraram no quarto **pé ante pé**.
   d) Meu amigo me contou uma história **sem pé nem cabeça**.
   e) Ele joga bem, mas não **chega aos pés** dos craques famosos.
   f) Ela vive **pegando no pé** do irmão e sempre acabam discutindo.
   g) Mamãe seguiu a receita do bolo ao **pé da letra**.

   ☐ Implicar com alguém.
   ☐ Na ponta dos pés.
   ☐ Exatamente como está escrito.
   ☐ Sem lógica.

   ☐ Ser muito inferior a alguém.
   ☐ Ser raso.
   ☐ Fugir.

2. Explique oralmente a brincadeira de linguagem que há na tira com a palavra **pé**.

ARMANDINHO — Alexandre Beck

— MINHA MÃE VIVE PEGANDO NO MEU PÉ!

— A MINHA MÃE SÓ PEGA ÀS VEZES...

— ...QUANDO QUER CORTAR MINHAS UNHAS!

3. Explique oralmente o significado das expressões destacadas abaixo.

a) Vá até a farmácia e compre esse remédio. **Mas vá num pé e volte no outro**!

b) O atacante **encheu o pé** e fez um lindo gol.

c) Um **pé de vento** derrubou o meu guarda-sol na praia.

Reforço ortográfico

OSO/OSA

delícia → delici**oso**

substantivo — adjetivo derivado de **delícia**

> Os adjetivos derivados terminados em **oso** ou **osa** são escritos com **s**.

O homem idoso e a mulher idosa fazem uma caminhada pelo parque, aproveitando o delicioso ar da manhã.

Veja outros exemplos.

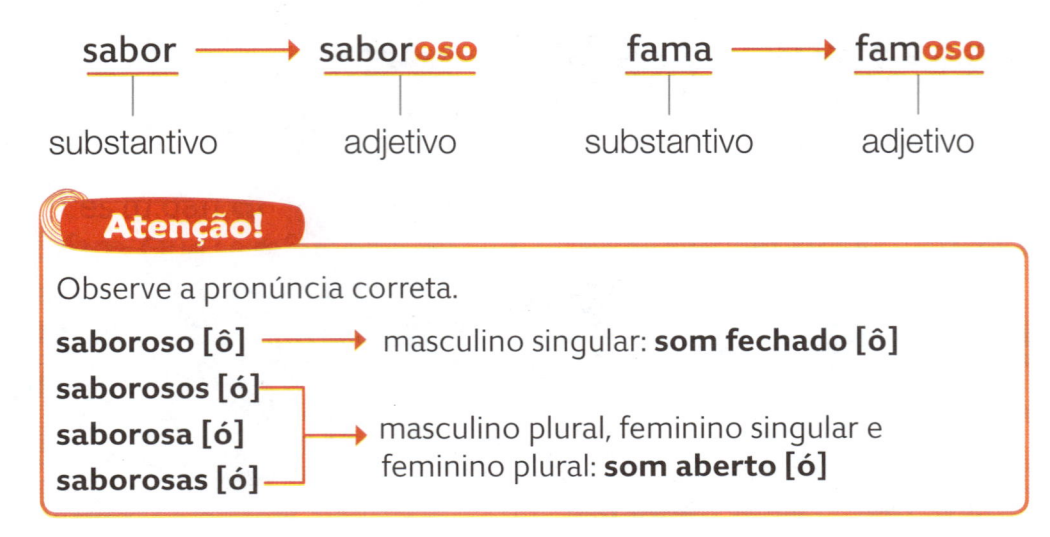

sabor → sabor**oso**   fama → fam**oso**

substantivo — adjetivo   substantivo — adjetivo

Atenção!

Observe a pronúncia correta.

saboroso [ô] → masculino singular: **som fechado [ô]**

saborosos [ó]
saborosa [ó] → masculino plural, feminino singular e
saborosas [ó]   feminino plural: **som aberto [ó]**

Atividades

1. Complete as frases com o adjetivo derivado das expressões destacadas. Depois, leia as frases em voz alta.

> **Minidicionário**
>
> No **Minidicionário**, você encontra a indicação da pronúncia correta das palavras terminadas em **oso**.

a) Mulheres **com coragem** são mulheres _____.

b) Homens **com poder** são homens _____.

c) Cantor **com fama** é cantor _____.

d) Pessoas **que fazem caridade** são pessoas _____.

e) Criança **com manha** é criança _____.

f) Pessoa **com medo** é pessoa _____.

2. A primeira sílaba de cada palavra está corretamente escrita, mas as outras sílabas estão com as letras fora de ordem. Reescreva-as corretamente.

va + soiol → _____

pre + ocois → _____

res + istopeo → _____

ca + onsihor → _____

pe + ogrios → _____

a + omosor → _____

Reforço ortográfico

▶ EZA

A beleza das pinturas de Van Gogh

O pintor holandês Van Gogh é um dos principais artistas da história. Em cores fortes e vibrantes, pintou belos quadros mostrando os campos banhados de sol, a variedade colorida das flores, as noites estreladas.

A noite estrelada, de Vincent van Gogh (1853-1890). Óleo sobre tela, 1889, 74 × 92 cm. Museu de Arte Moderna de Nova York.

belo ⟶ bel**eza**
adjetivo   substantivo

> Muitos substantivos derivados de adjetivos terminam em **eza**. Atenção na hora de escrever.

Atividades

1. Observe o quadro e escreva os adjetivos e substantivos que estão faltando. Já fizemos o primeiro para você.

Adjetivos	Substantivos
firme	firmeza
mole	
	delicadeza
puro	
	certeza
	magreza
limpo	

2. Ordene as letras e descubra dois substantivos terminados em **eza**.

a r u z e q i → ☐☐☐☐☐☐☐

a o z p b e r → ☐☐☐☐☐☐☐

a) Os substantivos que você formou são:

☐ sinônimos. ☐ antônimos.

b) Esses substantivos são:

☐ primitivos. ☐ derivados.

3. Corte as consoantes da palavra **raposa** e descubra um substantivo terminado em **eza**.

P S G R E N P T S R I L P E R S Z P A

a) Escreva o substantivo que você descobriu.

_____

b) Esse substantivo deriva de um adjetivo. Qual?

_____

c) Qual é o superlativo absoluto analítico desse adjetivo?

_____

d) Qual é o superlativo sintético desse adjetivo?

_____

251

18

Numeral

GATURRO — Nik

— QUE HORAS SÃO, GATURRO?
TIKI TIKI TIKI
— OITO...
— E MEIA

Dist. by Andrews McMeel Syndication

oito horas
numeral — substantivo

meia hora
numeral — substantivo

> **Numeral** é a palavra que usamos para indicar quantidade de seres ou a posição de um ser numa certa classificação.

Classificação dos numerais

Meu cachorrinho tem **dois** anos.

numeral **cardinal**

> O **numeral cardinal** indica quantidade.

Marina chegou em **primeiro** lugar.

numeral **ordinal**

> O **numeral ordinal** indica a ordem ou a posição que um elemento ocupa em uma sequência ou classificação.

Meu irmão tem cinco anos e eu tenho o **dobro** da idade dele.

numeral **multiplicativo**

> O **numeral multiplicativo** indica a multiplicação de uma quantidade de elementos, isto é, quantas vezes uma quantidade é maior que outra.

Alguém comeu a **metade** do bolo.

numeral **fracionário**

> O **numeral fracionário** indica a divisão de uma quantidade ou a parte de um todo.

Veja a seguir estes quadros de numerais para sua consulta.

Algarismos		Numerais	
romanos	arábicos	cardinais	ordinais
I	1	um	primeiro
II	2	dois	segundo
III	3	três	terceiro
IV	4	quatro	quarto
V	5	cinco	quinto
VI	6	seis	sexto
VII	7	sete	sétimo
VIII	8	oito	oitavo
IX	9	nove	nono
X	10	dez	décimo
XI	11	onze	décimo primeiro
XII	12	doze	décimo segundo
XIII	13	treze	décimo terceiro
XIV	14	quatorze ou catorze	décimo quarto
XV	15	quinze	décimo quinto

Algarismos		Numerais	
romanos	arábicos	cardinais	ordinais
XVI	16	dezesseis	décimo sexto
XVII	17	dezessete	décimo sétimo
XVIII	18	dezoito	décimo oitavo
XIX	19	dezenove	décimo nono
XX	20	vinte	vigésimo
XXI	21	vinte e um	vigésimo primeiro
XXX	30	trinta	trigésimo
XL	40	quarenta	quadragésimo
L	50	cinquenta	quinquagésimo
LX	60	sessenta	sexagésimo
LXX	70	setenta	septuagésimo ou setuagésimo
LXXX	80	oitenta	octogésimo
XC	90	noventa	nonagésimo
C	100	cem	centésimo
CI	101	cento e um	centésimo primeiro
CC	200	duzentos	ducentésimo
CCC	300	trezentos	trecentésimo
CD	400	quatrocentos	quadringentésimo
D	500	quinhentos	quingentésimo

Algarismos		Numerais	
romanos	arábicos	cardinais	ordinais
DC	600	seiscentos	seiscentésimo ou sexcentésimo
DCC	700	setecentos	septingentésimo ou setingentésimo
DCCC	800	oitocentos	octingentésimo
CM	900	novecentos	nongentésimo
M	1.000	mil	milésimo

Algarismos arábicos	Numerais	
	multiplicativos	fracionários
2	duplo, dobro, dúplice	meio, metade
3	triplo, tríplice	terço
4	quádruplo	quarto
5	quíntuplo	quinto
6	sêxtuplo	sexto
7	séptuplo ou sétuplo	sétimo
8	óctuplo	oitavo
9	nônuplo	nono
10	décuplo	décimo
11	undécuplo	onze avos
12	duodécuplo	doze avos
100	cêntuplo	centésimo

Atividades

1. Sublinhe os numerais presentes nas frases abaixo e classifique-os conforme o código.

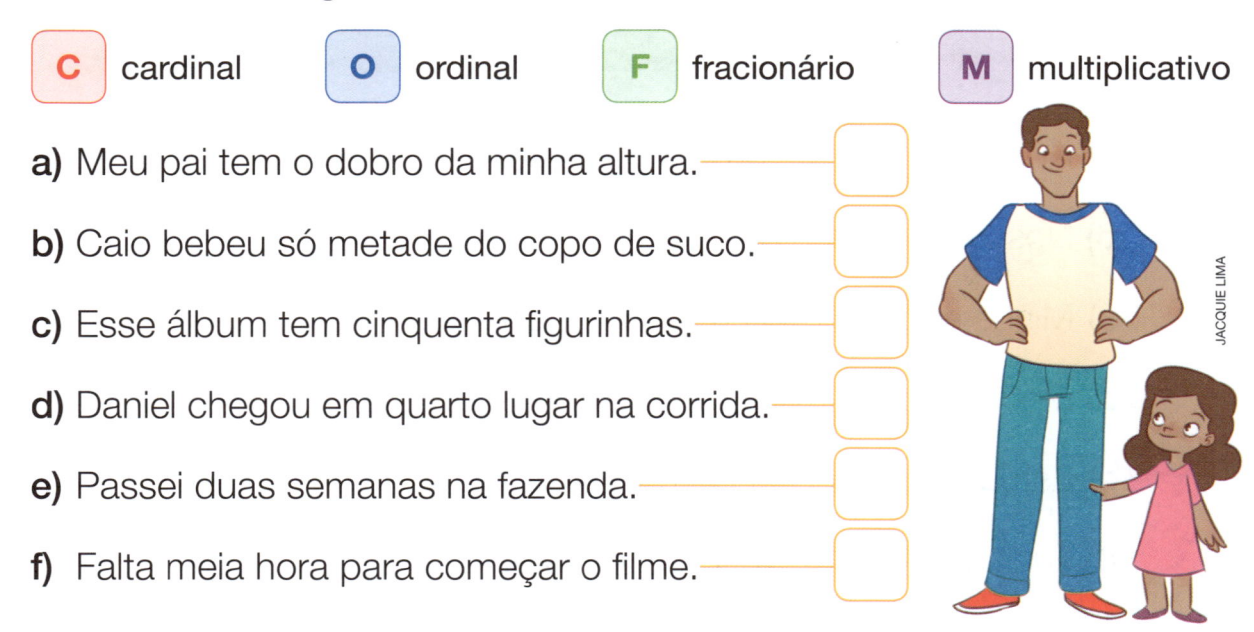

| **C** cardinal | **O** ordinal | **F** fracionário | **M** multiplicativo |

a) Meu pai tem o dobro da minha altura.

b) Caio bebeu só metade do copo de suco.

c) Esse álbum tem cinquenta figurinhas.

d) Daniel chegou em quarto lugar na corrida.

e) Passei duas semanas na fazenda.

f) Falta meia hora para começar o filme.

Os numerais ordinais concordam com o substantivo a que se referem em **gênero** (masculino e feminino) e **número** (singular e plural). Observe.

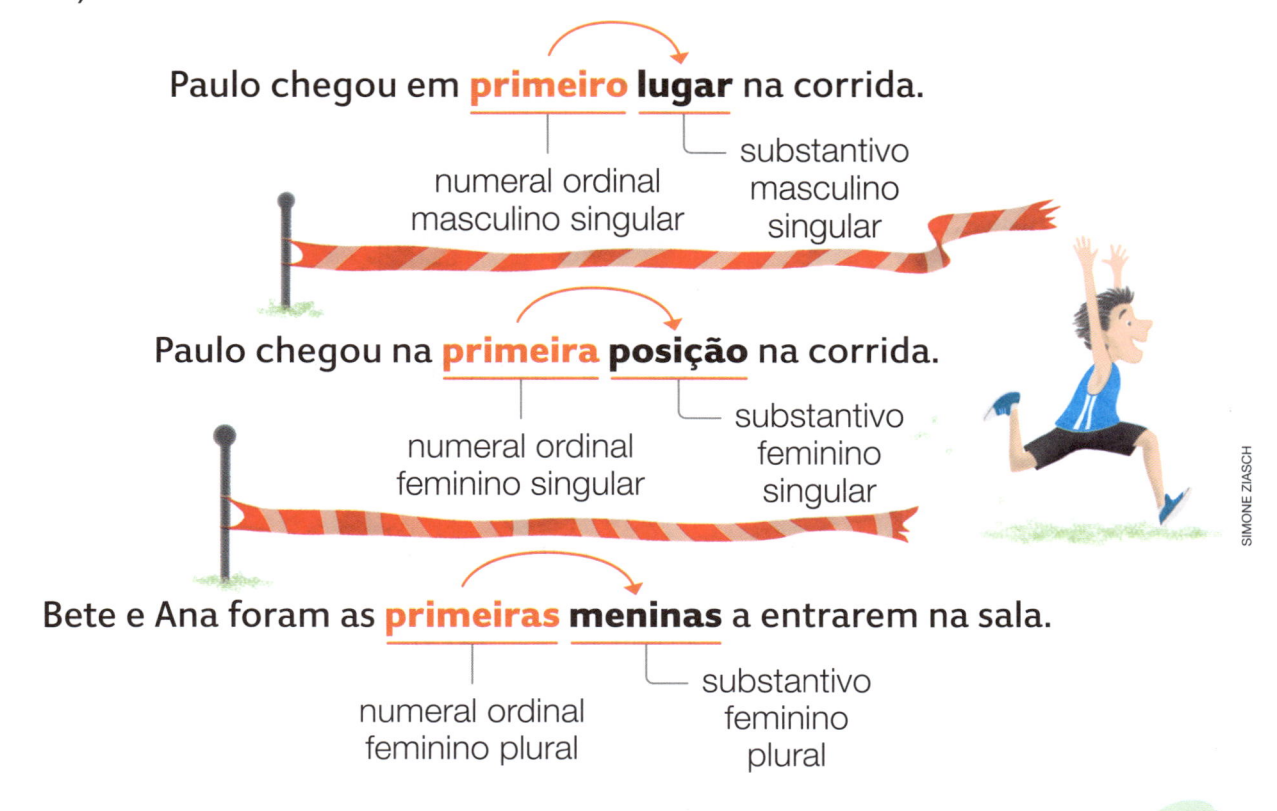

Paulo chegou em **primeiro lugar** na corrida.

numeral ordinal masculino singular — substantivo masculino singular

Paulo chegou na **primeira posição** na corrida.

numeral ordinal feminino singular — substantivo feminino singular

Bete e Ana foram as **primeiras meninas** a entrarem na sala.

numeral ordinal feminino plural — substantivo feminino plural

257

2. Nas frases abaixo, escreva, por extenso, os numerais ordinais representados por números. O primeiro está feito como exemplo.

a) Nossa cidade realizou sua **20ª** Festa da Uva. _____ vigésima _____

b) Nossa escola festejou seu **30º** aniversário. _____

c) Minha equipe ficou na **10ª** posição da tabela. _____

d) Meu avô comemorou seu **60º** aniversário. _____

e) Estou no **5º** ano e meu irmão está no **7º**. _____

f) Luciana foi a **8ª** colocada no teste. _____

3. Os cardinais **um** e **dois** concordam com a palavra a que se referem e, por isso, admitem a forma do feminino. Veja o exemplo.

> Pusemos na sala apenas **uma** mesa e **duas** cadeiras.

- Sublinhe os numerais cardinais das frases abaixo.

    a) Essa casa tem um banheiro, uma sala e dois quartos.

    b) Nosso colégio tem duas quadras de esportes.

    c) Tomei só um sorvete, não quis tomar mais.

    d) Há somente duas lojas e uma lanchonete nesse edifício.

Os algarismos romanos

Os **algarismos romanos** são geralmente usados para indicar séculos, capítulos ou partes de uma obra, nomes de reis etc.

Para não errar a leitura, observe o seguinte:
- **de 1 a 10**, lê-se como numeral ordinal.
- **de 11 em diante**, lê-se como numeral cardinal.

Veja os exemplos.

Dom João **VI** e seu filho Dom Pedro **I**, que foi o primeiro imperador do Brasil.
(leitura: Dom João sexto, Dom Pedro primeiro)

As viagens espaciais começaram no século **XX**.
(leitura: século vinte)

4. Substitua os algarismos romanos pelos numerais cardinais ou ordinais. Depois, leia em voz alta.

a) Rei D. Manuel **III** ⟶ Rei D. Manuel _____

b) Século **XXI** ⟶ Século _____

c) Capítulo **XII** ⟶ Capítulo _____

d) Rei Luís **XV** ⟶ Rei Luís _____

e) Século **IX** ⟶ século _____

5. Os amigos **Paulo**, **Marcos**, **Rui**, **Daniel**, **Pedro** e **João** apostaram uma corrida. Veja como foi o resultado.

- João chegou depois de Paulo e antes de Daniel.
- Daniel chegou depois de João e antes de Rui.
- Paulo chegou antes de João e depois de Marcos.
- Rui chegou depois de Daniel e antes de Pedro.

a) Descubra qual foi a classificação de cada atleta na corrida e escreva os nomes nos lugares certos.

b) Escreva na tabela a classificação de cada atleta usando numerais ordinais.

Atletas	Classificação
Daniel	
João	
Marcos	
Pedro	
Rui	
Paulo	

Aprendendo com o dicionário

A laranjeira deu muitos frutos, está carregadinha.

Na frase acima, usamos o verbo **dar** como sinônimo de **produzir**. Mas esse é apenas um dos vários sentidos que esse verbo pode ter. Veja no verbete alguns desses sentidos.

> **dar**
> v. **1.** Entregar. **2.** Produzir. **3.** Ser suficiente. **4.** Aplicar. **5.** Publicar. **6.** Resultar, ter como consequência. **7.** Desembocar. **8.** Soar, bater (horas). **9.** Ser possível.

1. Com base no verbete, indique o sentido que o verbo **dar** tem nas frases abaixo.

  a) Esse jornal deu a notícia da festa da escola.

  b) O enfermeiro deu uma injeção no paciente.

  c) Demos um presente à professora.

  d) Já deram dez horas no relógio da escola.

  e) Meu esforço não deu em nada.

  f) Essa rua vai dar diretamente na praça.

  g) Esse dinheiro dá para comprar o lanche.

  h) Acho que não vai dar para ir à festa.

  i) As árvores do pomar estão dando frutos.

2. Explique o sentido que o verbo **dar** tem nas frases a seguir.

  a) Nosso plano deu certo.

  b) Fabiana dá aulas de piano.

Reforço ortográfico

Escrita dos cardinais: uso do E

ARMANDINHO — Alexandre Beck

- UMA HORA? / SESSENTA MINUTOS!
- UM MINUTO? / SESSENTA SEGUNDOS!
- UM DIA? / VINTE E QUATRO HORAS!
- UMA SEMANA? / SETE DIAS!
- UM "JÁ VOU"? / BOM... AÍ DEPENDE...

Vinte **e** quatro horas!
uso do **e**

Observe o uso do **e** na escrita dos numerais cardinais.

245 → duzentos **e** quarenta **e** cinco

Usamos **e** entre a centena e a dezena e entre a dezena e a unidade.

3.250 → três mil duzentos **e** cinquenta

Não usamos **e** entre o milhar e a centena.

4.600 → quatro mil **e** seiscentos

4.080 → quatro mil **e** oitenta

Usamos **e** quando a centena terminar com dois zeros ou começar com zero.

Atividades

1. Escreva por extenso estes numerais cardinais.

   267 _____

   4.005 _____

   5.740 _____

2. Escreva por extenso o preço dos produtos que estão na vitrine.

   R$ 2.350,00   R$ 415,00   R$ 535,00

   _____
   _____
   _____

3. Escreva por extenso as datas de nascimento a seguir.

   a) Mateus nasceu no dia **25/10/2010**.

   _____
   _____

   b) Meu tio nasceu no dia **12/1/1990**.

   _____
   _____

   • Escreva agora a sua data de nascimento.

   _____

19

Pronomes pessoais

O Sol e o Vento

O Sol e o Vento viviam discutindo sobre qual deles era o mais forte. O Vento dizia que, com sua força, sempre conseguia o que queria. Certa vez, durante uma das discussões, viram um homem de casaco caminhando em uma estrada de terra. O Sol então propôs ao Vento:

— Está vendo aquele homem? Ganha aquele que conseguir fazê-lo tirar o casaco. Você pode começar.

O Sol se escondeu atrás de uma nuvem e o Vento foi se aproximando do homem, de leve. Aos poucos, foi ficando cada vez mais violento, levantando uma grande poeira. O homem começou a tremer e, à medida que o Vento ficava mais forte, mais ele apertava o casaco, se protegendo. O Vento ficou furioso, mas não conseguiu fazer o homem tirar o casaco.

— Agora é minha vez! — disse o Sol, saindo de trás da nuvem.

Primeiro, o Sol brilhou suavemente sobre o homem, que, sentindo calor, desabotoou o casaco. Depois, brilhou um pouco mais forte. Sentindo as costas quentes, o homem tirou o casaco e passou a levá-lo nas mãos. O Sol esquentou ainda mais, e o homem, então, procurou abrigo na sombra de uma árvore, tirou a camisa e sentou-se no chão.

O Vento enfim reconheceu que o Sol era mais forte. E, desse dia em diante, eles não discutiram mais.

Quem é paciente e gentil consegue mais coisas do que quem é bruto e violento.

Texto adaptado de fábula de Esopo.

E, desse dia em diante, **eles** não discutiram mais.

pronome pessoal do caso reto

Pronomes pessoais do caso reto

O **pronome** é a palavra que pode ser usada no lugar de um ou mais substantivos. Observe.

A **professora** abriu o livro. **Ela** vai ler uma fábula para os **alunos**. **Eles** estão prestando atenção.

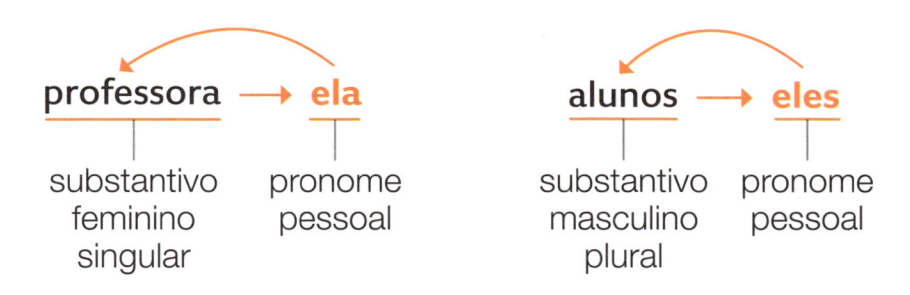

professora → ela
substantivo feminino singular — pronome pessoal

alunos → eles
substantivo masculino plural — pronome pessoal

No texto acima, a palavra **ela** substitui o substantivo **professora**, e a palavra **eles** substitui o substantivo **alunos**.

Ela e **eles** são **pronomes pessoais do caso reto**.

Os **pronomes pessoais do caso reto** são: eu, tu, ele, ela, nós, vós, eles, elas.

Atividades

1. Complete as frases com os pronomes **ele**, **ela**, **eles**, **elas**.

> **Atenção!**
>
> **ele** – masculino singular / **eles** – masculino plural
> **ela** – feminino singular / **elas** – feminino plural

a) As alunas saíram. _____ foram à lanchonete.

b) Esse gatinho não para quieto. _____ gosta de correr pela sala.

c) Pegue o dicionário. _____ está naquela estante.

d) Ri bastante com essa história. _____ é muito engraçada.

e) Os jogadores entraram na quadra. _____ estão com um novo uniforme.

2. Sublinhe em cada frase as palavras que os pronomes pessoais destacados substituem. Depois, faça uma seta ligando os pronomes às palavras que você sublinhou. Veja o exemplo.

Diga a **essas meninas** que **elas** devem ir à biblioteca.

a) Explique aos meninos dessa classe que **eles** precisam limpar a sala de artes.

b) Ana e sua mãe vão sempre ao parque, pois **elas** gostam de caminhar entre as árvores.

c) Abram o livro para ler uma história muito bonita. **Ela** está na página 40.

d) Beto e seu pai gostam de fazer caminhadas nesse parque, pois **ele** é grande e muito arborizado.

Pronomes pessoais do caso reto		
eu	1ª pessoa do singular Indica a pessoa que fala.	**Eu** sou brasileiro.
tu	2ª pessoa do singular Indica a pessoa com quem se fala.	**Tu** és brasileiro.
ele ela	3ª pessoa do singular Indica a pessoa de quem se fala.	**Ele** é brasileiro. **Ela** é brasileira.
nós	1ª pessoa do plural Indica as pessoas que falam.	**Nós** somos brasileiros.
vós	2ª pessoa do plural Indica as pessoas com quem se fala.	**Vós** sois brasileiros.
eles elas	3ª pessoa do plural Indica as pessoas de quem se fala.	**Eles** são brasileiros. **Elas** são brasileiras.

Atenção!

- O pronome **tu** é usado em poucas regiões do Brasil. É mais comum o uso do pronome de tratamento **você**: *Você é brasileiro.*
- O pronome **vós** não é mais usado na língua falada e só muito raramente é empregado na língua escrita. Em seu lugar, usamos o pronome de tratamento **vocês**: *Vocês são brasileiros.*

Pronomes pessoais do caso oblíquo

O potrinho está com sede. A mãe leva-o até o lago para beber água.

A mãe leva o **potrinho** até o lago. → A mãe leva-**o** até o lago.

substantivo masculino singular

pronome pessoal do caso oblíquo masculino singular

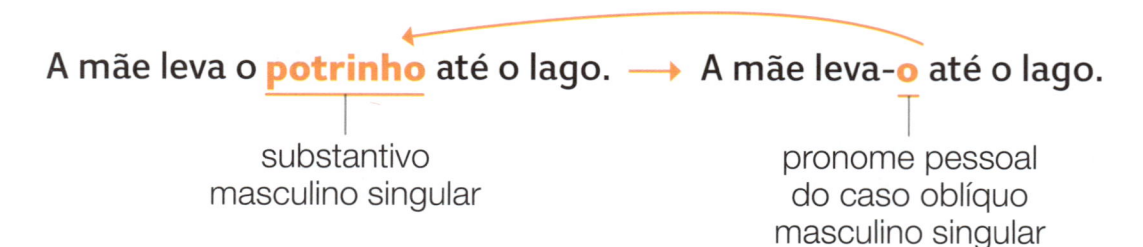

O exemplo mostra que a palavra **o** substitui o substantivo **potrinho**. Nesse caso, essa palavra é classificada como **pronome pessoal do caso oblíquo**.

Conforme a palavra que substitui, esse pronome pode variar em **gênero** e **número**. Observe.

Use a **caneta**, mas depois guarde-**a** no estojo.

substantivo feminino singular

pronome pessoal do caso oblíquo feminino singular

Pegue os **livros** e ponha-**os** na estante.

substantivo masculino plural

pronome pessoal do caso oblíquo masculino plural

Lave as **xícaras** e coloque-**as** no armário.

substantivo feminino plural

pronome pessoal do caso oblíquo feminino plural

> Alguns pronomes pessoais do caso oblíquo são: **o**, **a**, **os**, **as**.
> **o** → masculino singular / **a** → feminino singular
> **os** → masculino plural / **as** → feminino plural

Atividades

1. Escreva as frases substituindo as palavras destacadas pelos pronomes **o**, **a**, **os**, **as**. Veja o exemplo.

   Abra esses livros. → **Abra-os.**

   a) Faça **o trabalho**. → _____.

   b) Feche **essas janelas**. → _____.

   c) Termine **a lição**. → _____.

   d) Ajude **os seus colegas**. → _____.

   Em certos casos, podemos usar os pronomes **o**, **a**, **os**, **as** antes ou depois do verbo. Observe.

   Peguei **os livros** e entreguei-**os** à professora.

   Peguei **os livros** e **os** entreguei à professora.

   Atenção!

   Veja que, se o pronome for colocado depois do verbo, você deve usar hífen: **entreguei-os**.

2. Troque as palavras destacadas na frase abaixo pelo pronome **o** ou **a**. Use os pronomes **antes** e **depois** do verbo.

   A mãe abraçou **o filho**.

   a) Pronome antes do verbo.

   _____

   b) Pronome depois do verbo.

   _____

3. Escreva os substantivos que os pronomes coloridos estão substituindo no texto.

O pássaro cuida bem das penas. Ele as limpa, alisa, lava e depois as seca ao sol. Ele sabe que elas são muito importantes para a sua vida.

Ele ⟶ _____

as ⟶ _____

as ⟶ _____

Ele ⟶ _____

elas ⟶ _____

Os pronomes pessoais **o**, **a**, **os**, **as** se transformam em **lo**, **la**, **los**, **las** quando vêm depois do **infinitivo** de um verbo.

> **Lembre-se!**
>
> O que é o infinitivo?
>
> **Infinitivo** é o nome do verbo. Por exemplo: eu canto, ela canta, nós cantamos são formas do verbo **cantar**. Dizemos então que **cantar** é o infinitivo desse verbo.

Observe a transformação do verbo nas frases abaixo.

Vou apag**ar o desenho**. ⟶ Vou apag**á-lo**.
Vou apag**ar os desenhos**. ⟶ Vou apag**á-los**.

Observe que cai o **r** do infinitivo: **apagar** se transforma em **apagá**.

Vou vend**er a bicicleta**. ⟶ Vou vend**ê-la**.
Vou vest**ir o uniforme**. ⟶ Vou vest**i-lo**.

> **Atenção!**
>
> Se o verbo termina em **a**, leva acento agudo (apag**á-lo**). Se termina em **e**, leva acento circunflexo (vend**ê-la**). Se termina em **i**, não leva acento (vest**i-lo**).

4. Reescreva as frases substituindo as palavras destacadas por **lo**, **la**, **los** ou **las**.

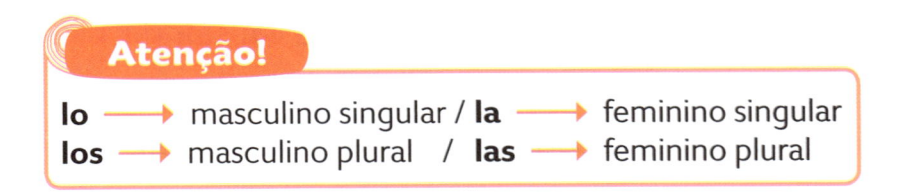

> **Atenção!**
>
> **lo** → masculino singular / **la** → feminino singular
> **los** → masculino plural / **las** → feminino plural

a) Luciana vai usar **esse vestido**.

_____

b) Juliano vai trocar **suas figurinhas**.

_____

c) Ana vai comprar **a blusa** e João vai experimentar **os óculos**.

_____

5. Escreva os substantivos que os pronomes estão substituindo neste texto.

O albatroz

O albatroz é uma ave. **Ele** tem as maiores asas do mundo e fica planando durante muito tempo, sem batê-**las**. E, quanto mais forte o vento, mais **ele** gosta, porque voa melhor. Às vezes, é preciso um binóculo para observá-**lo**, porque **ele** voa muito alto, a gente quase não **o** enxerga daqui de baixo.

Ele → _____   lo → _____

las → _____   ele → _____

ele → _____   o → _____

Observe a forma correta de usar alguns pronomes pessoais.

Ele vai jogar bola ~~com eu~~ ⟶ Ele vai jogar bola **comigo**.
Você vai sair ~~com nós~~. ⟶ Você vai sair **conosco**.

6. Faça as correções necessárias nas frases a seguir.

  a) Eu estava em casa e ele veio falar com eu.

  Eu estava em casa e ele veio falar _____.

  b) Você vai passear com nós ou com eles?

  Você vai passear _____ ou com eles?

  c) Na escola, ele sempre toma lanche com nós.

  Na escola, ele sempre toma lanche _____.

O pronome **lhe** é outro pronome pessoal do caso oblíquo. Ele pode ser usado antes ou depois do verbo. Observe.

Vou mostrar para o meu irmão as fotos da viagem.
Vou mostrar-lhe as fotos da viagem.
Vou lhe mostrar as fotos da viagem.

lhe = para o meu irmão

Esse pronome também varia no plural. Veja.

Vou contar para os meus amigos essa novidade.
Vou contar-lhes essa novidade.
Vou lhes contar essa novidade.

lhes = para os meus amigos

> **lhe** (singular) ⟶ **para ele, para ela** (ou **a ele, a ela**)
> **lhes** (plural) ⟶ **para eles, para elas** (ou **a eles, a elas**)

7. Com base nos exemplos acima, reescreva as frases, substituindo as palavras destacadas pelos pronomes **lhe** ou **lhes**.

> Escreva duas frases: uma com o pronome **antes** do verbo e outra com o pronome **depois** do verbo.

a) Quero mostrar **para os meus pais** esses livros.

_____

_____

b) Vou dizer **a Maria** toda a verdade.

_____

_____

Pronomes pessoais do caso oblíquo		
	Singular	Plural
1ª pessoa	me, mim, comigo	nos, conosco
2ª pessoa	te, ti, contigo	vos, convosco
3ª pessoa	se, si, consigo, o, a, lhe	se, si, consigo, os, as, lhes

Atenção!

Os pronomes **vos** e **convosco** não são mais usados na língua falada e só muito raramente são empregados na língua escrita.

Pronomes de tratamento

— VOCÊ TINHA CHINELOS DE MARCA, QUANDO ERA CRIANÇA!
— VOCÊ MESMO DISSE!

— NÃO FOI ISSO, FILHO...

— EU JÁ TIVE MARCAS DE CHINELO, QUANDO CRIANÇA...

Alexandre Beck. *Armandinho cinco*. Caxias do Sul: Belas Letras, 2018. p. 47.

você ⟶ pronome de tratamento

> **Pronome de tratamento** é a palavra ou expressão que usamos quando nos dirigimos a alguém.

Os **pronomes de tratamento** mais comuns são:

- **você, vocês** – usados com pessoas com quem temos amizade ou familiaridade.

    — Olá, amigo! **Você** quer ir comigo ao parque?

    — Olá, amigos! **Vocês** querem ir comigo ao parque?

- **senhor, senhora, dona** – usados com pessoas mais velhas ou como forma de respeito.

    — Vovô, aonde o **senhor** quer ir hoje?

    — Vovó, aonde a **senhora** quer ir hoje?

    — Olhe, **dona**, a sua carteira caiu no chão.

Há pronomes de tratamento que são usados apenas em situações especiais, como **Vossa Majestade**, **Vossa Alteza**, **Vossa Excelência** etc.

Vossa Alteza gostaria de dançar?   **Vossa Majestade** parece feliz!

Pronomes de tratamento		
Pronome	Abreviatura	Uso
você	v.	tratamento familiar
senhor/senhora	sr./sra.	tratamento respeitoso
Vossa Senhoria	V.S.ª	tratamento cerimonioso e linguagem comercial
Vossa Alteza	V.A.	príncipes, princesas
Vossa Excelência	V.Ex.ª	altas autoridades
Vossa Majestade	V.M.	reis, rainhas
Vossa Santidade	V.S.	papas

Atividades

1. Complete as frases escrevendo por extenso os pronomes de tratamento abreviados nos parênteses.

a) _____ João, por favor, pode entrar na sala. `Sr.`

b) _____ gosta de sambar? `V.M.`

c) _____ não está feliz hoje? `V.Ex.ª`

d) _____ quer experimentar este novo vestido? `V.A.`

2. Leia o texto a seguir.

Imitador

Um rapaz queria trabalhar no circo. Disseram-lhe para procurar o gerente, um tal de senhor Alfredo.

— Senhor Alfredo, eu gostaria de ser artista de circo.

— E o que você sabe fazer?

— Eu posso lhe mostrar várias coisas que sei fazer, mas a minha especialidade é imitar passarinhos. Eu sou o melhor imitador do mundo!

— Sinto avisá-lo, meu jovem, mas há muito imitador de passarinhos por aí... Ninguém mais acha isso interessante.

O rapaz fica chateado, se levanta, abre os braços e sai voando pela janela...

- Sublinhe de **azul** os pronomes de tratamento, de **vermelho** os pronomes pessoais do caso reto e de **verde** os pronomes pessoais do caso oblíquo.

Aprendendo com o dicionário

Vovô cria gansos no seu sítio.

Leia o verbete.

> **criar** cri.**ar**
> v. **1.** Produzir coisas novas. **2.** Educar.
> **3.** Causar. **4.** Fundar. **5.** Fazer com que cresçam e se reproduzam (animais). **6.** Adquirir.

1. Indique o sentido em que o verbo **criar** foi usado na frase acima.

2. Com base no verbete, indique o sentido do verbo **criar** nas frases a seguir.

   a) O cozinheiro criou uma *pizza* deliciosa só para nós.

   b) Esse educador criou várias escolas no seu país.

   c) Beatriz criou bem seus filhos.

   d) Ele criou coragem e enfrentou as dificuldades.

   e) Por que você cria problemas para seus amigos?

   f) Van Gogh criou lindas pinturas.

   g) Meu tio cria bois e vacas em sua fazenda.

3. Explique o sentido da expressão destacada na frase abaixo.

Ele vive **criando caso** com os colegas.

Reforço ortográfico

QUE, QUI, QUA / GUE, GUI, GUA

Nuvens brancas e escuras

Lá no alto do céu, as nuvens parecem brancas, quase como algodão. Mas não esqueça que elas são uma enorme quantidade de gotinhas de água ou pedacinhos de gelo aglomerados. A luz do Sol, quando penetra em uma nuvem, se reflete em todas essas gotas e pedacinhos de gelo e se espalha pela nuvem inteira, iluminando tudo de branco.

Mas, muitas vezes, antes de grandes tempestades, o céu fica escuro. Formam-se nuvens tão grandes e tão grossas que a luz do Sol não consegue atravessá-las. Por isso, elas ficam escuras.

Pierre Averous. *De olho no céu e na Terra*. São Paulo: Scipione, 1992. p. 16. Texto adaptado.

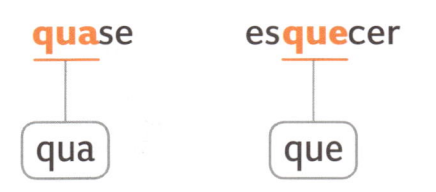

Céu claro.

Céu escuro.

quase — qua

es**que**cer — que

á**gua** — gua

conse**gui**r — gui

Reforço ortográfico

> Nos grupos **gue**, **gui**, **que**, **qui**, conforme a palavra, a letra **u** é pronunciada ou não. Mas ela deve ser sempre escrita.

Veja alguns exemplos de palavras em que o **u** não é pronunciado.

san**gue**   se**gui**nte   **que**nte   **qui**lo

Veja agora exemplos de palavras em que o **u** é pronunciado.

a**gue**ntar   lin**gui**ça   fre**que**ntar   tran**qui**lo

> Nos grupos **qua** e **gua**, o **u** é sempre pronunciado. Observe.
> **qua**se   á**gua**

Atenção!

Quando a letra **u** dos grupos **gua**, **gue**, **gui** e **qua**, **que**, **qui** deve ser pronunciada, os dicionários indicam tal pronúncia no verbete pelo símbolo [ü]. Veja um exemplo no verbete **tranquilo** do Minidicionário.

Atividades

1. Em cada grupo de palavras há uma que não tem a mesma pronúncia que as outras duas. Sublinhe-a.

   a) cinquenta   quebrado   aquecimento

   b) mangueira   foguete   aguentar

   c) guichê   guitarra   pinguim

2. Reescreva as frases conforme o exemplo.

Ele **jogou** futebol. Eu também **joguei**.

a) Ele **pegou** resfriado. Eu também _____.

b) Ele **aguentou** o calor. Eu também _____.

c) Ele **tocou** piano. Eu também _____.

d) Ele **pagou** o lanche. Eu também _____.

e) Ele **explicou** a lição. Eu também _____.

f) Ele **navegou** na internet. Eu também _____.

g) Ele **marcou** um gol. Eu também _____.

3. Ordene as letras e forme palavras começadas pela sílaba **es**.

es + o l u i q ⟶ _____

es + e o e l q t u ⟶ _____

es + s o u i t q i ⟶ _____

es + r a u a d q ⟶ _____

es + e i o q d u c ⟶ _____

- Colocando em ordem alfabética as palavras que você formou, qual seria a primeira? E a última?

_____

20

Pronomes possessivos

Planeta Terra: nossa nave espacial

Você acha que a Terra está parada? Nada disso! Ela está girando e se deslocando velozmente, como se fosse uma nave espacial viajando. Em um ano, a Terra dá uma volta completa ao redor do Sol. Sabe quantos quilômetros ela percorre nesse tempo? 940 milhões de quilômetros! E ela faz isso a 108 mil quilômetros por hora, o que equivale a 30 quilômetros por segundo. Já pensou? Enquanto você conta de 1 a 5, a Terra viaja 150 quilômetros no espaço.

Portanto, podemos dizer que a Terra é nossa nave espacial. A única que temos. O que aconteceria se, durante a viagem, a gente destruísse a própria nave? Não teríamos como sobreviver. Por isso, não há nada mais importante do que tomar cuidado com o meio ambiente, cuidar da natureza, não poluir o ar, os rios, os mares. Tudo o que acontece com o planeta se reflete na nossa vida. Destruir o planeta é destruir aquilo que nos faz viver.

JUERGEN FAELCHIE/SHUTTERSTOCK

VOLODYMYR GOINYK/SHUTTERSTOCK

Terra: nosso belo planeta azul.

> **Minidicionário**
>
> Leia o verbete **sobreviver**.

A terra é **nossa** nave espacial.
— pronome possessivo

> **Pronome possessivo** é a palavra que expressa ideia de posse, isto é, de que alguma coisa pertence a alguém.

Os pronomes possessivos concordam em **gênero** (masculino e feminino) e em **número** (singular e plural) com o substantivo a que se referem. Observe.

Esta é **minha escola**.
- pronome possessivo feminino singular
- substantivo feminino singular

Ana guardou os livros em **sua mochila**.
- pronome possessivo feminino singular
- substantivo feminino singular

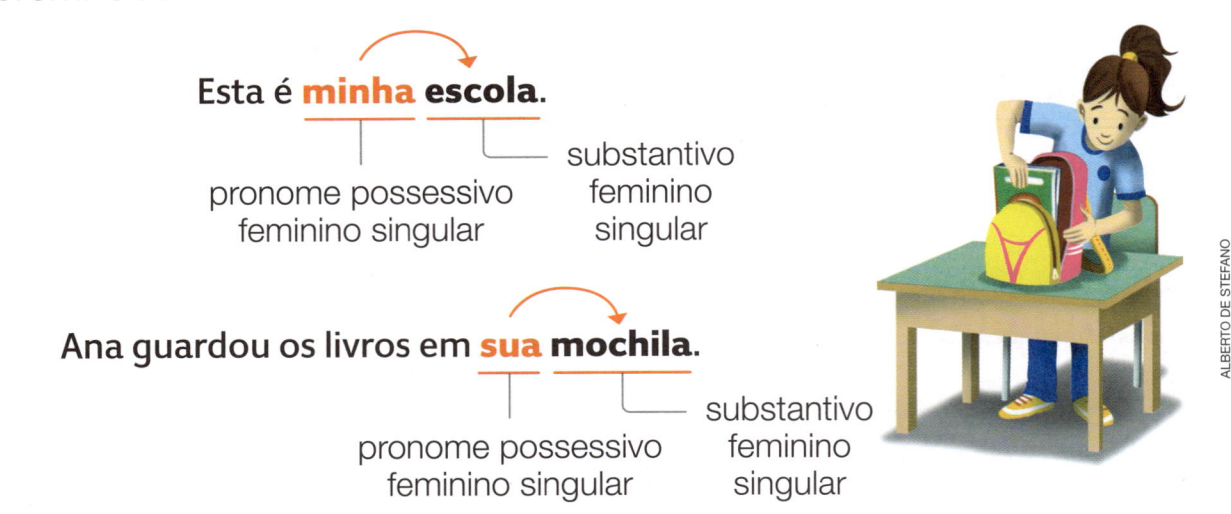

Os pronomes possessivos não se referem apenas a coisas. Também podem se referir ao que está dentro de uma pessoa, como sentimentos, emoções, qualidades etc. Muitas vezes, usamos ainda os possessivos para falar de pessoas ou animais. Observe estes exemplos.

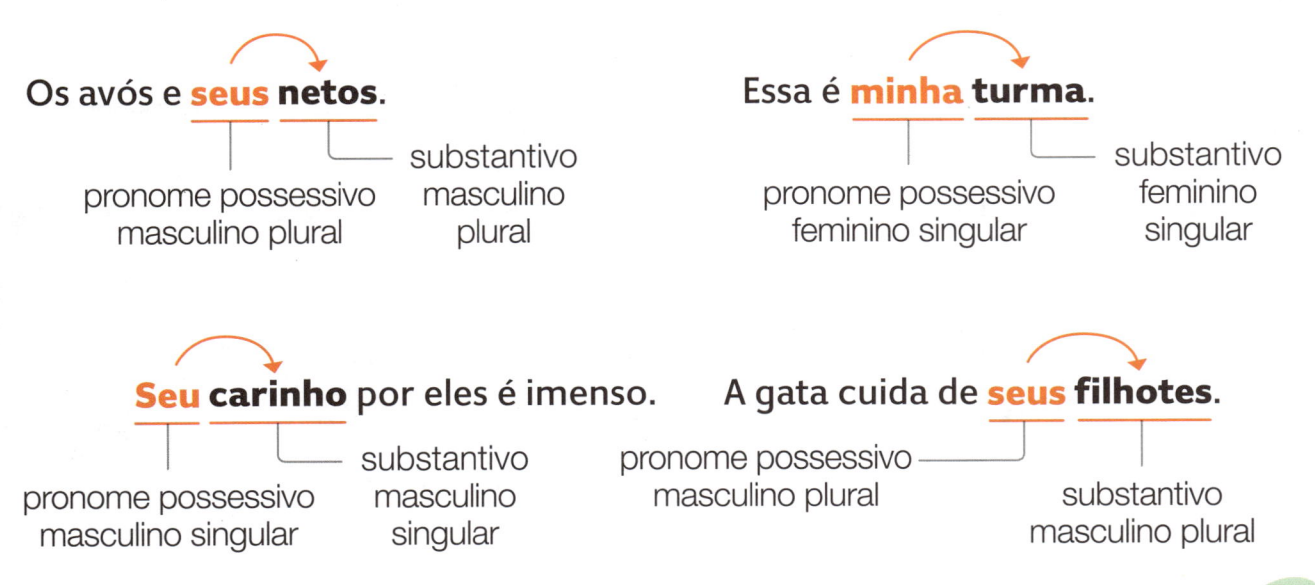

Os avós e **seus netos**.
- pronome possessivo masculino plural
- substantivo masculino plural

Essa é **minha turma**.
- pronome possessivo feminino singular
- substantivo feminino singular

Seu carinho por eles é imenso.
- pronome possessivo masculino singular
- substantivo masculino singular

A gata cuida de **seus filhotes**.
- pronome possessivo masculino plural
- substantivo masculino plural

Veja o quadro completo dos pronomes possessivos.

	Pronomes possessivos			
	Masculino		Feminino	
	Singular	Plural	Singular	Plural
1ª pessoa – eu	meu	meus	minha	minhas
2ª pessoa – tu	teu	teus	tua	tuas
3ª pessoa – ele/ela/você	seu	seus	sua	suas
1ª pessoa – nós	nosso	nossos	nossa	nossas
2ª pessoa – vós	vosso	vossos	vossa	vossas
3ª pessoa – eles/elas/vocês	seu	seus	sua	suas

Atividades

1. Complete as lacunas com pronomes possessivos, observando a concordância. Veja o exemplo.

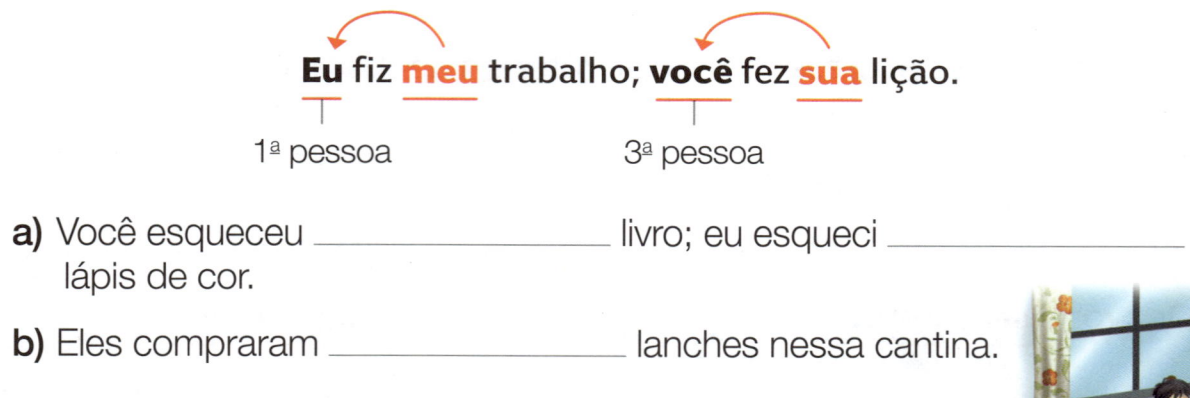

Eu fiz **meu** trabalho; **você** fez **sua** lição.

1ª pessoa — 3ª pessoa

a) Você esqueceu _____ livro; eu esqueci _____ lápis de cor.

b) Eles compraram _____ lanches nessa cantina.

c) Nós montamos _____ exposição no pátio da _____ escola.

d) Enquanto eu fazia _____ tarefa, ela escrevia no _____ diário.

e) Nós devemos cuidar do _____ planeta, _____ única casa.

2. Leia a tirinha.

> SUA TIA VAI DECORAR TODA A NOSSA CASA!
>
> "DECORAR TODA A NOSSA CASA"?... UAU!
>
> JÁ ACHO DIFÍCIL DECORAR A TABUADA DE DOIS...

Alexandre Beck. *Armandinho zero*. Florianópolis: A. C. Beck, 2013. p. 19.

a) Quais foram os pronomes possessivos usados na tira?

___

b) Escreva o gênero e o número desses pronomes possessivos.

___

c) Agora, mude o gênero e o número desses pronomes e escreva-os aqui.

___

As palavras **dele**, **dela**, **deles**, **delas** também são usadas para indicar posse. Veja o exemplo.

> Beto esqueceu os livros **dele** no armário.
> Essa frase equivale a: Beto esqueceu **seus** livros no armário.

Essas palavras são usadas principalmente quando queremos deixar claro o sentido de uma frase. Por exemplo:

Ana jogou videogame com Beto em sua casa.

O sentido dessa frase não é claro. Em que casa eles jogaram: na casa de Ana ou na de Beto? Compare agora com esta outra forma de escrever a frase:

Ana jogou videogame com Beto na casa dela.

Agora o sentido está claro: o jogo foi na casa de Ana. O uso da palavra **dela** eliminou a confusão.

3. Explique oralmente como a frase abaixo pode ser entendida de duas maneiras diferentes.

O diretor conversou com Mariana em sua casa.

4. Leia esta frase.

A mãe proibiu o filho de usar seu computador.

a) Essa frase pode ter dois sentidos. Quais? Explique oralmente.

b) Escreva a frase de duas outras maneiras, usando as palavras **dele** ou **dela** e deixando claro os dois sentidos que ela pode ter.

_____

_____

Pronomes demonstrativos

Sonhos

Sonho ver este rio poluído
transformado num rio de águas limpas
cheio de peixinhos coloridos...
Sonho ver esse céu cinzento,
cheio de fumaça suja,
transformado num céu sempre azul...

Sonho ver aquele bosque,
que hoje é um lugar devastado,
renascer com suas árvores,
com seu ar perfumado
e os pássaros cantando
quando chega o amanhecer!

Célia Siqueira.
Texto escrito especialmente para esta obra.

Minidicionário

Leia o verbete **devastado**.

este rio   **esse** céu   **aquele** bosque

pronomes demonstrativos

Para indicar aquilo que está perto ou longe de quem fala, nós usamos os **pronomes demonstrativos**.

Veja outros exemplos de frases com pronomes demonstrativos.

Esta mochila é minha.
pronome demonstrativo

Essa mochila é da Bete.
pronome demonstrativo

Aquela mochila é do Marcelo.
pronome demonstrativo

As palavras **esta**, **essa** e **aquela** são pronomes demonstrativos.

- **Esta** – indica que a mochila está perto da pessoa que fala.
- **Essa** – indica que a mochila está perto da pessoa com quem se fala.
- **Aquela** – indica que a mochila está longe das duas pessoas que estão conversando.

Concordância dos pronomes demonstrativos

Os **pronomes demonstrativos** concordam em **gênero** (masculino e feminino) e **número** (singular e plural) com as palavras a que se referem. Observe os exemplos.

este rio
masculino singular

essas flores
feminino plural

aquelas árvores
feminino plural

Pronomes demonstrativos

este, estes, esta, estas, isto	Indicam o que está perto da pessoa que fala.
esse, esses, essa, essas, isso	Indicam o que está perto da pessoa com quem se fala.
aquele, aqueles, aquela, aquelas, aquilo	Indicam o que está longe das pessoas que estão conversando.

Atividades

1. Complete os balões de fala com pronomes demonstrativos.

a) Quero _____ livro lá de cima.

b) Quero _____ lanche aqui.

c) _____ celular é meu!

Não, _____ celular é meu.

d)

De quem é _____ gatinho?

_____ gatinho é meu.

2. Complete as frases com pronomes demonstrativos.

a) Pegue _____ livro que está ao seu lado.

b) Professora, posso ver _____ revista que está lá na estante?

c) Vou chamar _____ meninos que estão brincando no pátio.

d) Pegue _____ mochila aqui e coloque-a no armário.

e) Tome, pegue _____ dinheiro e compre um lanche na cantina.

3. Leia o texto e sublinhe de **vermelho** os pronomes possessivos e de **azul** os pronomes demonstrativos.

Peixes que voam?

Na verdade, esses peixes que são chamados de "voadores" não voam como as aves, batendo suas asas para cima e para baixo. Para fugirem de seus inimigos, eles decolam batendo rapidamente a cauda e, em seguida, abrem suas compridas barbatanas (essas barbatanas parecem asas). Lançam-se por cima da água e ficam planando, em média, por uns cinquenta metros. Quando sua velocidade começa a diminuir, eles tocam novamente a água, agitam a cauda e tornam a decolar. Assim, esses peixes são capazes de dar vários saltos, cobrindo uma distância que pode chegar a uns quatrocentos metros.

Aprendendo com o dicionário

As Cataratas do Iguaçu são espetaculares. Elas formam um conjunto de 275 cachoeiras. Uma parte delas **fica** no Brasil, no estado do Paraná, e a outra parte **fica** na Argentina. Milhares de turistas visitam essa região todos os anos.

> **ficar** fi.**car**
> v. **1.** Permanecer em um lugar. **2.** Estar situado em um certo local. **3.** Pegar uma doença. **4.** Tornar-se, passar de um estado para outro. **5.** Prometer, combinar. **6.** Fazer companhia.

1. Em qual desses sentidos o verbo **ficar** foi usado no texto acima?

2. Indique o sentido do verbo **ficar** nas frases abaixo.

    a) Os alunos ficaram na biblioteca durante uma parte da manhã.

    b) Ele ficou envergonhado quando foi chamado ao palco.

    c) Ele ficou com sarampo e não foi à escola.

    d) A Floresta Amazônica fica na região Norte do Brasil.

    e) O pai ficou com o filho a tarde toda.

    f) Ele ficou de me visitar na semana que vem.

    g) Minha casa fica perto da escola.

    h) Ontem fiquei em casa o dia todo.

3. Explique oralmente o sentido das expressões destacadas.

    a) Essa blusa **ficou bem** em você.

    b) Ela brigou com o menino e **ficou de mal** com ele.

Reforço ortográfico

Uso de mini, anti, semi

Um minimorcego

Um dos menores mamíferos do mundo é um minimorcego da Tailândia chamado *kitti*. Ele pesa apenas dois gramas e mede geralmente três centímetros. Deve ser mais ou menos do tamanho de sua borracha ou até menor…

Morceguinho da Tailândia.

minimorcego ⟶ **mini** + **morcego**

Podemos formar novas palavras unindo duas outras.
É o que ocorre com **minimorcego**. **Mini** significa "pequeno". Então, **minimorcego** quer dizer "morcego pequeno".
Veja outro exemplo.

minibilhar ⟶ **mini** + **bilhar**

Reforço ortográfico

Veja outras palavras que podemos usar para formar novas palavras.

- **anti** – significa "contra". Exemplo:
  antiveneno – palavra que quer dizer "contra o veneno, que combate o veneno".

- **semi** – significa "metade, meio". Exemplo:
  semicírculo – palavra que quer dizer "meio círculo".

> **Atenção com a escrita!**
> Com **mini**, **anti** e **semi** só se usa o hífen se a palavra seguinte começar com **i** ou **h**. Nos outros casos, não se usa o hífen.

Veja estes exemplos.

Mini

mini-ipê   **mini**-hambúrguer   **mini**carro

Anti

anti-inflamatório   **anti**-higiênico   **anti**poluição

Semi

semi-internato   **semi**-humano   **semi**alfabetizado

Atividades

1. Forme palavras usando o hífen quando necessário.

   a) mini + piano ⟶ _____

   b) anti + aéreo ⟶ _____

   c) mini + livro ⟶ _____

   d) semi + inconsciente ⟶ _____

   e) anti + esportivo ⟶ _____

2. Quando a palavra que vem depois de **mini**, **anti** ou **semi** começa com a letra **r** ou **s**, devemos dobrar essas letras e não usar o hífen.

Exemplos:

> mini + **s**aia → mini**ss**aia
>
> anti + **s**ocial → anti**ss**ocial
>
> semi + **r**eta → semi**rr**eta

- Complete as frases com as palavras do quadro.

> minissérie   antirrugas   antirruído
> anticaspa   minipizza
> antipulgas   antiderrapante
> minissapo

a) Quem tem caspa deve usar um produto _____.

b) Meu cão tem pulgas; deve usar coleira _____.

c) Parede que não deixa passar ruído é parede _____.

d) Creme que elimina as rugas é um creme _____.

e) História contada em poucos episódios é uma _____.

f) Esse pneu evita derrapagem, é um pneu _____.

g) Esse sapo é minúsculo, é um _____.

h) Comi uma *pizza* bem pequena, uma _____.

Revisão

As questões de 1 a 4 referem-se ao texto abaixo.

Golfinhos salva-vidas

Os golfinhos nunca deixam companheiros feridos para trás. Quando um golfinho machucado corre o risco de morrer afogado por não poder subir à tona para respirar, dois outros se aproximam e **o** ajudam a subir. Graças a esse comportamento dos golfinhos, muita gente foi salva de afogamento por **eles**, pois, quando veem uma pessoa em perigo se debatendo, logo se aproximam para ajudá-**la** a chegar em segurança à praia. Houve até um caso de golfinhos que ficaram em volta de um nadador impedindo que um tubarão pudesse atacá-**lo**.

1. Indique a que substantivos se referem os pronomes pessoais destacados no texto.

o ⟶ _____   eles ⟶ _____

la ⟶ _____   lo ⟶ _____

2. Neste trecho: "Graças a esse comportamento dos golfinhos", há um pronome. Qual? Classifique-o.

3. Na primeira frase do texto foi usado um artigo definido. Qual? A que substantivo ele se refere?

_____

4. Na última frase do texto, o artigo indefinido foi usado três vezes. Copie-os aqui, com o substantivo a que cada um deles se refere.

_____

5. Faça o diminutivo destas palavras.

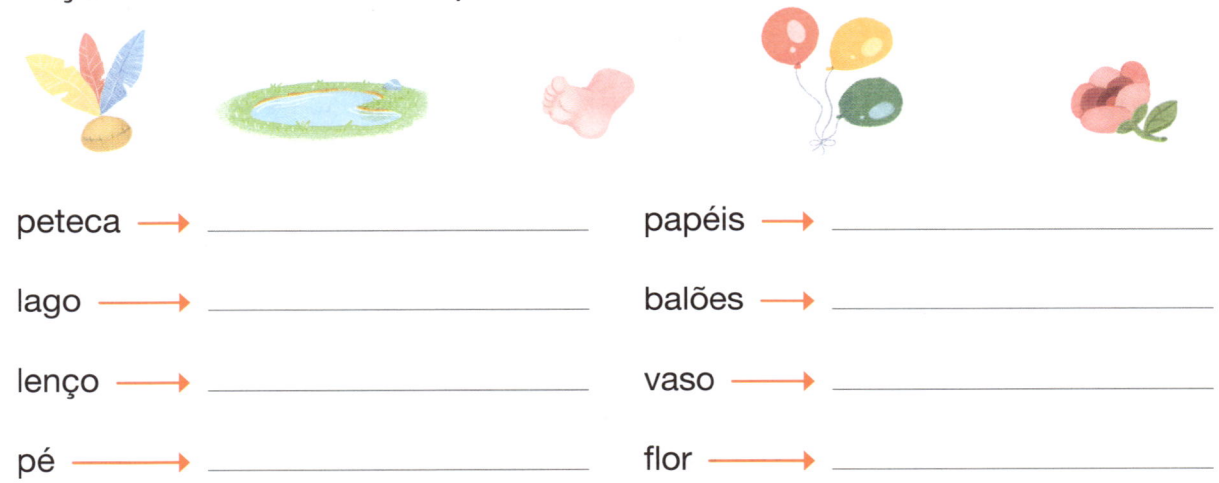

peteca ⟶ _____   papéis ⟶ _____

lago ⟶ _____   balões ⟶ _____

lenço ⟶ _____   vaso ⟶ _____

pé ⟶ _____   flor ⟶ _____

6. Escreva os adjetivos destacados no grau superlativo sintético conforme o exemplo.

homem calmo ⟶ calmíssimo

a) história **longa** ⟶ _____

b) trem **veloz** ⟶ _____

c) café **quente** ⟶ _____

d) animal **feroz** ⟶ _____

e) sala **enfeitada** ⟶ _____

f) filme **engraçado** ⟶ _____

Revisão

7. Construa uma frase com os grupos de palavras usando o adjetivo no grau indicado.

a) cão - leão - forte → grau comparativo de inferioridade

_____

b) tigre - raposa - grande → grau comparativo de superioridade

_____

c) Renata - Fabiana - elegante → grau comparativo de igualdade

_____

d) este livro - aquele - bom → grau comparativo de superioridade

_____

8. Escreva os adjetivos destacados na forma analítica do superlativo. Veja o exemplo.

prédio altíssimo → **muito alto**

a) problema **dificílimo** → _____

b) pessoa **felicíssima** → _____

c) homem **paupérrimo** → _____

d) professor **gentilíssimo** → _____

e) notícia **tristíssima** → _____

f) passeio **agradabilíssimo** → _____

9. Amplie as frases usando os numerais ordinais indicados nos quadrinhos. Veja o exemplo.

> Juliana cantou no festival.   3ª
>
> Juliana foi a terceira a cantar no festival.

a) Vitor saiu da sala.   1º

_____

b) Márcia acabou a prova.   5ª

_____

c) Nossa escola desfilou na avenida.   6ª

_____

10. Escreva por extenso os numerais cardinais que completam as frases.

a) O mês de dezembro tem _____ dias.

b) Uma dúzia e meia de rosas são _____ rosas.

c) Três dúzias de ovos são _____ ovos.

d) Um semestre tem _____ meses.

11. Escreva os adjetivos correspondentes às locuções adjetivas destacadas nas frases abaixo.

a) erro **de ortografia** ⟶ erro _____

b) competição **de esporte** ⟶ competição _____

c) noite **de tempestade** ⟶ noite _____

d) raça **de cão** ⟶ raça _____

295

Hora da história

O homem rico que não tinha nada

Era uma vez um homem que tinha passado toda a sua vida acumulando fortuna. Nunca ele gastou nenhum centavo além do necessário para se manter vivo. Foi uma existência muito sofrida, com muita pobreza.

Depois de muitos anos, ele pegou o tesouro que tinha conseguido juntar e o enterrou num terreno baldio, distante de tudo e de todos, e ainda colocou uma pedra em cima. E voltou à sua vida pobre, pensando em juntar mais dinheiro.

Mas o homem amava seu tesouro e não conseguia ficar muito tempo longe dele. Todo dia ele ia até o terreno para ficar próximo do seu grande amor e ficava horas andando ao redor da pedra.

Como só tinha olhos para o seu dinheiro, ele não percebeu que havia um homem que o observava escondido todas as vezes que ele ia até lá. E uma noite, depois que ele partiu, esse homem foi até o local e retirou a pedra para saber o que tinha embaixo. E encontrou o tesouro! Feliz da vida, pegou tudo e levou embora.

No dia seguinte, quando o homem chegou para mais uma vez ficar admirando seu tesouro, viu o buraco aberto e vazio. Desesperado, atirou-se ao chão aos berros, dando socos na terra e arrancando os cabelos.

Um vizinho que passava por perto viu aquela cena e se aproximou para ajudar.

— O que aconteceu? — perguntou ele.

— Fui roubado! Roubaram o meu tesouro! Tudo que acumulei a vida inteira!

— Mas o que seu tesouro estava fazendo aqui, nesse terreno baldio?

— Ele estava enterrado aqui, muito seguro! Achei que nunca ninguém o encontraria!

— Por que você não guardou em casa? Assim, poderia usar seu dinheiro quando fosse necessário!

— Usar? Nunca! Não gastaria um centavo! Jamais!

— Então, que diferença faz se ele está aqui ou nas mãos de outra pessoa? — disse o vizinho. De qualquer maneira, você nunca ia aproveitar esse dinheiro...

E foi embora, deixando para trás o homem que, mesmo tendo acumulado uma grande fortuna, viveu toda a sua vida como se não tivesse nada.

Renata Tufano. Adaptação da versão de Monteiro Lobato baseada na fábula original de Esopo. Texto escrito especialmente para esta obra.

Hora da história

Atividades

1. Numere as cenas de acordo com a sequência da história.

2. Para aquele homem, foi fácil ou difícil juntar muito dinheiro?

   _____

   _____

3. Depois de muitos anos, o que ele fez com o dinheiro que tinha conseguido acumular?

   _____

4. O que aconteceu com o dinheiro?

   _____

5. Como se sentiu o homem ao ver que tinha sido roubado?

_____

6. O dinheiro que esse homem guardava tinha alguma utilidade para ele? Por quê?

_____

7. Por que o vizinho lhe disse que não fazia diferença se o dinheiro estivesse com ele ou não?

_____

_____

8. Você concorda com o título da história? Por quê?

9. Que outro título você daria a essa história?

_____

10. Se você tivesse bastante dinheiro, o que faria com ele?

11. Se pudesse mandar uma mensagem a esse homem da história, o que você lhe diria? Junte-se aos seus colegas e escrevam essa mensagem no caderno.

Vamos ler mais?

O homem dessa história só pensava em guardar dinheiro. Vivia mal e não tinha nenhum amigo. Se tivesse, quem sabe ele poderia ouvir uns conselhos e mudar de vida, não é mesmo? Ter amigos é importante. Há um livro que conta a história de uma rosa sem cor que vivia sozinha, ninguém gostava dela. E ela queria tanto um amigo! O vento teve pena dela e resolveu ajudá-la. Será que ele conseguiria encontrar um amigo para a rosa solitária? Descubra o que aconteceu lendo *O segredo da amizade*, de Wagner Costa.

21

Verbo: conjugações e tempos

Amanhecer

Amanhece. O Sol desponta no horizonte e ilumina o mar, fazendo a água brilhar. As gaivotas começam a aparecer.

Chegam os primeiros surfistas. Eles correm em direção ao mar. Estão contentes, pois o dia promete ser bom para pegar ondas.

Aos poucos, a praia vai ficando cheia. Muita gente chega com esteiras, guarda-sóis, bicicletas e vão se espalhando pela areia. Mas é muito importante que adultos e crianças não se esqueçam de uma coisa: nada de deixar lixo jogado na areia. A praia é de todos e, portanto, todos têm a obrigação de mantê-la limpa.

Amanhece
verbo **amanhecer** (indica **fenômeno da natureza**)

Os surfistas **correm** em direção ao mar.
verbo **correr** (indica **ação**)

Eles **estão** contentes.
verbo **estar** (indica **estado**)

> **Verbo** é a palavra que pode indicar um fenômeno da natureza, uma ação ou um estado.

O verbo muda de forma para indicar, por exemplo, aquele que pratica a ação e o tempo em que a ação ocorre. Observe estas frases com algumas formas do verbo **correr**.

Mateus corre no pátio.

- Mateus — aquele que pratica a ação de correr
- corre — ação que ocorre no tempo presente

Os gatinhos correram pelo quintal.

- Os gatinhos — aqueles que praticaram a ação de correr
- correram — ação que ocorreu no tempo passado

Correr é a forma que chamamos de **infinitivo**, que é uma espécie de nome do verbo. Por isso, dizemos que **corre** e **correram** são formas conjugadas do verbo **correr**.

Para localizar um verbo no dicionário, procure sempre pela forma do infinitivo.

As três conjugações

Os verbos são divididos em três conjugações, conforme a terminação do infinitivo.

- 1ª conjugação – formada pelos verbos terminados em **ar**.
  Exemplos: jog**ar**, trein**ar**, brinc**ar**.
- 2ª conjugação – formada pelos verbos terminados em **er**.
  Exemplos: acend**er**, receb**er**, faz**er**.
- 3ª conjugação – formada pelos verbos terminados em **ir**.
  Exemplos: part**ir**, divid**ir**, ped**ir**.

Atenção!

O verbo **pôr** e seus derivados, como **compor**, **repor**, **dispor** etc., são considerados verbos da 2ª conjugação porque antigamente o infinitivo do verbo **pôr** era **poer**.

Atividades

1. Vamos brincar com as sílabas! Tire a primeira sílaba dos verbos abaixo e forme novos verbos.

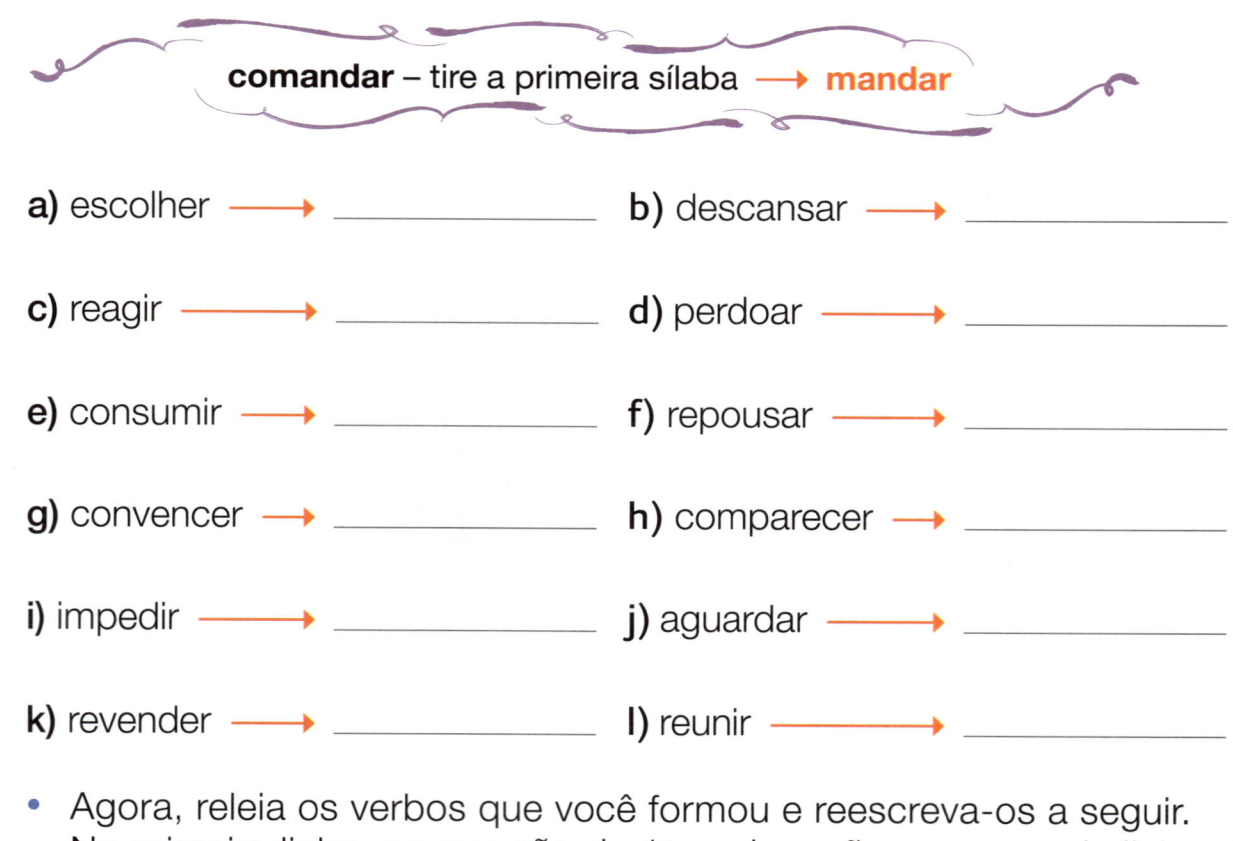

comandar – tire a primeira sílaba → **mandar**

a) escolher → _____
b) descansar → _____
c) reagir → _____
d) perdoar → _____
e) consumir → _____
f) repousar → _____
g) convencer → _____
h) comparecer → _____
i) impedir → _____
j) aguardar → _____
k) revender → _____
l) reunir → _____

- Agora, releia os verbos que você formou e reescreva-os a seguir. Na primeira linha, os que são da 1ª conjugação; na segunda linha, os que são da 2ª conjugação; na terceira linha, os que são da 3ª conjugação.

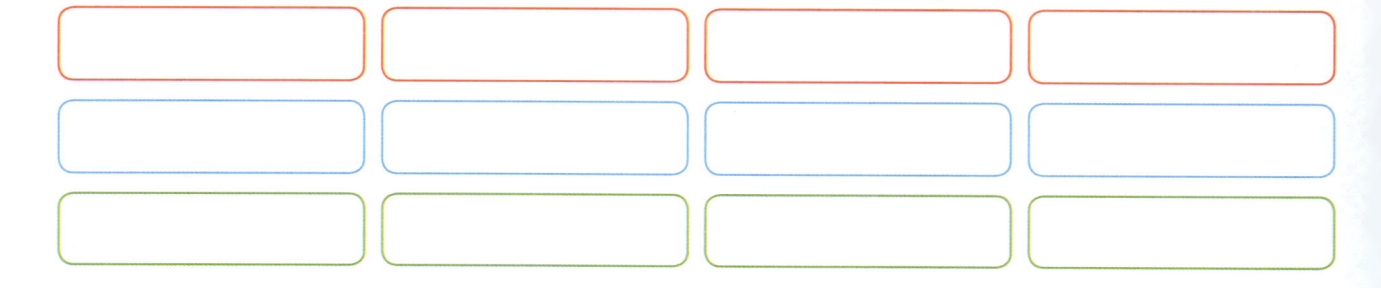

2. Escreva o infinitivo dos verbos das frases e a conjugação a que pertencem. Veja o exemplo.

Fabiana **tocou** piano → **tocar** – 1ª conjugação

a) O trem partiu. → _____

b) Os alunos comem o lanche. → _____

c) Ela fechou a gaveta. → _____

d) O professor abriu a porta. → _____

e) Soraia copiou a lição. → _____

f) Caio vendeu a bicicleta. → _____

3. Nas frases abaixo, sublinhe os verbos e indique a ideia que eles expressam.

| 1 | ação | 2 | estado | 3 | fenômeno da natureza |

a) Anoitece mais cedo no inverno. ☐

b) Pedro parece feliz. ☐

c) Nós jogamos futebol. ☐

d) Ela ficou elegante com essa roupa. ☐

e) Choveu muito ontem à noite. ☐

f) Saímos mais cedo da escola. ☐

Conjugar um verbo

Conjugar é dizer como é um verbo em todas as suas formas. Observe o verbo **cantar** conjugado no presente.

1ª pessoa do singular	eu **canto**
2ª pessoa do singular	tu **cantas**
3ª pessoa do singular	ele/ela/você **canta**
1ª pessoa do plural	nós **cantamos**
2ª pessoa do plural	vós **cantais**
3ª pessoa do plural	eles/elas/vocês **cantam**

Atenção!
A forma da 2ª pessoa do plural (vós cantais) não é mais usada na língua falada e, mesmo na escrita, é raramente empregada.

Se você precisar, veja modelos de conjugações na página 382.

Atividades

1. Complete as lacunas do texto conjugando os verbos do quadro no **presente**.

> tomar   pegar   estudar   demorar   dormir   jantar   deitar
> almoçar   anoitecer   brincar   perceber   descansar

Parece que o dia _____ para passar. Durante o dia,

você _____ o café da manhã e _____.

_____ os livros e _____, depois

_____ com seus amigos. Mais tarde,

quando _____, você _____,

_____ e _____. A noite é tão

longa quanto o dia. Mas você não _____ porque

_____ durante todo esse tempo.

2. Complete as frases usando no tempo **presente** os verbos indicados nos quadrinhos.

a) Essas crianças _____ na escola do bairro. `estudar`

b) Marisa _____ cedo. `dormir`

c) A professora _____ a porta e as janelas. `abrir`

d) Ele _____ flores à namorada. `oferecer`

e) Meus pais _____ ao meio-dia. `almoçar`

f) Nosso time _____ às quartas-feiras. `treinar`

- Passe os verbos acima para o tempo **passado**.

a) _____   b) _____

c) _____   d) _____

e) _____   f) _____

3. Os verbos que indicam fenômenos da natureza, como **ventar**, **trovejar**, **chover**, **relampejar**, **amanhecer**, **anoitecer**, **garoar**, **chuviscar** etc., são conjugados apenas na 3ª pessoa do singular. Na tira abaixo, foi usado um verbo desse tipo.

GARFIELD Jim Davis

VÁ VER COMO ESTÁ O TEMPO, GARFIELD.

NEVOU ONTEM À NOITE?

NEVOU.

- Qual verbo foi usado na tirinha? Escreva o infinitivo desse verbo.

_____

305

4. Alguns verbos indicam vozes de animais. Observe.

abelha	zumbir		**gato**	miar
bezerro	berrar		**leão**	rugir, urrar
canário	trinar		**lobo**	uivar
cão	latir, ladrar		**pato**	grasnar
cavalo	relinchar		**pombo**	arrulhar
cigarra	chiar		**sapo, rã**	coaxar
galinha	cacarejar		**vaca**	mugir

Os verbos que indicam vozes de animais são usados apenas na 3ª pessoa do singular e do plural.

- Complete as frases com os verbos que indicam vozes dos animais no tempo **presente**.

   a) Os cães _____ nos quintais.

   b) O cavalo e a égua _____ no pasto.

   c) Os patos _____ na lagoa.

   d) O pombo _____ em cima da árvore.

   e) O leão _____ na floresta.

   f) O sapo _____ no brejo.

   g) Quando anoitece, as cigarras _____.

   h) As abelhas _____ pelo jardim.

Aprendendo com o dicionário

O foguete partiu em direção à Lua.

1. Leia o verbete a seguir e indique em qual sentido o verbo **partir** foi usado na legenda acima.

> **partir** par.**tir**
> v. **1.** Dividir em partes. **2.** Quebrar. **3.** Ter início. **4.** Sair de algum lugar, ir embora. **5.** Começar uma viagem. **6.** Começar a se deslocar quando é dado um sinal.

---

2. Com base no verbete, indique o sentido que o verbo **partir** tem nestas frases.

a) Meu tio partiu ontem da cidade e só voltará amanhã cedo.

b) Ana partiu o bolo em vários pedaços.

c) Essa rua parte da praça e vai até o outro lado da cidade.

d) O vento forte partiu o vidro da janela.

e) Os corredores partiram quando ouviram o sinal de largada.

f) O navio partiu do Brasil levando centenas de turistas.

g) Eles só partiram da festa quando estava amanhecendo.

h) O avião para a Europa partirá amanhã, ao meio-dia.

Reforço ortográfico

RAM, RÃO

Milhões de anos atrás, muitos animais gigantescos andaram pelo nosso planeta. Viviam na água e na terra. Alguns voavam. Os cientistas dizem que esses animais desapareceram por causa de uma explosão causada pela queda de um grande meteoro. Essa explosão provocou uma repentina mudança no clima e quase todos esses animais morreram em pouco tempo. Os cientistas já encontraram muitos fósseis de animais enormes e, com certeza, no futuro encontrarão ainda mais, porque as pesquisas continuam.

Os cientistas **encontraram** fósseis de animais.
— passado

No futuro, **encontrarão** ainda mais.
— futuro

Minidicionário
Leia o verbete **meteoro**.

> No passado, a forma do verbo na 3ª pessoa do plural é paroxítona e termina em **ram**.
> No futuro, a forma do verbo na 3ª pessoa do plural é oxítona e termina em **rão**.

Leia estas frases em voz alta e perceba a diferença entre passado e futuro.

Passado	Futuro
Os animais vive**ram**.	Os animais vive**rão**.
Os cientistas estuda**ram**.	Os cientistas estuda**rão**.
Os pesquisadores descobri**ram**.	Os pesquisadores descobri**rão**.

Atividades

> Atenção na escrita dos verbos que terminam em **am**. Por exemplo:
> **Viviam** na água e na terra. Alguns **voavam**.

1. Use os verbos indicados no **passado** ou no **futuro** e complete as frases.

   a) Ontem, eles _____ muito na festa. — brincar

   b) Na semana que vem, os pais _____ de uma reunião na escola. — participar

   c) As aulas já _____? Ainda não, _____ daqui a dez minutos. — acabar

   d) Quando a festa terminar, todos _____ a sala e _____ as cadeiras. — limpar / arrumar

   e) No mês passado, os alunos desta escola _____ o museu; na semana que vem, _____ o jardim botânico. — visitar

2. Complete as lacunas do texto usando os verbos do quadro no **presente**.

   | viver | alimentar | caminhar | passar | mandar | saltar |

   ### Um bicho saltador e comilão

   Os cangurus não _____, mas _____. Eles _____ em pequenos grupos onde quem _____ é o macho mais velho. Os cangurus se _____ de ervas e raízes e _____ cerca de oito horas por dia comendo!

22

Modos do verbo

Modo imperativo

Você já estudou os tipos de frase e aprendeu que existe a frase imperativa, aquela que expressa uma ordem ou um pedido.

No cartaz acima, vemos duas frases imperativas.

Não suje sua escola.   **Jogue** o lixo no lixo.

verbos no modo imperativo

Nesses casos, dizemos que o verbo está sendo usado no modo imperativo.

> O **imperativo** é um modo verbal que expressa ordem ou pedido.

Atividades

1. Leia as mensagens abaixo e circule os verbos que estão no modo imperativo.

Feche bem a torneira.
Não desperdice água.

Quando sair da sala, apague a luz.

Espere o sinal e atravesse na faixa de pedestres.

Cuide bem do seu animal de estimação.

Lave bem as mãos antes das refeições.

Não pise nas plantas. Proteja a natureza.

- Escreva o infinitivo dos verbos que você circulou.

_____

2. Leia a tirinha.

Armandinho   Alexandre Beck

— LEVANTA OS BRAÇOS, FILHO!

— AGORA ABAIXA!

— DÁ UM SORRISO!
— CLIC!

— PRONTO! A FOTO FICOU LINDA!

a) Escreva os verbos dessa tira no infinitivo.

_____

b) Sublinhe na tirinha os verbos que estão no imperativo.

c) A que conjugação pertencem esses verbos? _____

3. Faça um cartaz sobre a importância da preservação da natureza. Ilustre-o com fotos ou faça você mesmo um desenho.

> **Atenção!**
> Use no cartaz pelo menos um verbo no modo imperativo.

Modo indicativo

Gatinho sapeca

Gatinho sapeca
Comeu, dormiu,
Descansou bastante
E acordou animado.
Não para um minuto!
E salta e pula
como se fosse
uma pererreca!

Ah! gatinho sapeca!
Corre pra cá,
Corre pra lá,
Depois se cansa outra vez
E vai dormir no sofá.
Mas logo, logo acordará
E a bagunça recomeçará...

Nos versos desse poema, temos verbos que indicam o que o gatinho fez no passado, o que ele faz no presente e o que vai fazer no futuro. Nesse caso, dizemos que os verbos estão no **modo indicativo**. Observe.

comeu
dormiu
descansou
passado

corre
salta
pula
presente

acordará
recomeçará
futuro

> O **modo indicativo** é usado para expressar fatos que estão ocorrendo, que ocorreram no passado ou que vão ocorrer no futuro.

Atividades

1. Assinale o modo em que estão os verbos das frases abaixo.

	Indicativo	Imperativo
Os alunos entram na escola.		
Crianças, guardem o material!		
Amanhã, brincaremos no parque.		
Luciana, venha cá!		
Não deixem as janelas abertas!		
Já acabei o exercício.		

2. Todos os verbos das frases abaixo estão no modo indicativo. Indique o tempo de cada um de acordo com o código.

    1 presente   **2** passado   **3** futuro

a) Guardei ☐ os brinquedos que ganhei ☐ de presente.

b) A professora explica ☐ a lição aos alunos que chegaram ☐ atrasados.

c) Ela já separou ☐ o material que levará ☐ amanhã à escola.

d) Eles estão ☐ cansados após dois jogos e jogarão ☐ uma nova partida amanhã.

Modo subjuntivo

Animal de estimação

A maioria das pessoas tem um animal de estimação. Algumas preferem um cachorro, outras querem ter um gatinho. Mas há quem tenha outros animais, como papagaio, tartaruga, coelho, cacatua, porquinho-da-índia, iguana e até cobra. Você também tem um animal de estimação? Cuide bem dele e o proteja sempre.

Espero que você **trate** bem seu bichinho de estimação. Ele depende de você para ser feliz.

Observe que, no texto, o verbo **tratar** foi usado para expressar o desejo de que alguma coisa aconteça. Nesse caso, dizemos que o verbo está no **modo subjuntivo**.

Compare estas frases e perceba a diferença de sentido que há entre elas.

Você trata bem seu animal.

Indica um fato que está acontecendo; por isso, o verbo está no modo **indicativo**.

Espero que você trate bem seu animal.

Indica um fato que não está acontecendo, mas espera-se que ainda aconteça; por isso, o verbo está no modo **subjuntivo**.

> O **modo subjuntivo** é usado para expressar o desejo ou a possibilidade de que alguma coisa aconteça.

Veja a conjugação do modo subjuntivo.

Presente do subjuntivo

Verbo falar	Verbo comer	Verbo partir
que eu fale	que eu coma	que eu parta
que tu fales	que tu comas	que tu partas
que ele/ela/você fale	que ele/ela/você coma	que ele/ela/você parta
que nós falemos	que nós comamos	que nós partamos
que vós faleis	que vós comais	que vós partais
que eles/elas/vocês falem	que eles/elas/vocês comam	que eles/elas/vocês partam

Atenção!

A 2ª pessoa do plural (**vós**) não é mais usada na língua falada e, mesmo na escrita, é raramente empregada.

Atividades

1. Vamos treinar o uso do subjuntivo para expressar a ideia de possibilidade. Responda às perguntas conforme o exemplo.

— Marcos vai **vender** a bicicleta? → — Pode ser que ele **venda**.

modo subjuntivo

a) — O professor vai passar o filme hoje?

— Pode ser que ele _____.

b) — Marcela vai comprar aquele livro?

— Pode ser que ela _____.

c) — Essa banda vai tocar na festa?

— Pode ser que ela _____.

d) — Ana e Beatriz vão mudar de escola?

— Pode ser que elas _____.

2. Complete as frases usando os verbos indicados no presente do subjuntivo.

a) Não quero que vocês _____ a sala. `desarrumar`

b) Espero que ela _____ conta do irmãozinho. `tomar`

c) Não quero que você _____ triste. `ficar`

d) Tomara que essa chuva _____ logo. `parar`

e) Quero que vocês _____ a *pizza* em cinco pedaços. `cortar`

Aprendendo com o dicionário

O tatu que vira bola

O tatu-bola é a menor espécie de tatu do Brasil. Recebeu esse nome por sua capacidade de fechar-se em forma de bola quando se sente ameaçado.

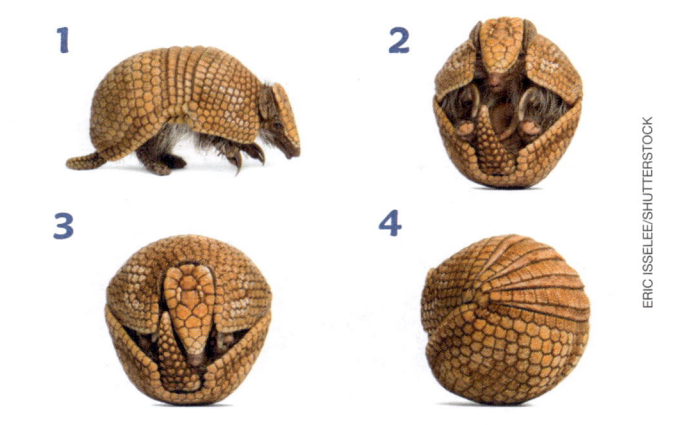

No texto acima, a palavra **bola** foi usada no sentido comum de algo que tem a forma redonda. Mas há muitas expressões em que essa palavra tem diferentes significados.

1. Leia as frases abaixo e relacione cada expressão com seu significado.

    a) Ele não costuma **dar bola** para essas fofocas.

    b) Meu irmão é **bom de bola**, logo vai ser profissional.

    c) Gosto de **bater bola** com meus colegas.

    d) Esse artista **está com a bola toda**: ganhou vários prêmios este ano.

    e) Aquele homem fala umas coisas estranhas, não parece **bom da bola**.

    ( ) estar em destaque, com muita fama

    ( ) saber jogar muito bem, especialmente futebol

    ( ) ser bom da cabeça, ser ajuizado

    ( ) dar importância

    ( ) jogar bola

2. Explique oralmente o sentido da expressão destacada na frase a seguir.

    Esse garoto **pisou na bola** comigo; agora não confio mais nele.

Reforço ortográfico

▸ ECER

Anoitece. O Sol vai desaparecendo no horizonte. O brilho da Lua é cada vez mais forte. As primeiras estrelas aparecem e começam a iluminar o céu escuro.

anoit**ecer**
|
ecer

> **Anoitecer** é um verbo formado com base na palavra **noite**.

Observe como ele se formou.

> noite ⟶ a + noit(e) + ecer = anoitecer

Veja esta outra maneira de formar verbos terminados em **ecer**.

> tarde ⟶ en + tard(e) + ecer = entardecer

Atividades

1. Tomando como exemplo a formação dos verbos **anoitecer** e **entardecer**, forme verbos terminados em **ecer** com base nas palavras abaixo.

   - maduro →
   - mole →
   - rico →
   - pobre →
   - louco →
   - podre →

2. Escreva a palavra que deu origem a cada um dos verbos abaixo. Veja os exemplos.

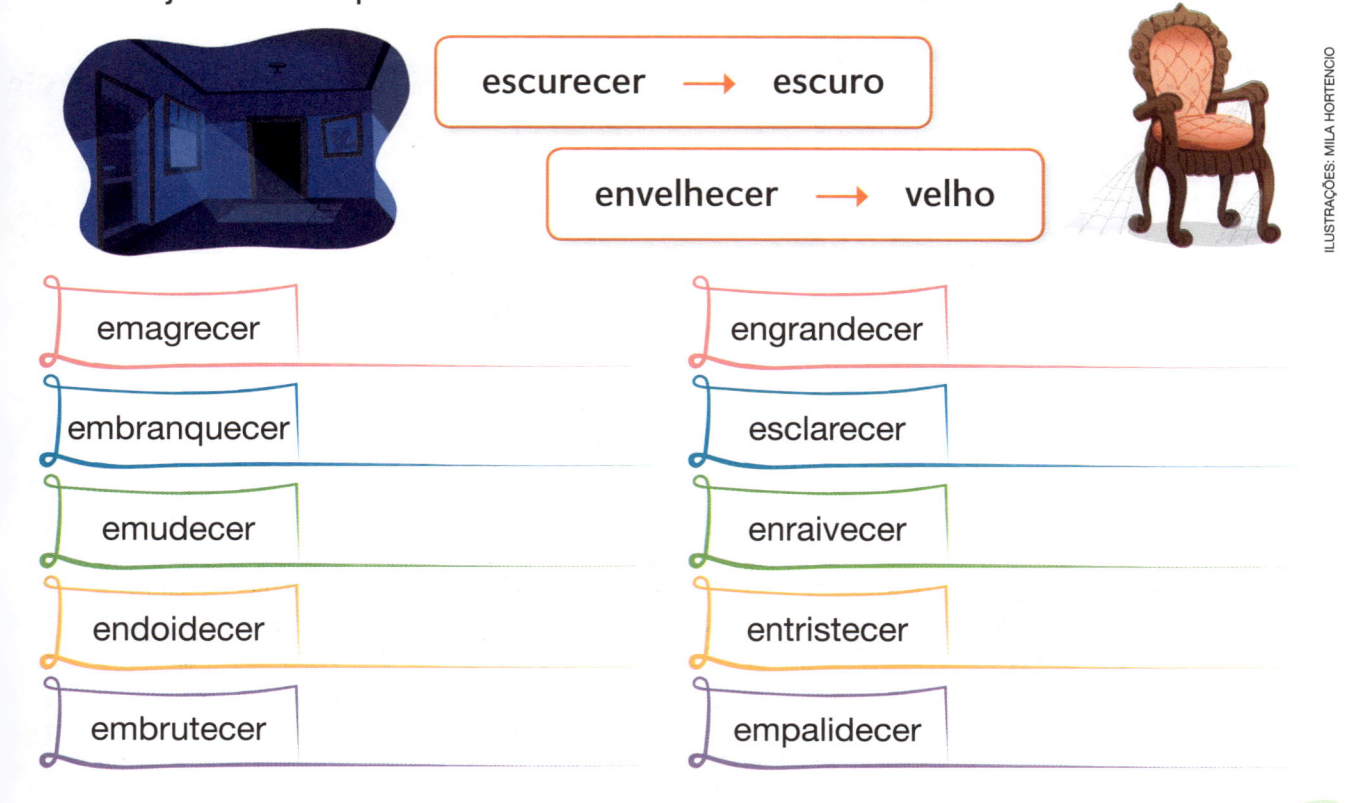

   escurecer → escuro

   envelhecer → velho

   - emagrecer
   - embranquecer
   - emudecer
   - endoidecer
   - embrutecer
   - engrandecer
   - esclarecer
   - enraivecer
   - entristecer
   - empalidecer

23

Verbos irregulares

Oi, vovô
Hoje na escola a professora falou que muitas pessoas se acham melhores que outras só por causa da cor da pele. Ela disse que isso se chama preconceito racial.
Não sei como alguém pode pensar assim. Somos todos iguais, somos seres humanos, não é mesmo? Ninguém vale mais ou menos por causa da cor.
Você concorda comigo?
Um beijo da Duda

VICENTE MENDONÇA

ARMANDINHO

Alexandre Beck

IDEIAS A DESCOBRIR, NOVOS CAMINHOS A TRILHAR...

...AMPLIAR HORIZONTES, SOMAR, APRENDER, COMPARTILHAR...

MISTURE-SE!

© ALEXANDRE BECK

Somos todos iguais.

verbo **ser** → verbo irregular

Você já estudou que, pela conjugação dos verbos, podemos perceber como é a forma do infinitivo. Veja os exemplos.

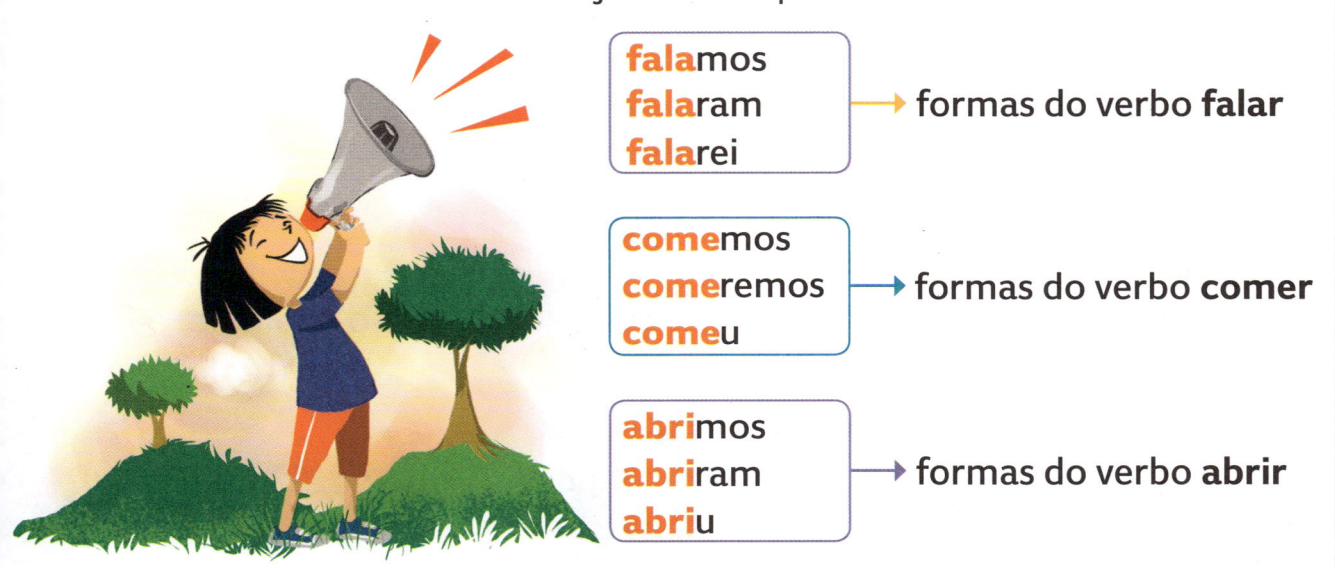

falamos
falaram
falarei
→ formas do verbo **falar**

comemos
comeremos
comeu
→ formas do verbo **comer**

abrimos
abriram
abriu
→ formas do verbo **abrir**

Mas há muitos verbos que apresentam formas de conjugação bem diferentes do infinitivo. Observe.

Eu **vou** à escola.   **Sei** que todos **somos** iguais.

forma do verbo **ir**   forma do verbo **saber**   forma do verbo **ser**

Nas atividades a seguir, vamos ver alguns desses verbos irregulares que você, com certeza, usa bastante no dia a dia.

Se você precisar, consulte a conjugação de alguns verbos irregulares nas páginas 383 a 386.

Atividades

1. Relacione as colunas associando cada forma dos verbos destacados ao seu infinitivo.

1	Já **fiz** o exercício.		verbo **querer**
2	Clarice **tem** dois irmãos.		verbo **estar**
3	Meu irmão **vai** ao cinema.		verbo **fazer**
4	Eu **trago** lanche de casa.		verbo **ver**
5	Beatriz **é** morena.		verbo **ter**
6	Ela **disse** a verdade.		verbo **vir**
7	Eles **quiseram** tomar sorvete.		verbo **ir**
8	Eu **estive** ontem no parque.		verbo **dizer**
9	Ana não **veio** à escola ontem.		verbo **ser**
10	Você já **viu** esse filme?		verbo **trazer**

2. Passe os verbos das frases para o **passado**. Veja o exemplo.

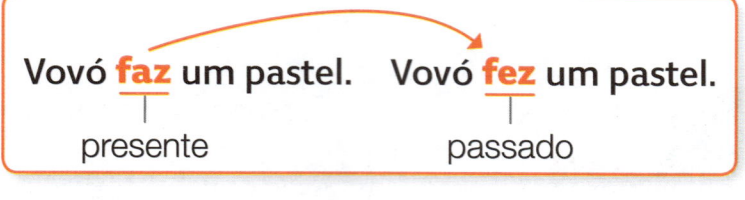

Vovó **faz** um pastel. → Vovó **fez** um pastel.
presente — passado

a) Meu pai **vê** o jogo. ⟶ Meu pai _____ o jogo.

b) Meu time **tem** sorte. ⟶ Meu time _____ sorte.

c) Nossa escola **é** campeã. ⟶ Nossa escola _____ campeã.

d) Eles **vão** à festa. ⟶ Eles _____ à festa.

e) Mariana **diz** a resposta. ⟶ Mariana _____ a resposta.

f) Vítor **quer** um lanche. ⟶ Vítor _____ um lanche.

g) Isabela **põe** um chapéu. ⟶ Isabela _____ um chapéu.

h) Meus pais **dão** uma festa. ⟶ Meus pais _____ uma festa.

i) Meu tio **vem** jantar aqui. ⟶ Meu tio _____ jantar aqui.

3. Complete as frases com o verbo **ser** no presente, no passado ou no futuro.

a) Esse time _____ o campeão no ano passado.

b) Tenho vários amigos. Nós _____ muito unidos.

c) Luciana _____ nossa professora este ano.

d) O sorteio desses prêmios _____ amanhã.

e) Esse cachorrinho _____ sapeca. Está sempre fazendo bagunça pela casa.

4. Dentro de muitas palavras podemos descobrir o infinitivo de vários verbos.

irmão ⟶ verbo ir

- Leia com atenção as palavras dos quadrinhos e descubra verbos no infinitivo.

vermelho	ver
amargo	
observatório	
diversão	

serpente	
ternura	
repórter	
lerdo	

5. Complete as frases com o verbo **fazer** no presente, no passado ou no futuro.

a) Nós _____ esse caminho ontem.

b) Esse desenho ficou ótimo! Quem _____?

c) Na semana que vem, todos _____ um passeio nessa fazenda.

d) Meu pai _____ uma caminhada no parque toda manhã.

e) Eu _____ o gol da vitória no jogo de ontem.

6. Verbos como **refazer** e **desfazer**, entre outros, derivam do verbo **fazer** e são conjugados como ele. Veja o significado desses dois verbos.

> **desfazer** des.fa.zer
> **v.** Desmanchar o que estava feito:
> *A costureira desfez o vestido.* ■ Ant.: fazer.

> **refazer** re.fa.zer
> **v.** Fazer de novo: *Vou refazer o exercício.*

- Complete as frases com os verbos indicados no mesmo tempo do verbo **fazer**.

a) Já fizemos o trabalho. → Já _____ o trabalho.
   refazer

b) Quem fez esse pacote? → Quem _____ esse pacote?
   desfazer

c) Eu fiz o desenho. → Ela _____ o desenho.
   refazer

d) Eu faço o cartaz. → Eles _____ o cartaz.
   desfazer

7. Preencha a cruzadinha escrevendo o infinitivo das formas verbais apresentadas a seguir.

1. deram
2. vejo
3. venho
4. trouxe
5. tive
6. vejo
7. vou
8. faremos
9. serei

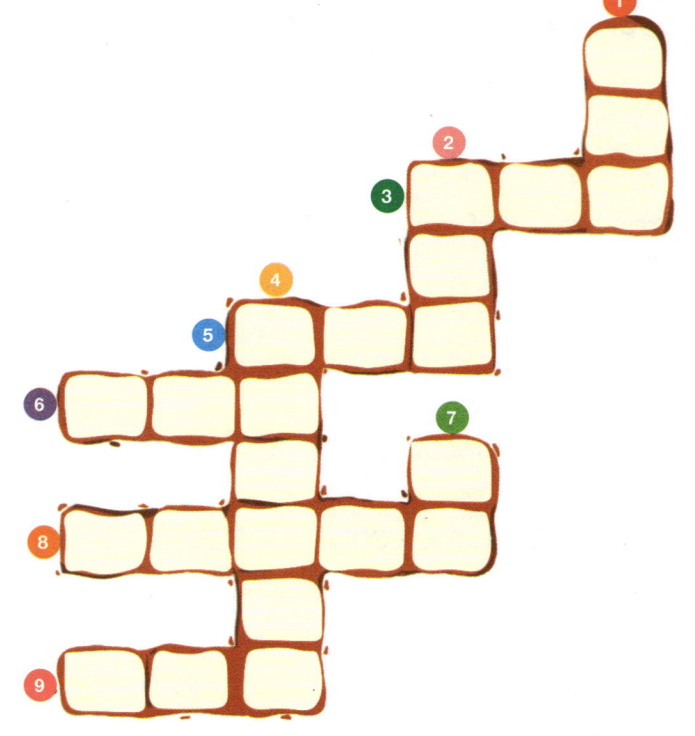

Aprendendo com o dicionário

Claro e escuro

Nunca temos uma escuridão completa na Terra, mesmo à noite. A luz das estrelas é suficiente para os animais noturnos caçarem. Corujas e raposas podem enxergar mesmo quando para nós tudo parece escuridão completa. Os olhos desses animais e de muitos outros enxergam melhor que os olhos humanos quando a luz é fraca.

Leia este verbete.

> **fraco** **fra**.co
> **adj. 1.** Sem força física, sem vigor. **2.** Leve, brando. **3.** Despreparado. **4.** Que não é muito intenso.

1. Com base no verbete, diga em qual desses sentidos o adjetivo **fraco** foi usado no texto acima.

_____

2. Indique o sentido do adjetivo **fraco** nas frases abaixo.

   a) Um ventinho fraco entrava pela janela da sala. ☐

   b) Na velha casa, havia apenas a luz fraca do lampião. ☐

   c) Esse funcionário é fraco, não sabe fazer direito seu trabalho. ☐

   d) Você está muito fraco, precisa se tratar com um médico. ☐

   e) O frio hoje está fraco, não preciso vestir a blusa de lã. ☐

   f) Estou fraco nessa matéria, preciso estudar mais. ☐

   g) A lâmpada do abajur é fraca, não ilumina quase nada. ☐

Reforço ortográfico

EM, ÊM, Ê, EEM

Surfando, caindo e aprendendo

Todos os dias, os surfistas vêm treinar nesta praia. Marcelinho também vem com eles. Mas, como ainda não sabe surfar bem, vive caindo. Mas não desiste. Ele sabe que, na vida, a gente precisa se esforçar para conseguir o que deseja. E ele quer ser um campeão!

Verbos vir e ter

Compare estas duas formas do verbo **vir** no presente do indicativo.

Ele **vem** treinar.　　　　Eles **vêm** treinar.

3ª pessoa do singular　　3ª pessoa do plural

Como você pôde observar, só a forma do plural leva acento.

O mesmo ocorre com o verbo **ter**. Compare estas duas formas do verbo **ter** no presente do indicativo.

Ele não **tem** medo de cair.　　Eles não **têm** medo de cair.

3ª pessoa do singular　　3ª pessoa do plural

Por isso, muita atenção na hora de escrever.

Verbos ver e ler

Compare estas duas formas do verbo **ver** no presente do indicativo.

Marcelo vê as ondas.
3ª pessoa do singular

Os surfistas veem as ondas.
3ª pessoa do plural

Você observou que só a forma do singular é acentuada.
O mesmo ocorre com o verbo **ler** no presente do indicativo. Compare.

Marina lê.
3ª pessoa do singular

Os alunos leem.
3ª pessoa do plural

Verbo pôr

Compare estas duas frases com o verbo **pôr** no presente do indicativo.

O palhaço **põe** uma roupa engraçada.
3ª pessoa do singular

Os palhaços **põem** roupas engraçadas.
3ª pessoa do plural

Você percebeu que a forma do plural termina em **m**. Por isso, atenção na hora de escrever.

Isso vale também para os verbos derivados do verbo **pôr**, como **compor** e **repor**, entre outros.

Atenção!

Só o verbo **pôr** tem acento no infinitivo. Seus derivados não têm acento: **compor**, **repor** etc.

Reforço ortográfico

Atividades

1. Complete as frases com **vem**, **vêm**, **vê** ou **veem**.

   a) Muitos animais _____ beber água neste riacho.

   b) Desta janela, todos _____ o belo jardim da nossa casa.

   c) Faz tempo que esse menino não _____ à escola.

   d) Muitas pessoas não _____ os próprios defeitos

   e _____ falar dos defeitos dos outros.

   e) O que você pensa quando _____ essa linda paisagem?

2. Reescreva as frases passando as palavras destacadas para o plural. Mude o que for necessário nas frases.

   a) Minha **prima** vem dormir aqui hoje.

   _____

   b) Essa **classe** vê o filme.

   _____

   c) Meu **colega** vem sempre brincar na minha casa.

   _____

   d) Seu **tio** tem muita paciência.

   _____

   e) Aquele **cãozinho** tem sede.

   _____

3. Complete as frases usando os verbos indicados no presente do indicativo.

a) Os atletas _____ o uniforme do time. `pôr`

b) Vovó sempre _____ água nas plantas. `pôr`

c) Esses músicos _____ lindas canções. `compor`

d) Ela sempre _____ esses tênis para fazer ginástica. `pôr`

e) A professora _____ o livro na estante. `repor`

f) Aquele pianista _____ belas músicas. `compor`

4. Complete as frases com **lê** ou **leem**.

a) Nossa professora _____ uma história todos os dias.

b) Meus pais sempre _____ esse jornal.

c) Vocês _____ muitos livros na escola?

d) Quem _____ bastante aprende muitas palavras novas.

5. Leia o texto abaixo. Depois, copie os verbos destacados e escreva o infinitivo de cada um deles.

O passeio

Este parque **é** muito bonito. Muitas crianças **vêm** passear e brincar aqui. O parque **tem** várias atrações. Algumas pessoas apenas sentam nos bancos, outras **leem** livros ou revistas. Há quem goste de fotografar, pois daqui se **vê** uma bela paisagem.

Mesmo quando **faz** um pouco de frio, o parque fica cheio de gente. As pessoas **põem** um agasalho e **vêm** caminhar. Quem **traz** uma bicicleta aproveita e **dá** longas voltas pelo parque.

_____

_____

24

Advérbio

Você é bagunceiro?

Você é daquele tipo de jovem que quando chega da escola vai largando tudo pelo caminho? Larga a mochila em qualquer lugar, tira os sapatos e joga cada um num canto... No quarto, então, nem se fala! Deixa tudo bagunçado, roupa espalhada pelo chão, em cima da cama, fora das gavetas...

Se você é assim, saiba que isso está muito errado! Você mora com outras pessoas e não é certo deixar para elas o serviço que você pode e deve fazer. Afinal, são suas coisas. É só começar a ter um pouco de ordem e responsabilidade. Todos devem colaborar para a arrumação da casa. E quando todos colaboram, o trabalho de cada um fica mais leve.

Não é certo fazer bagunça.
advérbio — verbo

Advérbio é a palavra que modifica o sentido de um verbo.

Veja outros exemplos.

Juliana desenha bem.
verbo   advérbio

Vovô anda devagar.
verbo   advérbio

Gosto bastante de macarrão!
verbo   advérbio

Hoje, vamos ao cinema.
advérbio   verbo

Os advérbios são classificados de acordo com a ideia que exprimem. Veja a seguir os advérbios mais comuns.

- **de afirmação**: sim, certamente.
- **de dúvida**: talvez, provavelmente, porventura.
- **de intensidade**: muito, pouco, bastante, demais, mais, menos, bem, tão.
- **de lugar**: aqui, ali, cá, lá, atrás, dentro, fora, embaixo, longe, perto.
- **de modo**: bem, mal, assim, depressa, devagar e a maioria dos advérbios derivados de adjetivos e terminados em **mente**, como calmamente, suavemente, rapidamente, alegremente etc.
- **de negação**: não.
- **de tempo**: agora, cedo, hoje, tarde, ontem, amanhã, antes, depois, jamais, sempre, logo, nunca.

Agora, observe as frases.

Esse goleiro joga muito bem.
advérbio de intensidade
advérbio de modo

Os jogadores ficaram bem felizes com a vitória.
advérbio de intensidade
adjetivo

> Os **advérbios de intensidade** também podem modificar um adjetivo ou outro advérbio.

Atividades

1. Complete as frases com advérbios de tempo. Consulte o quadro da página anterior se for necessário.

a) Devemos _____ lavar as mãos antes das refeições.

b) _____, alguns colegas chegaram bem _____ na escola.

c) Você vai sair _____ ou mais tarde?

d) Ainda é _____, fique mais um pouco com a gente.

e) Nosso time fez o gol um pouquinho _____ do fim do jogo.

f) Todos acabaram o exercício, só eu _____ não acabei.

2. Sublinhe os advérbios das frases abaixo. Depois, relacione cada um deles ao sentido correspondente.

a) Ele não mora em São Paulo.

b) As nuvens estão escuras, talvez chova.

c) Venha cá, preciso falar com você.

d) Ana costuma dormir pouco.

e) Amanhã iremos ao cinema.

f) Vamos, sim, colaborar com a limpeza da sala.

g) Dizem que Marcelo nada bem.

☐ lugar
☐ afirmação
☐ modo
☐ dúvida
☐ intensidade
☐ tempo
☐ negação

3. Leia.

O avestruz

Você **não** conhece o avestruz? Pois saiba que ele é uma ave **bem** curiosa que **vive** na África. É a maior das aves, **mais** alta do que um homem. Como é muito **pesado**, precisaria ter asas **enormes** para **voar**, mas suas asas **são** pequenas. Suas pernas são **muito longas** e **musculosas**. Como tem um pescoço **comprido**, consegue ver **bem longe** e, se percebe um inimigo se aproximando, põe-se a **correr** mais **depressa** do que um cavalo a galope.

Você deve ter reparado que há várias palavras destacadas no texto. Releia-as com atenção e faça o seguinte:

- sublinhe de vermelho os advérbios.

- sublinhe de azul os adjetivos.

- sublinhe de verde os verbos.

Leia as frases.

Ela dançou **elegantemente**.
↳ advérbio de modo

Ela dançou **com elegância**.
↳ locução adverbial de modo

> **Locução adverbial** é o conjunto de duas ou mais palavras que tem valor de advérbio.

4. Transforme as locuções adverbiais de modo em advérbios de modo terminados em **mente**. Veja o exemplo.

a) Faça o trabalho **com atenção**. → *atentamente*

b) Rafael resolveu tudo **com tranquilidade**. → _____

c) Marisa me atendeu **com gentileza**. → _____

d) Denise ouviu tudo **com paciência**. → _____

e) Beto saiu da sala **com pressa**. → _____

f) O chefe agiu **com firmeza**. → _____

g) O herói lutou **com coragem**. → _____

5. Transforme os advérbios de modo em locuções adverbiais. Veja o exemplo.

a) Laura agiu **calmamente**. → *com calma*

b) O mestre respondeu **inteligentemente**. → _____

c) O rapaz reagiu **violentamente**. → _____

d) O motorista dirigiu **prudentemente**. → _____

e) O homem agiu **covardemente**. → _____

f) O garoto falou **inocentemente**. → _____

g) A mulher caminhava **lentamente**. → _____

Leia as frases e observe a diferença entre **mau** e **mal**.

Ontem foi um **mau** dia para o goleiro. Ele jogou **mal** e deixou passar muitos gols.

> **Mau** é adjetivo. É o contrário de bom.
> **Mal** é advérbio de modo. É o contrário de bem.

6. Complete as frases com **mau** ou **mal**.

a) Não faça nada de _____ aos animais.

b) Renato não dirige bem, dirige muito _____.

c) Saí mais cedo porque estou me sentindo _____.

d) Acho que ele é um _____ exemplo para nós.

7. Amplie as frases usando os advérbios indicados.

a) Hoje o dia está quente.   demais

_____

b) Essa menina é simpática.   bem

_____

c) Conversei com o professor.   calmamente

_____

d) Os pais dos alunos irão à festa.   certamente

_____

e) A criançada brincou na praia.   bastante

_____

Aprendendo com o dicionário

Quando o tempo está feio...

Numa tempestade, não é o trovão que é perigoso, mesmo que seu barulho seja terrível! O perigo está nos relâmpagos, pois eles estão carregados de eletricidade!

Durante uma tempestade, a eletricidade das nuvens é atirada na direção do solo. Para penetrar com mais facilidade, ela vai procurar passar pelos lugares que se destacam, como se fossem antenas. E no campo não há nada mais alto que as árvores! Por isso, não se deve ficar debaixo de uma árvore durante uma tempestade.

Meu 1º Larousse dos porquês.
São Paulo: Larousse do Brasil, 2004.

1. Leia este verbete.

> **tempo** **tem**.po
> **subst. masc. 1.** Época. **2.** Momentos livres. **3.** Período de horas, dias, meses, anos. **4.** Ocasião certa para alguma coisa acontecer ou para ser feita. **5.** Condição da atmosfera num certo momento. **6.** Cada um dos períodos em que se dividem certas competições esportivas, como o futebol e o basquetebol.

• Em qual desses sentidos a palavra **tempo** foi usada no texto acima?

2. Indique o sentido que a palavra **tempo** tem nas frases abaixo.

a) Hoje tenho tempo para ler esse livro. ☐

b) O tempo está bom, podemos sair para passear. ☐

c) Meu pai viveu muito tempo no Rio de Janeiro. ☐

d) No tempo do meu avô não havia telefone celular. ☐

e) Nesta região, agora é tempo de morango. ☐

f) Nosso time empatou o jogo no segundo tempo. ☐

g) Nossa viagem demorou pouco tempo. ☐

h) Quando você tiver tempo, veja esse filme. ☐

3. Há muitas expressões com a palavra **tempo**. Leia as frases abaixo e relacione cada expressão com seu significado.

Atenção!
Algumas expressões podem ter mais de um significado, dependendo da frase.

a) Ele correu e chegou **a tempo** de pegar o ônibus.

b) De repente, **o tempo fechou** e caiu uma chuva bem forte.

c) Os jogadores discutiram e logo **fechou o tempo** entre os times.

d) Vou **dar um tempo** na lanchonete enquanto meus colegas não chegam.

e) Vou **dar um tempo** no *videogame* para estudar.

f) **De tempos em tempos** ele vem aqui nos visitar.

g) Ele fala de futebol **o tempo todo**.

☐ Escurecer, ficar carregado de nuvens.

☐ Começar uma briga.

☐ Sem parar.

☐ Esperar, aguardar.

☐ De vez em quando.

☐ Interromper por um certo tempo.

☐ No momento certo para conseguir algo.

Reforço ortográfico

Traz, trás, atrás

Por **trás** das nuvens, surge o sol, que **traz** um lindo dia para todos.

advérbio de lugar

3ª pessoa do singular do presente do verbo **trazer**

Essas palavras têm a mesma pronúncia; por isso, atenção na hora de escrever.

tr**á**s (com **s** e acento)   tra**z** (**z** com som de **s** e sem acento)

Outra palavra que pode provocar dúvida na hora de escrever é **atrás**, que também é um advérbio de lugar. Ela se escreve com acento e com **s**. Veja um exemplo na frase a seguir.

O cachorrinho se escondeu **atrás** da porta.

Atividades

1. Complete as frases usando **traz**, **trás** ou **atrás**.

   a) O menino foi empurrado por _____ e quase caiu.

   b) Vovô sempre _____ um presente quando me visita.

   c) Minha caneta caiu _____ da mesa.

   d) Esse livro _____ muitas informações sobre os animais.

   e) Beatriz estava escondida _____ da árvore.

   Observe como podemos formar palavras com base na palavra **atrás**.

   atrá**s**
   - atra**s**ado
   - atra**s**o
   - atra**s**ar

   Palavras derivadas de **atrás** também são escritas com **s**.

2. Complete as frases usando as palavras **atraso**, **atrasado** e **atrasar**.

   a) O goleiro pulou _____ e não conseguiu pegar a bola.

   b) Cuidado para não se _____ para a escola.

   c) O rapaz chegou _____ ao escritório.

   d) Por causa da chuva, o jogo teve um _____ de meia hora.

   e) Levante-se na hora e não saia _____ de casa.

25

Preposição

As árvores e o machado

Certa vez, um lenhador foi à floresta, onde havia grandes árvores.

— Desculpe incomodá-las — disse ele às árvores maiores e mais velhas —, mas preciso de um pedaço de madeira para fazer um cabo novo para o meu machado. É claro que não posso derrubar uma de vocês para isso, mas poderiam me dizer onde há uma arvorezinha sem importância em algum outro lugar?

As grandes árvores gostaram do jeito educado do lenhador e resolveram ajudá-lo.

— Pode cortar aquela pequena árvore lá embaixo — disseram-lhe.

O lenhador agradeceu, cortou a árvore e com a madeira fez um novo cabo para o machado. E, imediatamente, começou a cortar outras árvores, sem se importar se eram novas ou velhas, grandes ou pequenas. Em pouco tempo, muitas árvores tinham sido derrubadas.

Uma grande árvore, vendo o que estava acontecendo, disse às outras:

— A culpa é nossa. Se tivéssemos protegido a arvorezinha, não estaríamos agora sofrendo essa destruição.

Se quiser proteção, proteja o seu próximo.

Texto criado com base em uma fábula de Esopo.

cabo **de** madeira
   |
preposição

A palavra **de** liga as palavras **cabo** e **madeira**, criando uma relação de sentido entre elas. É como se disséssemos "cabo feito de madeira". A palavra **de** é uma **preposição**.

> **Preposição** é a palavra que liga outras duas palavras, criando uma relação de sentido entre elas.

Preposições

a	ante	após	até	com	contra
de	desde	durante	em	entre	para
perante	por	sem	sob	sobre	trás

Veja estes exemplos e algumas relações de sentido que as preposições podem estabelecer.

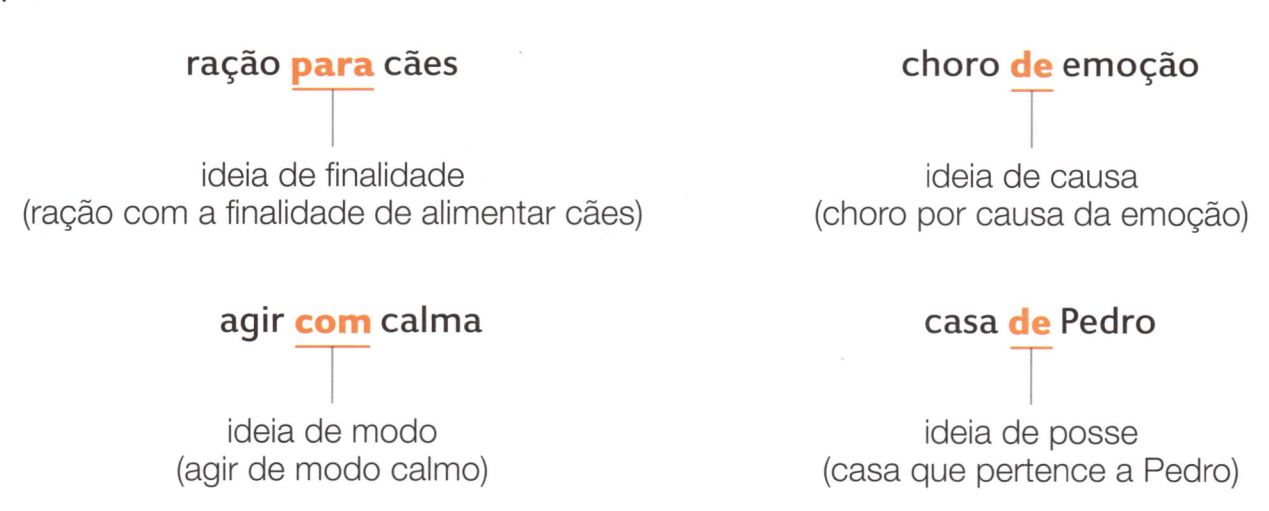

ração **para** cães
ideia de finalidade
(ração com a finalidade de alimentar cães)

choro **de** emoção
ideia de causa
(choro por causa da emoção)

agir **com** calma
ideia de modo
(agir de modo calmo)

casa **de** Pedro
ideia de posse
(casa que pertence a Pedro)

Observe, nas frases abaixo, como a mudança da preposição altera completamente o sentido de uma frase.

Estou **com** medo.

Estou **sem** medo.

Atividades

1. Complete as frases usando as preposições abaixo.

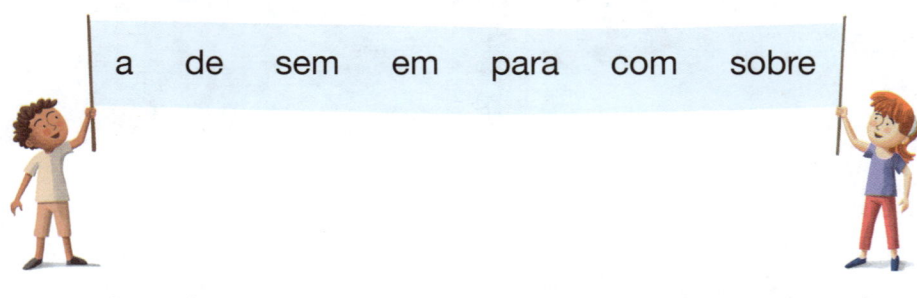

| a | de | sem | em | para | com | sobre |

a) Não consigo viver _____ paz _____ você.

b) Vamos _____ pé _____ a escola.

c) Guarde os copos _____ plástico que estão _____ a mesa.

d) Ele ficou _____ pé para conversar _____ o diretor.

e) Beatriz vai passear _____ as amigas.

f) Viajei _____ meus pais para o litoral. Nós fomos _____ carro.

2. Numere os itens de acordo com a ideia que a preposição cria entre as palavras.

| 1 | lugar | 2 | matéria | 3 | causa | 4 | finalidade |

a) chorar **de** alegria ☐

b) casa **de** madeira ☐

c) casa **entre** prédios ☐

d) tremer **de** frio ☐

e) régua **de** plástico ☐

f) quadra **de** vôlei ☐

g) mesa **de** bilhar ☐

h) luva **de** borracha ☐

3. Leia.

Um homem pergunta ao vendedor da loja:

— Tem remédio para formiga?

— Depende. O que a coitadinha está sentindo?

- Que preposição criou o efeito de humor da anedota? Explique oralmente sua resposta.

Agora, observe as preposições nestas frases.

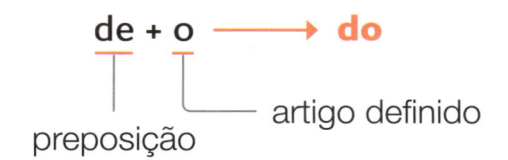

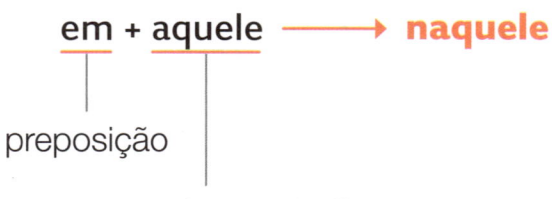

Esta camiseta é do Murilo.

de + o ⟶ **do**

preposição — artigo definido

Naquele ano deu tudo certo.

em + aquele ⟶ **naquele**

preposição

pronome demonstrativo

> As preposições podem juntar-se a artigos, pronomes e advérbios e formar novas palavras. Esse processo é chamado de **combinação** ou de **contração**.

Combinação e contração

Observe este exemplo.

Fiz uma viagem **ao** sítio.

a + o → **ao = combinação**
preposição / artigo definido

Agora, observe estes outros exemplos.

Vi o jogo **da** seleção.

de + a → **da = contração**
preposição / artigo definido

Vou sair **daqui**.

de + aqui → **daqui = contração**
preposição / advérbio de lugar

Veja que, na **contração**, a preposição **de** perdeu o **e**.
Leia.

"Naquela época, naquela cidade, não havia TV nas casas. A gente ouvia as notícias no rádio."

ROBERTO WEIGAND

naquela época

em + aquela → **naquela = contração**
preposição / pronome demonstrativo

nas casas

em + as → **nas = contração**
preposição / artigo definido

Atenção!
A preposição **em** se transforma em **n** ao se juntar com outras palavras.

Quando a preposição **perde um elemento** ao se juntar com outra palavra, temos uma **contração**. Quando no processo de junção a preposição **não perde nenhum elemento**, temos uma **combinação**.

Atividades

1. Forme as combinações e as contrações.

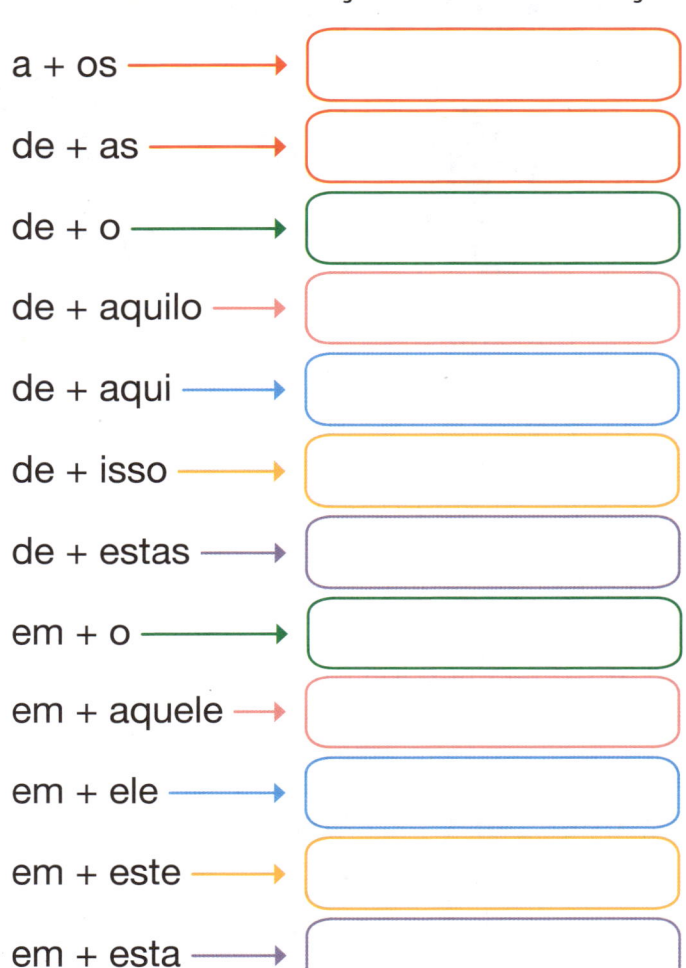

a + os ⟶ ☐

de + as ⟶ ☐

de + o ⟶ ☐

de + aquilo ⟶ ☐

de + aqui ⟶ ☐

de + isso ⟶ ☐

de + estas ⟶ ☐

em + o ⟶ ☐

em + aquele ⟶ ☐

em + ele ⟶ ☐

em + este ⟶ ☐

em + esta ⟶ ☐

2. Complete as frases com as palavras que você formou na atividade anterior.

a) A mãe _____ alunas veio falar com a diretora.

b) Bete mora _____ prédio, perto _____.

c) O vestiário _____ meninas é _____ final _____ corredor.

d) _____ livraria há excelentes livros.

e) Vou dar os parabéns _____ vencedores _____ momento.

345

Crase

ARMANDINHO — Alexandre Beck

> HOJE ÀS DUAS HORAS VOCÊ VAI AO FRANCÊS...
> ...ÀS QUATRO VOCÊ VAI AO FUTEBOL, ÀS SEIS NA MÚSICA E ÀS OITO VOCÊ VAI AO REFORÇO DE AULA! ALGUMA DÚVIDA?
> QUE HORAS EU VOU SER CRIANÇA?

às duas horas

a (preposição) + as (artigo definido)

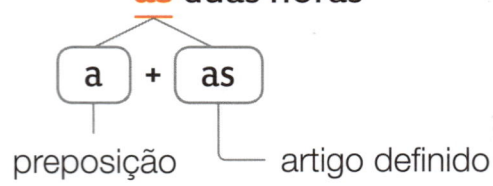

Quando a preposição **a** se junta a certas palavras, essa junção é indicada na escrita pelo acento grave (`). É o que acontece na indicação de horas, como vemos na tirinha acima. Há casos em que **à** e **às** têm o sentido de **para a** e **para as**. Veja os exemplos a seguir.

Vou **à** escola. ⟶ Vou **para a** escola.

Dei um presente **às** meninas. ⟶ Dei um presente **para as** meninas.

A preposição **a** pode juntar-se também aos pronomes demonstrativos **aquele** e **aquela**. Observe.

a + aquele ⟶ **àquele**   a + aquela ⟶ **àquela**
a + aqueles ⟶ **àqueles**   a + aquelas ⟶ **àquelas**

As formas **àquele**, **àquela**, **àqueles**, **àquelas** têm o sentido de **para aquele**, **para aquela**, **para aqueles**, **para aquelas**. Observe.

Dê um recado **àquele** menino. ⟶ Dê um recado **para aquele** menino.

Dê um recado **àquelas** meninas. ⟶ Dê um recado **para aquelas** meninas.

> A junção da preposição **a** com outra letra **a** forma a **crase**, que é representada na escrita pelo acento grave (`).

ILUSTRAÇÕES: ROBERTO WEIGAND

Atividades

1. Junte as palavras indicadas nos quadrinhos e forme a crase. Veja o exemplo.

> Vou **a + aquela** praia.
>
> Vou **àquela** praia.

a) Ele saiu **a + as** duas horas.

_____

b) Fui **a + a** biblioteca.

_____

c) Fui **a + aquele** cinema.

_____

d) Demos flores **a + a** professora.

_____

2. Reescreva as frases abaixo, substituindo a palavra destacada pela palavra indicada. Veja o exemplo.

Atenção!
Faça as mudanças necessárias de **ao**, **aos** para **à**, **às**.

Vou ao **museu**. festa → Vou **à festa**.

a) Dê o livro aos **meninos**.   meninas

Dê o livro _____.

b) Fui ao **cinema**.   lanchonete

Fui _____.

c) Chegamos ao **sítio**.   chácara

Chegamos _____.

Aprendendo com o dicionário

Lá de cima, voando de asa-delta, Gabriel vê a costa brasileira, uma das mais bonitas do mundo.

Leia estes verbetes.

costa **cos**.ta
subst. fem. Litoral; longa faixa de terra firme banhada pelo mar.

costas **cos**.tas
subst. fem. pl. 1. A parte de trás do tronco de uma pessoa. **2.** A parte de trás de alguma coisa. **3.** Parte do assento que impede a pessoa de cair para trás; encosto.

Observe que o segundo verbete traz uma informação importante.

subst. fem. pl. ⟶ substantivo feminino plural

Isso significa que o substantivo **costas**, com os sentidos indicados, só se usa no plural. Por isso, atenção na hora de usar essa palavra!

1. Com base no verbete **costas**, indique o sentido que essa palavra tem nas frases a seguir.

   a) O menino levou uma bolada nas costas. ☐

   b) Ele pôs a blusa nas costas da cadeira. ☐

   c) As costas dessa camisa estão manchadas. ☐

   d) Ela apoiou a cabeça nas costas da poltrona. ☐

   e) Estou com dor nas costas. ☐

   f) Esse vestido deve ser abotoado pelas costas. ☐

2. Há várias expressões com a palavra **costas**. Leia as frases abaixo e relacione cada expressão com seu significado.

   a) Ela ficou brava e **virou as costas** para a gente.

   ☐ Fazer sozinho o que seria o trabalho de todos.

   b) Na hora de fazer a pesquisa, o pessoal foi embora e tudo **caiu nas minhas costas**.

   ☐ Fingir-se de amigo de uma pessoa mas falar mal dela para os outros.

   c) Cuidado com esse sujeito. Ele tem o costume de **falar pelas costas**.

   ☐ Ficar aliviado.

   d) Sua ajuda nesse trabalho me tirou um **peso das costas**, pois eu nunca ia conseguir fazer tudo sozinho.

   ☐ Deixar de dar atenção a alguém, mostrar indiferença.

349

Reforço ortográfico

AÇÃO, ÊNCIA

Os nadadores fazem uma grande preparação física para ganhar resistência e não se cansar facilmente. Por isso, precisam treinar bastante. Nada se consegue sem esforço.

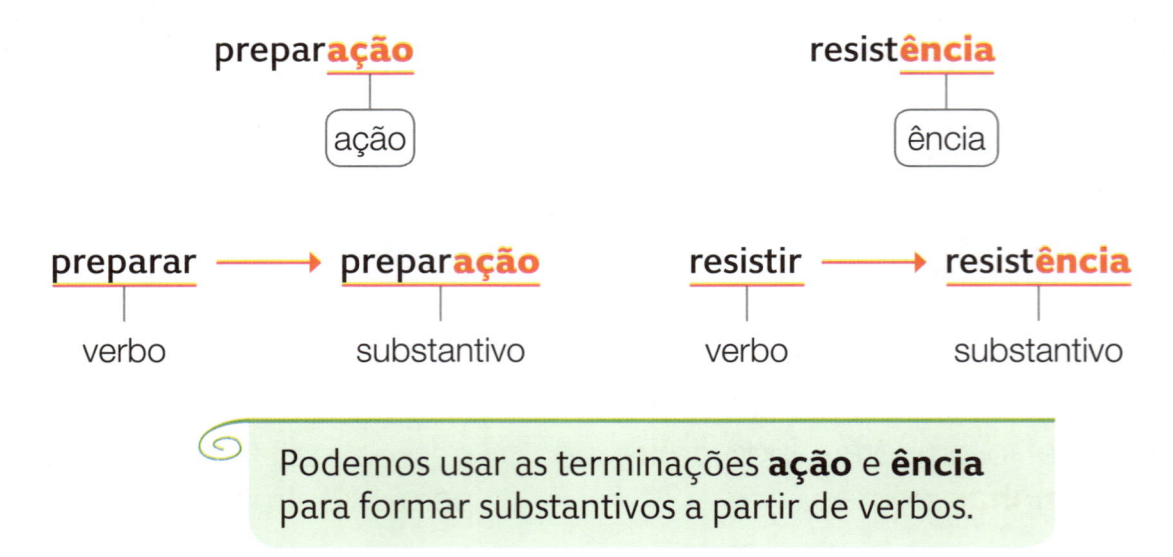

prepar**ação** → ação

resist**ência** → ência

preparar (verbo) → prepar**ação** (substantivo)

resistir (verbo) → resist**ência** (substantivo)

> Podemos usar as terminações **ação** e **ência** para formar substantivos a partir de verbos.

Veja outros exemplos.

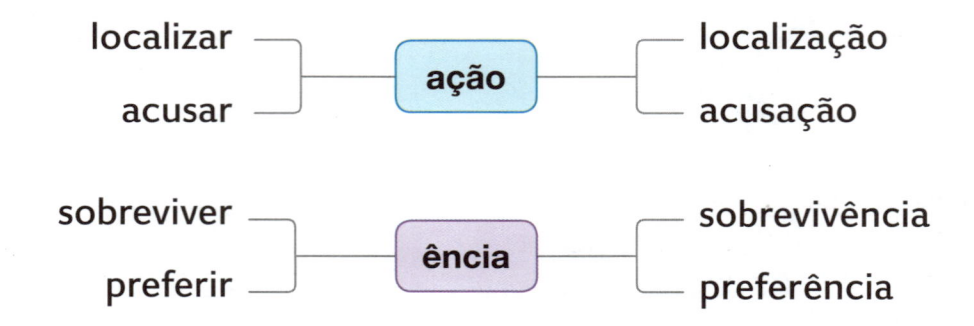

localizar, acusar → **ação** → localização, acusação

sobreviver, preferir → **ência** → sobrevivência, preferência

Atividades

1. Complete as frases com o substantivo derivado do verbo destacado. A primeira já está feita como exemplo.

   a) **Apresentar** é fazer uma _____ apresentação _____.

   b) **Demonstrar** é fazer uma _____.

   c) **Comemorar** é fazer uma _____.

   d) **Narrar** é fazer uma _____.

   e) **Reclamar** é fazer uma _____.

   f) **Marcar** é fazer uma _____.

2. Usando a terminação **ência**, forme substantivos derivados dos verbos abaixo.

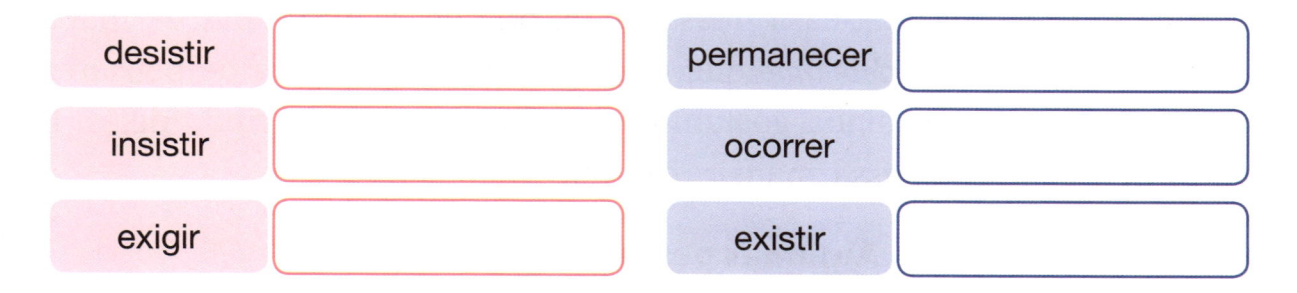

desistir		permanecer	
insistir		ocorrer	
exigir		existir	

3. Ordene as letras e forme palavras terminadas em **ação** ou **ência**.

   çzãolariea _____

   cainovciêvn _____

   nlêiaifunc _____

   reãolaibtç _____

   aicedêboni _____

351

26

Pronomes indefinidos

ARMANDINHO — Alexandre Beck

— DINHO, VOCÊ VIU A BLUSA QUE O BETO ESTÁ USANDO?
— VI SIM!
— TEM COISA MAIS RIDÍCULA QUE AQUILO?
— TEM SIM!
— A MANIA QUE ALGUNS TÊM DE ZOAR DOS OUTROS!

Você e os outros

Muitas pessoas se acham mais importantes e melhores que outras só porque moram em uma casa mais bonita, porque usam roupas de marca ou porque têm um *videogame* que ninguém mais tem. Além de pensarem assim, essas pessoas ainda gostam de humilhar os outros, rindo deles. É certo pensar e agir dessa maneira? O que você acha?

Algumas pessoas têm preconceito.
— pronome indefinido

Observe que, nessa frase, a palavra **algumas** tem sentido impreciso, isto é, não sabemos exatamente a quais pessoas ela se refere. Por isso, esse tipo de palavra é classificada como **pronome indefinido**.

> **Pronome indefinido** é a palavra que se refere a uma coisa ou a um ser (pessoa ou animal) de modo vago ou indeterminado. Alguns pronomes indefinidos: muito, muita, pouco, pouca, algum, alguma, alguém, certo, certa, qualquer, nenhum, nenhuma, ninguém, nada, algo, vários, diversos.

Veja outras frases em que aparecem pronomes indefinidos.

Vi **muitas** crianças na quadra.
Alguém está me chamando lá fora.
Qualquer aluno pode fazer esse trabalho.

Atividades

1. Sublinhe os pronomes indefinidos nas frases abaixo.

    a) Havia muitos pais na reunião da escola.

    b) Conheço várias maneiras de fazer uma pipa.

    c) Ontem, alguns alunos saíram mais cedo.

    d) Alguém deveria ajudar essas pessoas.

2. Leia o texto.

O uirapuru

O uirapuru é uma ave comum da região amazônica. Seu canto é bonito, suave. Ele canta apenas alguns dias por ano, em certas horas, quando está construindo seu ninho. Há muitas lendas sobre o uirapuru. Dizem, por exemplo, que, quando ele canta, os outros pássaros ficam em silêncio para ouvir seu canto. Há vários vídeos na internet que mostram o uirapuru cantando. Por que você não faz uma pesquisa para conhecer mais sobre ele?

- Nesse texto, há cinco pronomes indefinidos. Sublinhe-os.

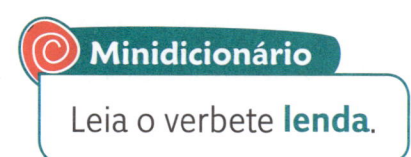

Minidicionário

Leia o verbete **lenda**.

Pronomes interrogativos

O que é, o que é?

— **Qual** é o único céu que não tem estrelas?

— O **que** mais pesa no mundo?

— Eu não tenho. Todos têm dois. Você só tem um. **Quem** sou eu?

Os pronomes destacados nas frases acima são usados em frases interrogativas. Por isso, eles são chamados de **pronomes interrogativos**.

> Os **pronomes interrogativos** são usados para fazer uma pergunta. São eles: quem, que, qual, quais, quanto, quantos, quanta, quantas.

Atividades

1. Complete as frases com os pronomes interrogativos adequados às respostas dadas.

a) — _____ terminou o exercício?

— Só Marcelo terminou.

b) — _____ é o título desse livro?

— É *O sítio do picapau amarelo*.

c) — _____ crianças vão participar do passeio amanhã?

— Vinte crianças.

d) — _____ dia é hoje?

— Hoje é dia 15 de setembro.

e) — _____ anos você tem?

— Tenho dez anos.

f) — _____ viajou com você?

— Meus pais.

g) — _____ foram os exercícios que nós erramos?

— Os exercícios 2 e 3.

h) — O _____ você vai fazer no próximo domingo?

— Vou à praia com meus tios.

2. Complete as frases com os pronomes **indefinidos** e **interrogativos** dos quadros.

nenhuma   quantos   algum   nada   qualquer   ninguém   qual

a) Esse problema é fácil! _____ aluno pode resolvê-lo.

b) Você encontrou _____ erro na minha redação?

c) _____ dias faltam para as férias?

d) _____ é o assunto desse filme?

e) _____ sabe _____ sobre a festa que vai haver na escola.

f) Entendi tudo, não tenho _____ dúvida.

Aprendendo com o dicionário

HORA DO LANCHE!

1. A palavra **hora** pode ter vários sentidos. Leia o verbete a seguir e indique em que sentido ela foi usada na cena acima.

> **hora** ho.ra
> **subst. fem. 1.** Período de 60 minutos. **2.** Período exato do dia indicado pelo relógio. **3.** Momento.

2. Com base nesse verbete, indique o sentido da palavra **hora** nas frases abaixo.

a) Na hora de pagar o lanche, percebi que tinha esquecido o dinheiro. ☐

b) Vocês têm duas horas para acabar esse trabalho. ☐

c) O ônibus saiu pontualmente às dez horas da manhã. ☐

d) Vovô sai sempre às oito horas para fazer seu passeio no parque. ☐

e) Agora não é hora de conversar sobre isso. ☐

f) Nossa viagem demorou quatro horas. ☐

3. Há várias expressões com a palavra **hora**. Leia as frases abaixo e relacione cada expressão destacada com seu significado.

- **a)** O herói chegou na **hora H** e salvou a mocinha.
- **b)** Se você demorar, vai **perder a hora** do ônibus.
- **c)** Fiquei **fazendo hora** na praça enquanto esperava meus colegas.
- **d)** Esperei **horas e horas** e ninguém apareceu.
- **e)** **Não vejo a hora** de fazer essa viagem.

- Muito tempo.
- Momento decisivo.
- Não fazer algo no momento certo.
- Estar com muito desejo de que algo aconteça.
- Ocupar o tempo enquanto se espera por alguém.

4. Leia a tira.

ARMANDINHO — Alexandre Beck

— PAI, NÃO VEJO A HORA DE IR PRA ESCOLA!
— É MESMO? O QUE HOUVE, FILHO?
— A SUA CABEÇA ESTÁ NA FRENTE DO RELÓGIO!

- Agora, explique.

   a) O que o pai pensou que o filho queria dizer?

   b) Mas o que o menino de fato queria dizer?

Reforço ortográfico

ISAR, IZAR

O jardineiro conseguiu finalizar seu trabalho. O jardim está uma beleza! Agora, ele vai avisar as crianças: vamos cuidar das flores!

Minidicionário
Leia o verbete **finalizar**.

final**izar** → izar

a**vis**ar → isar

Observe o uso de **s** e **z** na formação desses verbos.

final → final + **izar** → final**izar**

aviso → av**is**o̸ + **ar** → a**vis**ar

No caso de **final**, acrescentamos **izar**. No caso de **aviso**, eliminamos a última vogal e acrescentamos **ar**, porque a palavra já tem **is**.

> Se a palavra já tiver **is**, mantemos o **s** e acrescentamos **ar** na formação do verbo.
>
> Se a palavra não tiver a letra **s**, acrescentamos **izar** na formação do verbo.

Atividades

1. Forme verbos a partir das palavras abaixo usando **izar** ou **isar**.

piso _____   moderno _____

real _____   fantasia _____

liso _____   pesquisa _____

útil _____   hospital _____

2. Escreva a palavra que serviu de base para a formação dos verbos abaixo. Veja o exemplo.

> focal**izar** ⟶ palavra derivada de **foco**

a) localizar _____

b) eternizar _____

c) analisar _____

d) paralisar _____

e) responsabilizar _____

f) atualizar _____

3. Complete o infinitivo de verbos da 1ª conjugação ordenando as letras dos quadrinhos da esquerda.

| t i a c r a z c r | | i | | | | | | | | |

| g a r i n r z a | | o | | | | | | | | |

| o n i z r a m e o | | | c | | | | | | | |

359

27

Interjeição

Cuidado com a propaganda!

Hoje em dia, ter um celular é realmente uma necessidade. Mas será que precisamos ficar trocando de aparelho assim que um novo modelo é lançado? Tem muita gente que faz isso, inclusive jovens, que pedem aos pais para comprarem os novos modelos.

Sempre devemos parar para pensar se realmente estamos precisando de um novo celular ou se, na verdade, estamos sendo apenas influenciados pela propaganda.

CHEGOU O NOVO CELULAR DA MODA...

LEGAL! VOU COMPRAR. PRECISO DE UM NOVO CELULAR!

Legal! → palavra que expressa um sentimento de entusiasmo
interjeição

Interjeição é a palavra que expressa emoções e sentimentos, como alegria, surpresa, entusiasmo, tristeza, desapontamento, medo, saudação etc.

Como expressam sentimentos e emoções, as interjeições são geralmente acompanhadas de ponto de exclamação. Veja algumas interjeições.

ah!	eh!	credo!	puxa!	salve!	valeu!
ai!	eia!	oba!	tomara!	uau!	ora!
avante!	legal!	oi!	ufa!	xiii!	hum!
bravo!	boa!	olá!	ui!	claro!	ih!
arre!	nossa!	oh!	viva!	ué!	coragem!

Atividades

1. Sublinhe as interjeições presentes nas frases abaixo.

   a) Oba! Nosso time ganhou!

   b) Xiii! Meu celular pifou!

   c) Oh! Que lindo presente!

   d) Coragem, pessoal! Não vamos desistir!

   e) Vocês jogaram muito bem. Valeu!

   f) Ufa! Até que enfim acabamos a tarefa.

   g) Ai! Machuquei meu pé!

   h) Arre! Esse filme não começa nunca?

   • Use as expressões do quadro abaixo para explicar oralmente o que significam as interjeições que você sublinhou.

   > alegria   aplauso   surpresa   dor   impaciência
   > animação   contrariedade   alívio

2. Leia o diálogo e sublinhe as interjeições.

E agora?

— Oi, Patrícia!

— Oi, Marcelo!

— Uau! Soube que você foi escolhida para representar a classe na abertura da Feira do Livro. Já sabe o que vai falar?

— Que nada!

— Ué? Ainda não? Por quê?

— Nem sei se vou poder ir... A abertura é depois de amanhã e estou de cama, com febre.

— Xiii! Que coisa chata! E agora?

— Sei lá... mas já pensei numa solução.

— Que solução?

— E se você fosse no meu lugar?

— Eu? Nossa!

— Você fala bem, poderia me substituir. Acho que a professora vai gostar da ideia.

— Você acha mesmo?

— Claro! Você topa?

— Topo!

— Valeu!

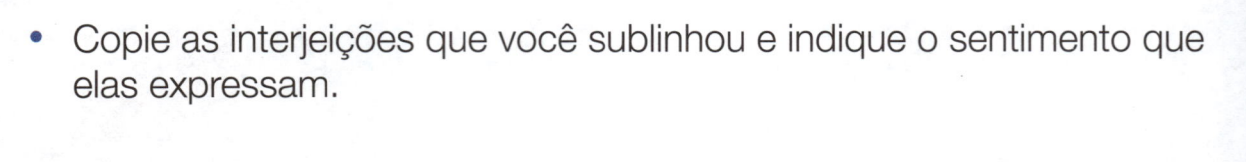

- Copie as interjeições que você sublinhou e indique o sentimento que elas expressam.

_____

_____

_____

_____

_____

Onomatopeia

Biiiiii   Biiiiii ⟶ som de buzina de carro

Para representar o som da buzina de um carro, o autor escreveu **biiii**. Esse tipo de palavra é classificada como **onomatopeia**.

> **Onomatopeia** é a palavra que representa sons ou ruídos.

Veja outros exemplos.

Atividades

- Leia as onomatopeias abaixo e escreva-as nas situações em que elas podem ser usadas.

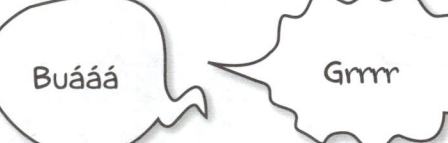

Brrrr   Buááá   Grrrr   Cof! Cof!   Nhac!

Aprendendo com o dicionário

É muito bonito o canto do sabiá!

1. O substantivo **canto** pode ter vários sentidos, dependendo da frase. Leia o verbete abaixo e indique em qual desses sentidos ele foi usado na legenda da foto.

_____

> **canto** **can**.to
> **subst. masc. 1.** Ponto em que duas linhas, duas paredes etc. se encontram e formam um ângulo. **2.** Som bonito produzido por alguns pássaros. **3.** Lugar onde alguém gosta de ficar sozinho e sossegado. **4.** Música cantada.

2. Com base no verbete, indique o sentido que a palavra **canto** tem nas frases abaixo.

a) Ela gosta de ficar no seu canto lendo um livro. ☐

b) Isabel colocou um vaso com flores num dos cantos da sala. ☐

c) Ouvi uma gravação com o canto do rouxinol. ☐

d) Esse filme mostra os cantos de várias nações indígenas. ☐

e) Eles se espalharam pela casa e cada um escolheu um canto para estudar. ☐

f) Chutei e a bola entrou no canto, raspando a trave. ☐

g) Os alunos estão ensaiando um canto para a festa da escola. ☐

Reforço ortográfico

▸ Ora e hora, hum e um, ah e há

Há certas palavras que têm a mesma pronúncia, mas são diferentes na escrita e no significado. É o que acontece com as palavras que vamos explicar em seguida. Atenção na hora de escrever!

Ora e hora

Ora! Agora é hora de você me dizer que esqueceu o guarda-chuva?

ora — interjeição

hora — substantivo

- **Ora** é uma interjeição que expressa irritação, desagrado.
- **Hora** é um substantivo que pode significar "período de 60 minutos" ou "momento", como é o caso da frase acima.

Essas palavras também podem fazer parte das expressões **por ora** e **por hora**. Veja estes exemplos.

> **Por ora**, vamos esperar para ver o que acontece.
>
> Esse vendedor é muito rápido, atende mais de 10 clientes **por hora**.

- **Por ora** significa "por enquanto".
- **Por hora** significa "durante uma hora".

Atividades

1. Complete as frases com **ora** ou **hora**.

   a) Cuidado para não perder a _____ do treino de hoje.

   b) Já está na _____ da saída?

   c) _____! Lá vem você com essa história novamente.

   d) Se não gostou da nota, estude um pouco mais, _____ essa!

2. Complete as frases com **por ora** ou **por hora**.

   a) Essa máquina produz muitas peças _____.

   b) O doente, _____, não está mais com febre.

   c) O grupo caminhou só dois quilômetros _____ naquela floresta.

   d) Esse avião voa a mais de 300 quilômetros _____.

Hum e um

Hum! Estou ouvindo um barulhinho estranho atrás da porta.

hum — interjeição

um — artigo indefinido

A interjeição **hum** pode expressar desconfiança, como é o caso da frase acima. Mas pode também ter outros sentidos. Veja estes exemplos.

- Irritação: **Hum!** Não gostei do que ele disse!
- Surpresa agradável: **Hum!** Que bolo delicioso!

Reforço ortográfico

3. Complete as frases com **hum** ou **um**.

a) Você quer _____ pastel? _____, claro que sim, parece delicioso!

b) _____! Lá vem aquele sujeito chato de novo!

c) _____! Como você está elegante hoje!

d) Vou sugerir _____ livro para você ler nas férias.

Ah e há

— Não há mais ingressos para a sessão de cinema de hoje.
— Ah! Que pena!

ah — interjeição
há — forma de verbo **haver**

A interjeição **ah** pode expressar desapontamento, como na frase acima, mas pode ter também outros sentidos. Veja os exemplos.
- Surpresa agradável: **Ah!** Que bom que você veio à nossa festa.
- Surpresa desagradável: **Ah!** Que pena que ele está doente!
- Irritação: **Ah!** Pare de me incomodar!

4. Complete as frases com **ah** ou **há**.

a) Com certeza, não _____ nenhum jogador tão bom como ele.

b) _____, sinto muito! Acho que não _____ meio de resolver esse problema.

c) Você vai dar uma festa? _____! Que boa ideia!

d) _____, que azar! Não poderei fazer essa viagem maravilhosa.

Revisão

1. Complete a cruzadinha escrevendo o infinitivo das formas verbais indicadas.

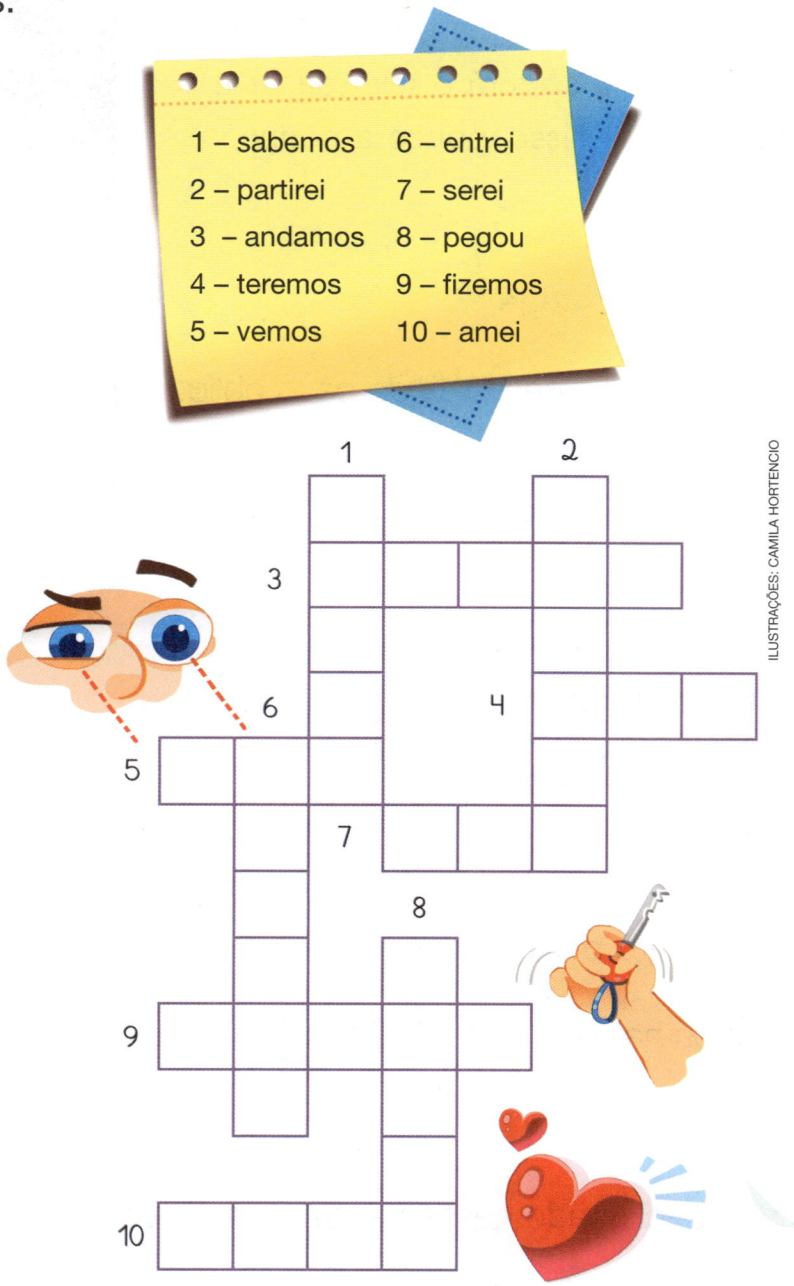

   1 – sabemos   6 – entrei
   2 – partirei   7 – serei
   3 – andamos   8 – pegou
   4 – teremos   9 – fizemos
   5 – vemos   10 – amei

- Escreva em ordem alfabética os infinitivos da cruzadinha.

_____

_____

Revisão

As atividades 2 a 6 referem-se ao texto a seguir.

Mãe e filho

A ovelha cuida muito bem do seu cordeirinho. Ela o alimenta e o protege. Durante os primeiros quinze dias de vida do filhote, ele só terá o leite da mãe como alimento. Só depois disso, pouco a pouco, começará a comer capim.

2. "Ela o alimenta e o protege."

   a) Circule os pronomes pessoais do caso oblíquo que há na frase acima.

   b) A que substantivo do texto eles se referem?

   _____

   c) Na frase, há também um pronome pessoal do caso reto. Qual? A que palavra do texto ele se refere?

   _____

3. "A ovelha cuida muito bem do seu cordeirinho."

   a) Que advérbios há nessa frase? Classifique-os.

   _____

   b) Que pronome foi usado nessa frase? Classifique-o.

   _____

4. No texto, há dois substantivos no grau diminutivo. Quais?

   _____

5. Copie do texto:

a) os verbos que estão no presente do indicativo.

_____

b) os verbos que estão no futuro do indicativo.

_____

6. Separe as sílabas das palavras abaixo.

a) cordeirinho

b) alimento

c) filhote

d) primeiros

- Circule os ditongos.

7. Observe a transformação de uma locução adjetiva em um adjetivo.

leite de mãe → leite materno

locução adjetiva   adjetivo

- Transforme as locuções adjetivas abaixo em adjetivos.

a) dia de sol

dia _____

b) período da noite

período _____

c) noite de lua

noite _____

d) cinzas de vulcão

cinzas _____

e) festa de estudante

festa _____

f) gesto de carinho

gesto _____

Revisão

8. Complete as frases usando os verbos indicados no presente do subjuntivo.

a) Quero que todos vocês _____ nessa sala. `entrar`

b) Espero que ela _____ da gripe. `melhorar`

c) Peço que você _____ seu colega. `ajudar`

d) Quero que você _____ com essa brincadeira. `parar`

9. Ordene as letras abaixo e forme sinônimos dos verbos do quadro.

Dica!
A letra **vermelha** é a primeira de cada verbo.
A última letra de cada um você já sabe qual é.

| acabar | lembrar | surgir | autorizar | sumir |

- r e i m **t** n r a
- e o c **r** d r a r
- e r c p **a** r e a
- e r t **p** r i m i
- e **d** p e c s r a e r a

a) Escreva os verbos que você formou.

_____

b) Escreva agora os antônimos desses verbos.

_____

10. Escreva o antônimo das palavras abaixo usando **des**, **im** ou **in**.

a) cobrir _____

b) justiça _____

c) obediência _____

d) correto _____

e) honesto _____

f) certeza _____

g) paciente _____

h) travar _____

11. Sublinhe os adjetivos nas frases abaixo.

a) A praia estava lotada naquele dia quente.

b) A água gelada do mar provocava arrepios nas pessoas.

c) A criançada, alegre e animada, corria de um lado para o outro.

- Passe os adjetivos que você sublinhou para o grau superlativo absoluto sintético.

_____
_____

Hora da história

A formiga boa

Estava acabando o verão e, como sempre, a formiguinha estava se recolhendo para o formigueiro, abastecido com bastante comida e protegido do inverno. A cigarra ainda andava pela floresta, cantando como tinha feito o verão inteiro e comendo as últimas folhas verdes. Mas as chuvas chegaram, anunciando a chegada da estação fria e enfraquecendo a cigarra, que machucou as asas porque não tinha abrigo.

Ela se lembrou, então, da formiga e da sua casinha protegida e cheia de comida. Bateu na porta da formiguinha, que a atendeu enrolada em um cachecol quentinho e tomando uma xícara de chá.

— Por favor, dona formiga — pediu a cigarra, tremendo de frio. — Preciso de abrigo e de comida. Estou machucada e não tenho para onde ir.

— O que você fez durante o verão? — quis saber a outra.

— Eu cantei! — respondeu a cigarra, quase envergonhada.

A formiga observou a cigarra trêmula, com a asa arrastando no chão, e teve muita pena.

— Entre! — disse a formiga, abrindo a porta. — Agora me lembro de que seu canto me fez feliz durante todo o verão! Eu e minhas companheiras gostávamos de ouvi-la cantar, aliviava o nosso trabalho. Venha se abrigar e se aquecer porque, quando o verão chegar, seu canto será novamente a nossa alegria!

A cigarra, ouvindo isso, quase chorou de emoção! Durante todo o inverno ela fez companhia para a formiga e, quando o verão chegou novamente, voltou para o seu galho e cantou mais do que nunca! Lá embaixo, a formiguinha trabalhava e sorria, ouvindo a melodia da amiga, e seu trabalho ficava mais leve e fácil.

Renata Tufano. Versão da fábula de Monteiro Lobato, escrita especialmente para esta obra.

Hora da história

Atividades

1. Durante o verão, o que a cigarra fazia? E as formigas?

   _____

2. As formigas gostavam de ouvir o canto da cigarra? Por quê?

   _____

3. Quando chegou o inverno, ao procurar ajuda no formigueiro, como a cigarra foi recebida?

   _____

4. Sublinhe os adjetivos que caracterizam a formiga.

   egoísta   amorosa   maldosa   gentil   bondosa

5. Podemos dizer que tanto as formigas quanto a cigarra faziam um trabalho importante? Por quê?

   _____

   _____

6. No mundo dos seres humanos, que tipo de atividade pode ser comparado ao trabalho da cigarra?

   _____

   _____

7. Reúna-se com seus colegas e criem uma frase que possa servir de moral para essa fábula. Escreva a frase no caderno.

A formiga má

Havia, numa outra parte da floresta, outra formiga e outra cigarra. Essa formiga, como todas as formigas, também trabalhou bastante durante o verão e acumulou comida para o inverno. Seu formigueiro era resistente e aquecido. Perto dela havia uma cigarra que tinha cantado durante todo o verão e, como todas as cigarras, não tinha comida nem abrigo para o inverno que chegava.

E o inverno chegou rápido e muito severo. Os campos ficaram cobertos de neve e a terra ficou tão dura que a cigarra não conseguia nem cavar um buraco para se proteger dos ventos que arrancavam as folhas das árvores onde ela costumava subir para cantar. Sofrendo muito, foi pedir abrigo à formiga.

Hora da história

— Por que eu deveria lhe dar abrigo? — perguntou a formiga, abrindo a porta do formigueiro. — Você foi vagabunda! Cantou durante todo o verão enquanto eu trabalhava sem parar. Agora, eu mereço comer minha comida na minha casa quentinha e você merece morrer de fome no frio!

E bateu a porta na cara da cigarra.

O vento, o frio e a fome castigaram tanto a cigarra que, depois de alguns dias, a pobre cantora morreu por ali mesmo, pertinho da casa da formiga.

Quando o verão chegou, as formigas saíram para trabalhar novamente. Mas a floresta agora parecia triste, pois o canto da cigarra tinha se calado para sempre, por causa daquela formiga egoísta. Só então perceberam como era importante o trabalho da cigarra. Era ela que fazia os dias mais alegres e o trabalho mais leve.

Renata Tufano. Versão da fábula de Monteiro Lobato, escrita especialmente para esta obra.

Atividades

1. A formiga chamou a cigarra de vagabunda. Você acha que a cigarra foi realmente vagabunda? Ela não fez nada de útil durante o verão?

   _____

   _____

2. Sublinhe os adjetivos que podemos usar para descrever a formiga.

   > gentil   cruel   amorosa   bondosa   egoísta   maldosa

3. Por que aquela parte da floresta estava triste quando o verão chegou novamente?

   _____

   _____

4. Se pudesse escrever uma mensagem à formiga, o que você escreveria? Escreva essa mensagem no caderno.

Vamos ler mais?

A formiguinha boa teve pena da cigarra e ajudou a amiga quando ela mais precisava. Essa atitude é chamada de solidariedade, que é o ato de ajudar alguém sem esperar nada em troca.

Nesta outra história, temos uma situação parecida: numa cidade cheia de prédios, um velhinho recebe uma ordem de despejo, pois sua casinha será demolida para dar lugar a um arranha-céu. E agora, onde ele vai morar? Saiba o que acontece lendo o livro *Ah... nisso eu não tinha pensado!*, de Ludovic Souliman, ilustrado por Bruna Assis Brasil e traduzido por Regina Machado.

Despedida

Você está terminando a primeira etapa do Ensino Fundamental. Foram cinco anos de muitas descobertas. Você aprendeu tantas coisas, conheceu pessoas, fez novos amigos – foi uma boa experiência, não é mesmo?

Agora, você vai passar para uma nova etapa, com mais desafios, novos amigos e tantas outras coisas para aprender. Não tenha receio. Assim como venceu os desafios até agora, vai conseguir vencer os que virão. É como um jogo de *videogame*. Quando vem uma nova fase, a gente fica em dúvida: será que vou conseguir? O novo desafio traz certa insegurança, mas, por outro lado, é bom ter um desafio maior pela frente. A vitória, no fim, tem um sabor mais gostoso.

Agradeça a seus professores por tudo que fizeram por você durante esses anos. Você conhecerá novos professores, mas com certeza nunca vai esquecer esses que o ajudaram nos anos iniciais. E eu também fico feliz por ter feito essa caminhada ao seu lado, ajudando-o com os meus livros.

Um abraço

Douglas Tufano

Modelos de conjugação verbal e Conjugação de alguns verbos irregulares

Modelos de conjugação verbal

1ª conjugação

FALAR

Presente	Passado (Pretérito)	Futuro
eu falo	eu falei	eu falarei
tu falas	tu falaste	tu falarás
ele/ela/você fala	ele/ela/você falou	ele/ela/você falará
nós falamos	nós falamos	nós falaremos
vós falais	vós falastes	vós falareis
eles/elas/vocês falam	eles/elas/vocês falaram	eles/elas/vocês falarão

2ª conjugação

COMER

Presente	Passado (Pretérito)	Futuro
eu como	eu comi	eu comerei
tu comes	tu comeste	tu comerás
ele/ela/você come	ele/ela/você comeu	ele/ela/você comerá
nós comemos	nós comemos	nós comeremos
vós comeis	vós comestes	vós comereis
eles/elas/vocês comem	eles/elas/vocês comeram	eles/elas/vocês comerão

3ª conjugação

PARTIR

Presente	Passado (Pretérito)	Futuro
eu parto	eu parti	eu partirei
tu partes	tu partiste	tu partirás
ele/ela/você parte	ele/ela/você partiu	ele/ela/você partirá
nós partimos	nós partimos	nós partiremos
vós partis	vós partistes	vós partireis
eles/elas/vocês partem	eles/elas/vocês partiram	eles/elas/vocês partirão

Conjugação de alguns verbos irregulares

DAR

Presente	Passado (Pretérito)	Futuro
eu dou	eu dei	eu darei
tu dás	tu deste	tu darás
ele/ela/você dá	ele/ela/você deu	ele/ela/você dará
nós damos	nós demos	nós daremos
vós dais	vós destes	vós dareis
eles/elas/vocês dão	eles/elas/vocês deram	eles/elas/vocês darão

DIZER

Presente	Passado (Pretérito)	Futuro
eu digo	eu disse	eu direi
tu dizes	tu disseste	tu dirás
ele/ela/você diz	ele/ela/você disse	ele/ela/você dirá
nós dizemos	nós dissemos	nós diremos
vós dizeis	vós dissestes	vós direis
eles/elas/vocês dizem	eles/elas/vocês disseram	eles/elas/vocês dirão

ESTAR

Presente	Passado (Pretérito)	Futuro
eu estou	eu estive	eu estarei
tu estás	tu estiveste	tu estarás
ele/ela/você está	ele/ela/você esteve	ele/ela/você estará
nós estamos	nós estivemos	nós estaremos
vós estais	vós estivestes	vós estareis
eles/elas/vocês estão	eles/elas/vocês estiveram	eles/elas/vocês estarão

FAZER

Presente	Passado (Pretérito)	Futuro
eu faço	eu fiz	eu farei
tu fazes	tu fizeste	tu farás
ele/ela/você faz	ele/ela/você fez	ele/ela/você fará
nós fazemos	nós fizemos	nós faremos
vós fazeis	vós fizestes	vós fareis
eles/elas/vocês fazem	eles/elas/vocês fizeram	eles/elas/vocês farão

IR

Presente	Passado (Pretérito)	Futuro
eu vou	eu fui	eu irei
tu vais	tu foste	tu irás
ele/ela/você vai	ele/ela/você foi	ele/ela/você irá
nós vamos	nós fomos	nós iremos
vós ides	vós fostes	vós ireis
eles/elas/vocês vão	eles/elas/vocês foram	eles/elas/vocês irão

PÔR

Presente	Passado (Pretérito)	Futuro
eu ponho	eu pus	eu porei
tu pões	tu puseste	tu porás
ele/ela/você põe	ele/ela/você pôs	ele/ela/você porá
nós pomos	nós pusemos	nós poremos
vós pondes	vós pusestes	vós poreis
eles/elas/vocês põem	eles/elas/vocês puseram	eles/elas/vocês porão

QUERER

Presente	Passado (Pretérito)	Futuro
eu quero	eu quis	eu quererei
tu queres	tu quiseste	tu quererás
ele/ela/você quer	ele/ela/você quis	ele/ela/você quererá
nós queremos	nós quisemos	nós quereremos
vós quereis	vós quisestes	vós querereis
eles/elas/vocês querem	eles/elas/vocês quiseram	eles/elas/vocês quererão

SER

Presente	Passado (Pretérito)	Futuro
eu sou	eu fui	eu serei
tu és	tu foste	tu serás
ele/ela/você é	ele/ela/você foi	ele/ela/você será
nós somos	nós fomos	nós seremos
vós sois	vós fostes	vós sereis
eles/elas/vocês são	eles/elas/vocês foram	eles/elas/vocês serão

TER

Presente	Passado (Pretérito)	Futuro
eu tenho	eu tive	eu terei
tu tens	tu tiveste	tu terás
ele/ela/você tem	ele/ela/você teve	ele/ela/você terá
nós temos	nós tivemos	nós teremos
vós tendes	vós tivestes	vós tereis
eles/elas/vocês têm	eles/elas/vocês tiveram	eles/elas/vocês terão

TRAZER

Presente	Passado (Pretérito)	Futuro
eu trago	eu trouxe	eu trarei
tu trazes	tu trouxeste	tu trarás
ele/ela/você traz	ele/ela/você trouxe	ele/ela/você trará
nós trazemos	nós trouxemos	nós traremos
vós trazeis	vós trouxestes	vós trareis
eles/elas/vocês trazem	eles/elas/vocês trouxeram	eles/elas/vocês trarão

VER

Presente	Passado (Pretérito)	Futuro
eu vejo	eu vi	eu verei
tu vês	tu viste	tu verás
ele/ela/você vê	ele/ela/você viu	ele/ela/você verá
nós vemos	nós vimos	nós veremos
vós vedes	vós vistes	vós vereis
eles/elas/vocês veem	eles/elas/vocês viram	eles/elas/vocês verão

VICENTE MENDONÇA

VIR

Presente	Passado (Pretérito)	Futuro
eu venho	eu vim	eu virei
tu vens	tu vieste	tu virás
ele/ela/você vem	ele/ela/você veio	ele/ela/você virá
nós vimos	nós viemos	nós viremos
vós vindes	vós viestes	vós vireis
eles/elas/vocês vêm	eles/elas/vocês vieram	eles/elas/vocês virão

Minidicionário

Abreviaturas
subst.: substantivo
adj.: adjetivo
v.: verbo
adv.: advérbio
masc.: masculino
fem.: feminino
fig.: figurado
Pl.: plural
Superl.: superlativo
Ant.: antônimo
▲ locução

- O destaque na divisão silábica assinala a sílaba tônica.
- Substantivo ou adjetivo que apresenta a mesma forma para o masculino e feminino: subst. masc. fem. / adj. masc. fem.

Aa

acabar a.ca.**bar**
v. Terminar, concluir: *Ele acabou a tarefa.* ▪ Ant.: iniciar, começar.

aceitar a.cei.**tar**
v. Concordar em receber o que é oferecido: *Aceitei o presente que me deram.* ▪ Ant.: recusar.

acento a.**cen**.to
subst. masc. Sinal gráfico que se põe sobre a vogal de certas palavras: *A palavra café tem acento.*

achar a.**char**
v. 1. Encontrar: *Achei este lápis no chão.* 2. Pensar: *Acho que vai chover daqui a pouco.*

admirável ad.mi.**rá**.vel
adj. masc. fem. Que merece elogio: *Parabéns, sua atitude foi admirável.*
▪ Pl.: admiráveis.
▪ Superl.: admirabilíssimo.

adquirir ad.qui.**rir**
v. 1. Comprar: *Adquiri um bom livro.* 2. Obter, ganhar: *Adquiri muitos conhecimentos nesse curso.*

agradável a.gra.**dá**.vel
adj. masc. fem. Que agrada, que dá prazer: *lugar agradável.*
▪ Pl.: agradáveis.
▪ Superl.: agradabilíssimo.
▪ Ant.: desagradável.

aguardar a.guar.**dar**
v. Esperar: *Estou aguardando o ônibus.*

ajudar a.ju.**dar**
v. Auxiliar: *Ajudei meu colega a fazer o trabalho.*

alegrar a.le.**grar**
v. Deixar alegre: *A notícia da viagem alegrou a criançada.*
▪ Ant.: entristecer.

alegre a.**le**.gre
adj. masc. fem. Contente, feliz: *Ela ficou alegre com o presente que ganhou.* ▪ Superl.: alegríssimo.
▪ Ant.: triste.

alto **al**.to
adj. 1. Que tem grande estatura: *homem alto.* 2. Elevado: *muro alto.* 3. Que soa forte: *som alto.*
▪ Superl.: altíssimo. ▪ Ant.: baixo.

amar a.**mar**
v. Gostar muito: *Ela ama seus pais.*
▪ Ant.: odiar.

ancião an.ci.**ão**
subst. masc. Homem idoso: *Vimos um ancião com longas barbas brancas.*
▪ Fem.: anciã.
▪ Pl.: anciãos, anciãs.

ansioso an.si.**o**.so [ô]
adj. Que está esperando muito que alguma coisa aconteça: *À tarde, o cãozinho sempre fica ansioso pela chegada do garoto.* ▪ Fem.: ansiosa [ó]
▪ Pl.: ansiosos [ó], ansiosas [ó].
▪ Superl.: ansiosíssimo.

aparecer a.pa.re.**cer**
v. Surgir: *Quando anoitece, a lua aparece no céu.* ▪ Ant.: desaparecer.

apavorar a.pa.vo.**rar**
v. Assustar muito, provocar pavor: *O barulho dos trovões apavorou as crianças.*

assento as.**sen**.to
subst. masc. Parte do móvel onde sentamos: *O assento dessa cadeira é macio.*

assustar as.sus.**tar**
v. Dar susto em alguém: *O barulho da explosão assustou as pessoas.*

atento a.**ten**.to
adj. Que presta atenção: *aluno atento.*
- Superl.: atentíssimo.
- Ant.: desatento.

auxiliar au.xi.li.**ar** [ss]
v. Socorrer, ajudar: *Auxiliei o aluno novo com a lição.* subst. masc. fem. Ajudante: *Ele é auxiliar da diretora.*

Bb

baixo **bai**.xo
adj. 1. Que tem pouca altura: *homem baixo.* 2. Que quase não se ouve: *voz baixa.* ■ Superl.: baixíssimo. ■ Ant.: alto.

belo **be**.lo
adj. 1. Bonito, lindo: *Ela tem um belo rosto.* 2. Que merece elogio: *Ele fez uma bela ação.* ■ Superl.: belíssimo.
■ Ant.: feio.

benéfico be.**né**.fi.co
adj. Que faz bem: *Esta cidade tem um clima benéfico à saúde.*
■ Ant.: maléfico, nocivo, prejudicial.

bondoso bon.**do**.so [ô]
adj. Que faz o bem, que ajuda outras pessoas: *Ele é um homem bondoso, ajuda muita gente.* ■ Fem.: bondosa [ó].
■ Pl.: bondosos [ó], bondosas [ó].
■ Ant.: maldoso.

bravo **bra**.vo
adj. 1. Valente, corajoso: *Ele era um bravo guerreiro.* 2. Muito nervoso, furioso: *Fiquei bravo quando soube o que tinha acontecido.* 3. Feroz: *Esse cão é bravo.* ■ Superl.: bravíssimo.

Cc

calda **cal**.da
subst. fem. Mistura de água e açúcar que se ferve para fazer doces: *doce de goiaba com calda.*

calmo **cal**.mo
adj. Tranquilo, sossegado: *Sofia é uma menina calma.*
■ Superl.: calmíssimo.
■ Ant.: nervoso, irritado.

carinhoso ca.ri.**nho**.so [ô]
adj. Que demonstra carinho: *Vovô é carinhoso com os netos.*
■ Fem.: carinhosa [ó].
■ Pl.: carinhosos [ó], carinhosas [ó].

cauda **cau**.da
subst. fem. Rabo: *O cãozinho, contente, abanava a cauda.*

cela **ce**.la
subst. fem. 1. Quarto pequeno onde ficam os presos: *O ladrão está na cela 5, à esquerda.*
2. Quarto pequeno de um convento onde dormem os religiosos: *A freira se recolheu à sua cela para descansar.*

cesta **ces**.ta
subst. fem. Recipiente geralmente feito de palha trançada que se usa para pôr ou guardar diferentes coisas: *Os alunos deram uma cesta de flores para a professora.*

cesto **ces**.to
subst. masc. Tipo de cesta, feito de plástico ou outro material, geralmente usado para guardar ou depositar coisas: *A mulher levou o cesto de roupas sujas para a lavanderia no sexto andar.*

cidadania ci.da.da.**ni**.a
subst. fem. Conjunto de direitos e deveres das pessoas. Todos nós temos direito à liberdade, à alimentação, ao estudo, ao lazer etc. E temos também o dever de seguir as regras e as leis para o bem da vida em sociedade: *Não sujar o meio ambiente é praticar a cidadania.*

cidadão ci.da.**dão**
subst. masc. Pessoa que pode exercer todos os direitos que estão nas leis: *Sou um cidadão brasileiro; tenho o direito de votar.* ▪ Fem.: cidadã. ▪ Pl.: cidadãos, cidadãs.

cinto **cin**.to
subst. masc. Tira, geralmente de couro, que se usa em torno da cintura para segurar ou enfeitar uma vestimenta: *Há vários cintos bonitos nessa loja.*

civilidade ci.vi.li.**da**.de
subst. fem. Modo de agir de gente educada e gentil, que trata os outros com respeito: *Quem é gentil com os outros dá um exemplo de civilidade.*

clarear cla.re.**ar**
v. Deixar claro: *A luz do sol clareia a manhã.* ▪ Ant.: escurecer.

começar co.me.**çar**
v. Iniciar, principiar: *Vou começar o trabalho.* ▪ Ant.: terminar, finalizar, concluir.

comemorar co.me.mo.**rar**
v. Festejar: *Comemoramos o Dia do Professor.*

completo com.**ple**.to
adj. Inteiro, a que não falta nada: *Meu álbum de figurinhas está completo.*
▪ Ant.: incompleto.

comprimento com.pri.**men**.to
subst. masc. Tamanho, extensão, medida de uma extremidade a outra: *Vou medir o comprimento desse corredor.*

concluir con.clu.**ir**
v. 1. Terminar, finalizar: *Ele concluiu sua explicação.* 2. Chegar a uma conclusão: *Ouvi sua opinião e concluí que você está certo.*

contente con.**ten**.te
adj. masc. fem. Alegre, satisfeito: *A menina ficou contente com os elogios do pai.* ▪ Superl.: contentíssimo.
▪ Ant.: descontente.

coração co.ra.**ção**
subst. masc. 1. Órgão que faz o sangue circular pelo corpo: *O médico examinou o coração desse homem.* 2. *fig.* Amor: *Romeu conquistou o coração de Julieta.* ▪ Pl.: corações.

corajoso co.ra.**jo**.so [ô]
adj. Que tem coragem, que enfrenta o perigo: *homem corajoso.*
▪ Fem.: corajosa [ó]. ▪ Pl.: corajosos [ó], corajosas [ó]. ▪ Ant.: medroso.

coro **co**.ro [ô]
subst. masc. Grupo de pessoas que cantam ou declamam juntas: *Luciana e sua irmã fazem parte do coro da igreja.*

correto cor.**re**.to
adj. Certo: *resposta correta.*
▪ Ant.: incorreto.

couro **cou**.ro
subst. masc. A pele grossa de certos animais, como o boi, por exemplo: *A lei determina a proibição da comercialização de artigos de vestuário feitos com couro animal.*

cumprimento cum.pri.**men**.to
subst. masc. Gesto ou palavra com que se cumprimenta, com que se faz uma saudação a alguém: *Fez um cumprimento gentil ao vizinho.*

curto **cur**.to
adj. 1. Que tem pouco comprimento, que não é extenso: *rua curta.* 2. Breve, rápido, de pouca duração: *filme curto.* ▪ Superl.: curtíssimo.
▪ Ant.: longo.

Dd

decorar de.co.**rar**
v. 1. Saber de cor: *Já decorei a letra dessa música.* 2. Enfeitar um lugar: *Vamos decorar a sala com muitas flores.*

delicioso de.li.ci.**o**.so [ô]
adj. Gostoso, saboroso: *O sorvete está delicioso.* ▪ Fem.: deliciosa [ó].
▪ Pl.: deliciosos [ó], deliciosas [ó].
▪ Superl.: deliciosíssimo.

depressa de.**pres**.sa
adv. Rapidamente: *Ele saiu depressa da sala.* ▪ Ant.: devagar.

desaparecer de.sa.pa.re.**cer**
v. Sumir: *Quando anoitece, o sol desaparece no horizonte.*
▪ Ant.: aparecer.

desatento de.sa.**ten**.to
adj. Distraído, que não presta atenção: *Ele estava desatento e não ouviu as explicações do professor.* ▪ Ant.: atento.

descontente des.con.**ten**.te
adj. masc. fem. Insatisfeito, que não está contente: *Fiquei descontente com a minha nota do exame.*
▪ Ant.: contente.

deselegante de.se.le.**gan**.te
adj. masc. fem. Sem elegância: *Você está deselegante com essa roupa, ela não fica bem em você.*
▪ Ant.: elegante.

desfazer des.fa.**zer**
v. Desmanchar o que estava feito: *A costureira desfez o vestido.*
▪ Ant.: fazer.

desobediente de.so.be.di.**en**.te
adj. masc. fem. Que não obedece, que não faz o que lhe mandam ou pedem: *criança desobediente.*
▪ Ant.: obediente.

desonesto de.so.**nes**.to
adj. Que não age corretamente, que engana ou rouba os outros: *homem desonesto.* ▪ Superl.: desonestíssimo.
▪ Ant.: honesto.

devagar de.va.**gar**
adv. Lentamente: *Ele caminhava devagar pela praia.* ▪ Ant.: depressa.

devastado de.vas.**ta**.do
adj. Destruído: *A plantação foi devastada pela tempestade.*

difícil di.**fí**.cil
adj. masc. fem. Complicado, que não é fácil de entender ou fazer: *trabalho difícil.* ▪ Pl.: difíceis. ▪ Superl.: dificílimo.
▪ Ant.: fácil.

diurno di.**ur**.no
adj. Que ocorre durante o dia: *Estudo no período diurno.*

divertido di.ver.**ti**.do
adj. Engraçado: *O filme que vimos era divertido, rimos muito com ele.*
▪ Superl.: divertidíssimo.

duvidar du.vi.**dar**
v. Não ter certeza: *Duvido que ele vá à reunião.*

Ee

elegante e.le.**gan**.te
adj. masc. fem. Que se veste com capricho, que tem bom gosto na escolha das roupas: *homem elegante*.
▪ Superl.: elegantíssimo.
▪ Ant.: deselegante.

empolgante em.pol.**gan**.te
adj. masc. fem. Emocionante: *O jogo foi empolgante, a torcida vibrou o tempo todo*.

enfraquecer en.fra.que.**cer**
v. Ficar fraco: *A má alimentação enfraquece as pessoas*. ▪ Ant.: fortalecer.

enluarado en.lu.a.**ra**.do
adj. Iluminado pela lua: *Da varanda, vimos a praia enluarada*.

enorme e.**nor**.me
adj. masc. fem. Muito grande: *estátua enorme*. ▪ Ant.: pequeno.

ensolarado en.so.la.**ra**.do
adj. Iluminado pelo sol: *dia ensolarado*.

escuro es.**cu**.ro
adj. Em que não há luz ou claridade: *quarto escuro*. ▪ Ant.: claro.

esplêndido es.**plên**.di.do
adj. Admirável, magnífico: *Os bailarinos fizeram uma apresentação esplêndida*.

estudantil es.tu.dan.**til**
adj. masc. fem. Que se refere aos estudantes: *Houve uma gincana estudantil na minha cidade*.
▪ Pl.: estudantis.

exausto e.**xaus**.to [z]
adj. Muito cansado: *A corrida me deixou exausto*.

excelente ex.ce.**len**.te
adj. masc. fem. Ótimo, muito bom: *Seu trabalho está excelente*.

exibir e.xi.**bir** [z]
v. Mostrar: *O professor exibiu os cartazes dos alunos*.

êxito **ê**.xi.to [z]
subst. masc. Sucesso, resultado positivo: *A nossa experiência teve êxito*.

extenso ex.**ten**.so
adj. Longo, comprido: *fila extensa*.
▪ Superl.: extensíssimo. ▪ Ant.: curto.

extinto ex.**tin**.to
adj. Que não existe mais, que desapareceu de uma vez: *Os dinossauros são animais extintos*.

extraordinário ex.tra.or.di.**ná**.rio
adj. Fora do comum, notável: *Ele mostrou uma coragem extraordinária*.

Ff

fábula **fá**.bu.la
subst. fem. Pequena história que expressa um ensinamento moral e que tem animais como personagens.

façanha fa.**ça**.nha
subst. fem. Ação heroica, difícil de ser realizada: *As façanhas do super-herói empolgavam a plateia do cinema*.

fácil **fá**.cil
adj. masc. fem. Que se faz sem dificuldade: *Esse trabalho é fácil, vou acabar num instante*.
▪ Pl.: fáceis. ▪ Superl.: facílimo.
▪ Ant.: difícil.

falso **fal**.so
adj. Que não é verdadeiro: *Essa assinatura é falsa*. ▪ Ant.: verdadeiro.

faminto

faminto fa.**min**.to
adj. Com fome: *A raposa faminta procurava comida.*

famoso fa.**mo**.so [ô]
adj. Que é conhecido por muita gente: *artista famoso.*
■ Fem.: famosa [ó]. ■ Pl.: famosos [ó], famosas [ó]. ■ Superl.: famosíssimo.

farejar fa.re.**jar**
v. Seguir pelo cheiro, como fazem os cães, as raposas e outros animais: *O cão farejou comida e dirigiu-se à cozinha.*

fascinado fas.ci.**na**.do
adj. Encantado, deslumbrado: *Esse menino é fascinado pelas estrelas; toda noite, fica horas observando-as.*

fascinante fas.ci.**nan**.te
adj. masc. fem. Que prende a atenção, que encanta as pessoas: *O espetáculo foi fascinante.*

feio **fei**.o
adj. Que não tem boa aparência: *homem feio.* ■ Superl.: feíssimo.
■ Ant.: bonito, belo.

feliz fe.**liz**
adj. masc. fem. Muito contente: *Ela ficou feliz com o presente que ganhou dos colegas.* ■ Pl.: felizes.
■ Superl.: felicíssimo.
■ Ant.: infeliz.

feroz fe.**roz**
adj. masc. fem. Muito bravo: *O leão é um animal feroz.* ■ Pl.: ferozes.
■ Superl.: ferocíssimo.
■ Ant.: manso.

finalizar fi.na.li.**zar**
v. Acabar, terminar: *Já finalizei meu trabalho.* ■ Ant.: iniciar, começar, principiar.

garra

fóssil **fós**.sil
subst. masc. Parte de um animal ou planta que ficou conservado na natureza: *Os cientistas encontraram um fóssil de dinossauro.* ■ Pl.: fósseis.

fundo **fun**.do
adj. Que vai até muito abaixo da superfície: *poço fundo.* ■ Superl.: fundíssimo. ■ Ant.: raso.

furar fu.**rar**
v. Fazer ou abrir um furo: *Ele furou a parede com um prego.* ▲ **furar a fila** Passar na frente dos outros, sem respeitar a ordem: *As pessoas reclamaram porque o homem furou a fila e entrou primeiro no ônibus.*

Gg

galho **ga**.lho
subst. masc. Cada uma das partes que brotam do tronco das plantas ou árvores: *O bem-te-vi pousou num dos galhos da árvore.* ▲ **quebrar um galho** Ajudar a resolver um problema: *Eu estava sem dinheiro para o lanche, mas meu amigo quebrou um galho e comprou um sanduíche para mim.*

ganhar ga.**nhar**
v. **1.** Receber de presente: *Ganhei um livro dos meus colegas.* **2.** Vencer: *Nosso time ganhou o jogo.*

garoa ga.**ro**.a
subst. fem. Chuvisco, chuvinha miúda, fraca: *Ontem à tarde caiu uma garoa.*

garra **gar**.ra
subst. fem. **1.** Unha em forma de gancho: *O tigre e a águia têm garras.* **2.** *fig.* Força de vontade, entusiasmo: *Os jogadores mostraram muita garra durante a partida.*

gelado ge.la.do
adj. Muito frio: *A água da piscina está gelada.* ▪ Superl.: geladíssimo.
▪ Ant.: quente.

gentil gen.til
adj. masc. fem. Atencioso, amável, que trata os outros com atenção e boa educação: *rapaz gentil.* ▪ Pl.: gentis.
▪ Superl.: gentilíssimo.

gostoso gos.to.so [ô]
adj. Saboroso, delicioso: *Este bolo está muito gostoso.* ▪ Fem.: gostosa [ó].
▪ Pl.: gostosos [ó], gostosas [ó].
▪ Superl.: gostosíssimo.

grama gra.ma
subst. fem. Planta rasteira que cobre o chão: *A grama do jardim está bonita.*
subst. masc. Unidade de medida de peso: *Comprei duzentos gramas de queijo.*

Hh

habitar ha.bi.tar
v. Morar: *Meus tios habitam numa pequena cidade.*

hábito há.bi.to
subst. masc. Costume, aquilo que se faz sempre: *Meu avô tem o hábito de passear pela praia todas as manhãs.*

herói he.rói
subst. masc. Aquele que se destaca por praticar ações corajosas, ajudando outras pessoas: *No filme que vimos, o herói arriscou a vida para salvar muita gente.* ▪ Fem.: heroína.

honesto ho.nes.to
adj. Que faz tudo direito e não engana ninguém: *Todos nós devemos ser honestos.* ▪ Superl.: honestíssimo.
▪ Ant.: desonesto.

horroroso hor.ro.ro.so [ô]
adj. Pavoroso, medonho: *O livro descreve um monstro horroroso que perseguia as pessoas.*
▪ Fem.: horrorosa [ó].
▪ Pl.: horrorosos [ó], horrorosas [ó].
▪ Ant.: lindo, belo, maravilhoso.

humilde hu.mil.de
adj. masc. fem. Modesto, simples, sem orgulho: *pessoa humilde.*
▪ Superl.: humildíssimo.
▪ Ant.: orgulhoso.

Ii

idoso i.do.so [ô]
adj. Que tem muitos anos de idade: *Meu avô é idoso, ele tem oitenta anos.*
▪ Fem.: idosa [ó]. ▪ Pl.: idosos [ó], idosas [ó]. ▪ Ant.: jovem, moço.

impaciente im.pa.ci.en.te
adj. masc. fem. Que não tem paciência, que não sabe esperar: *Não seja impaciente, espere sentado sua vez de jogar.* ▪ Ant.: paciente.

impossível im.pos.sí.vel
adj. masc. fem. Que não pode ser, que não se pode fazer: *Acho que subir até o alto daquela montanha é impossível, ninguém consegue fazer isso.*
▪ Pl.: impossíveis.

incorreto in.cor.re.to
adj. Errado: *resposta incorreta.*
▪ Ant.: correto.

infeliz in.fe.liz
adj. masc. fem. Muito triste: *Ela ficou infeliz por não ter sido aprovada no teste.* ▪ Pl.: infelizes.
▪ Superl.: infelicíssimo.
▪ Ant.: feliz.

inútil i.**nú**.til
  adj. masc. fem. Que não serve, que não é útil: *Para abrir aquela porta, essa chave é inútil, não serve.* ▪ **Pl.:** inúteis.
  ▪ **Ant.:** útil.

invisível in.vi.**sí**.vel
  adj. masc. fem. Que não se consegue ver: *No filme, o menino tomou uma bebida estranha e ficou invisível, ninguém podia vê-lo.* ▪ **Pl.:** invisíveis.
  ▪ **Ant.:** visível.

Jj

jamais ja.**mais**
  adv. Nunca: *Jamais te abandonarei.*

jovem **jo**.vem
  adj. masc. fem. Que é moço, que tem pouca idade: *aluno jovem.* ▪ **Pl.:** jovens.
  ▪ **Ant.:** idoso.

juntar jun.**tar**
  v. Pôr junto, reunir: *Vamos juntar os lápis que caíram no chão.* ▪ **Ant.:** separar.

Kk

A letra **k** é usada na escrita de palavras de origem estrangeira, em símbolos científicos e abreviaturas, como *km* (quilômetro), *kg* (quilograma) etc. Pode aparecer também em alguns nomes próprios, como *Karina*, *Kátia*, entre outros.

kart
  subst. masc. Pequeno automóvel de corrida, sem carroceria: *Gosto de ver corridas de* kart.

kit
  subst. masc. Conjunto de peças reunidas em uma embalagem e usadas para um determinado fim: *Mamãe ganhou um* kit *de maquiagem.*

Ll

leal le.**al**
  adj. masc. fem. Fiel, sincero: *Pedro é um amigo leal, podemos confiar nele.* ▪ **Pl.:** leais. ▪ **Ant.:** desleal.

lenda **len**.da
  subst. fem. História inventada pela imaginação do povo e transmitida de pai para filho, ao longo do tempo: *O povo criou várias lendas sobre o uirapuru.*

lento **len**.to
  adj. Vagaroso: *Ele caminhava a passos lentos.* ▪ **Superl.:** lentíssimo.
  ▪ **Ant.:** ligeiro, rápido.

levantar le.van.**tar**
  v. Erguer: *Ele levantou a mão e fez uma pergunta.* ▪ **Ant.:** baixar.

limpar lim.**par**
  v. Deixar limpo, tirar a sujeira: *Limpe os sapatos antes de entrar em casa.*
  ▪ **Ant.:** sujar.

limpo **lim**.po
  adj. Sem sujeira: *Meu sapato está limpo.* ▪ **Superl.:** limpíssimo.
  ▪ **Ant.:** sujo.

lindo **lin**.do
  adj. Belo, muito bonito: *rosto lindo.*
  ▪ **Superl.:** lindíssimo. ▪ **Ant.:** feio, horroroso.

longo **lon**.go
  adj. 1. Comprido: *vestido longo.*
  2. Demorado, que dura muito tempo: *filme longo.*
  ▪ **Superl.:** longuíssimo.
  ▪ **Ant.:** curto.

Mm

magnífico mag.**ní**.fi.co
adj. Excelente, muito bom: *espetáculo magnífico.*

magro ma.gro
adj. Que tem o corpo fino, com pouca gordura: *menino magro.*
■ Superl.: magríssimo. ■ Ant.: gordo.

maléfico ma.**lé**.fi.co
adj. Prejudicial, nocivo, que faz mal: *A poluição do ar é maléfica; deixa as pessoas doentes.* ■ Ant.: benéfico.

mandar man.**dar**
v. 1. Ordenar: *O chefe mandou o pessoal sair da sala.* 2. Enviar: *Vou mandar uma mensagem para minha irmã.*

mão
subst. fem. Parte do braço que vai do pulso à ponta dos dedos: *Ele é canhoto, sabe escrever apenas com a mão esquerda.* ■ Pl.: mãos. ▲ **a quatro mãos** Por duas pessoas: *O trabalho foi feito a quatro mãos.* ▲ **dar uma mão** Dar uma ajuda: *Meu colega me deu uma mão e assim acabei logo o dever.* ▲ **de mão beijada** De graça: *Ele não pode reclamar, recebeu esse carro de mão beijada.* ▲ **de mão cheia** Excelente: *Minha avó é uma cozinheira de mão cheia.*

maravilhoso ma.ra.vi.**lho**.so [ô]
adj. Admirável, espetacular: *filme maravilhoso.* ■ Fem.: maravilhosa [ó].
■ Pl.: maravilhosos [ó], maravilhosas [ó].

matreiro ma.**trei**.ro
adj. Esperto, sabido: *Ele é matreiro, sempre acha um jeito de se sair bem.*

medonho me.**do**.nho
adj. Que mete medo por ser horrível: *No filme havia um monstro medonho.*

medroso me.**dro**.so [ô]
adj. Que tem medo: *homem medroso.*
■ Fem.: medrosa [ó]. ■ Pl.: medrosos [ó], medrosas [ó]. ■ Ant.: corajoso, valente.

meteoro me.te.**o**.ro
subst. masc. Também conhecido como estrela cadente, é um corpo celeste que cai na Terra. Ele aparece no céu como uma bola de fogo caindo em alta velocidade: *Os astrônomos observam os meteoros com seus telescópios.*

mudar mu.**dar**
v. 1. Alterar: *O professor mudou o dia do passeio.* 2. Trocar: *Vou mudar de roupa para ir à festa.*

Nn

nascente nas.**cen**.te
subst. masc. Ponto do horizonte onde o Sol surge de manhã: *A janela do meu quarto dá para o nascente.*
subst. fem. Fonte, lugar onde nasce uma corrente de água: *Aqui é a nascente do riacho.*

necessitar ne.ces.si.**tar**
v. Precisar, ter necessidade: *Necessito de ajuda.*

nocivo no.**ci**.vo
adj. Prejudicial, que causa dano: *O cigarro é nocivo à saúde.*
■ Ant.: benéfico.

noturno no.**tur**.no
adj. Que se refere à noite: *Eu estudo no período noturno.*

nunca **nun**.ca
adv. Jamais, em tempo algum: *Nunca estive nessa cidade.*

obediente

Oo

obediente o.be.di.**en**.te
adj. masc. fem. Que obedece, que faz o que lhe pedem ou mandam: *Isabela é obediente aos pais.* ▪ Ant.: desobediente.

objetivo ob.je.**ti**.vo
subst. masc. Meta, aquilo que se quer atingir ou alcançar: *O objetivo desse rapaz é ser médico.*

observar ob.ser.**var**
v. 1. Olhar com atenção: *O astrônomo observa as estrelas.* 2. Notar, reparar: *Observei que ela está mais magra.*

ordeiro or.**dei**.ro
adj. Que tem bom comportamento: *Ele é um menino ordeiro, nunca provoca encrencas.* ▪ Ant.: desordeiro.

ótimo **ó**.ti.mo
adj. Muito bom, excelente: *Seu desenho está ótimo.* ▪ Ant.: péssimo.

Pp

paciente pa.ci.**en**.te
adj. masc. fem. Que tem paciência, que sabe esperar sem ficar nervoso: *homem paciente.* ▪ Ant.: impaciente.
subst. masc. fem. Pessoa que recebe cuidados médicos: *A enfermeira está cuidando do paciente.*

parreira par.**rei**.ra
subst. fem. Pé de uva com os galhos apoiados numa grade de varas: *Essa parreira está carregadinha de uvas maduras.*

pavor pa.**vor**
subst. masc. Medo muito grande: *O monstro provocou pavor nas pessoas.*

querido

péssimo **pés**.si.mo
adj. Muito ruim: *Seu trabalho está péssimo.* ▪ Ant.: ótimo.

pobre **po**.bre
adj. masc. fem. Que vive na pobreza, que tem pouco dinheiro: *homem pobre.* ▪ Superl.: paupérrimo ou pobríssimo. ▪ Ant.: rico.

posar po.**sar**
v. Fazer pose, ficar numa certa posição para ser fotografado ou observado: *A menina posou para uma fotografia.*

pousar pou.**sar**
v. 1. Hospedar-se em uma casa para passar a noite: *Ontem, ele pousou na casa dos tios.* 2. Parar de voar e descer: *O avião pousou às dez horas.*

proeza pro.**e**.za
subst. fem. Façanha, ação difícil de ser realizada: *Esse herói ficou famoso por suas proezas.*

puro **pu**.ro
adj. Completamente limpo, sem nenhum tipo de sujeira: *água pura.*
▪ Superl.: puríssimo. ▪ Ant.: impuro.

Qq

quente **quen**.te
adj. masc. fem. De temperatura elevada: *A água do chuveiro está quente, cuidado para não se queimar.*
▪ Superl.: quentíssimo. ▪ Ant.: frio.

querer que.**rer**
v. 1. Desejar, ter vontade de: *Quero comer doce.* 2. Amar: *A mãe quer muito a seus filhos.*

querido que.**ri**.do
adj. Amado, a quem se quer bem: *Este é meu pai querido.*

quieto qui.**e**.to
   adj. Sossegado, calmo: *menino quieto.*
   ▪ Ant.: inquieto, agitado.

Rr

rádio **rá**.dio
   subst. masc. Aparelho capaz de transmitir sons: *Enquanto trabalho, ouço música pelo rádio.*
   subst. fem. Emissora que produz programas de rádio: *Só ouço os programas de esporte dessa rádio.*

rápido **rá**.pi.do
   adj. Que leva pouco tempo para fazer uma coisa: *Esse aluno é rápido, num instante copiou o texto.*
   ▪ Superl.: rapidíssimo. ▪ Ant.: lento.

raso **ra**.so
   adj. Que tem pouca profundidade: *Essa piscina é rasa.* ▪ Ant.: fundo.

refazer re.fa.**zer**
   v. Fazer de novo: *Vou refazer o exercício.*

réptil **rép**.til
   subst. masc. Animal vertebrado que se arrasta e põe ovos: *A cobra é um réptil.*
   ▪ Pl.: répteis.

rima **ri**.ma
   subst. fem. Repetição de um som no final de certos versos de uma poesia. Veja o exemplo.

> Escrevi teu lindo nome,
> Na palma da minha m**ão**,
> Passou um passarinho e disse:
> — Escreve em teu cora**ção**.

Ss

saudável sau.**dá**.vel
   adj. masc. fem. Que é bom para a saúde: *O clima desta cidade é saudável.*

sela **se**.la
   subst. fem. Assento que se coloca sobre uma montaria: *O cavaleiro acomodou-se na sela do cavalo branco.*

sensacional sen.sa.cio.**nal**
   adj. masc. fem. Maravilhoso, formidável: *Vimos um espetáculo sensacional.* ▪ Pl.: sensacionais.

sentir sen.**tir**
   v. 1. Perceber pelos sentidos: *Sinta o perfume dessa flor.* 2. Ter sentimento: *Sinto amor por você.* 3. Lamentar: *Sinto muito o que aconteceu.*

sesta **ses**.ta [é]
   subst. fem. Pequeno repouso depois do almoço: *Vovô está no quarto fazendo a sesta.*

sobreviver so.bre.vi.**ver**
   v. Conseguir viver: *A humanidade deve cuidar bem do meio ambiente se quiser sobreviver.*

soltar sol.**tar**
   v. Libertar: *A menina soltou o sabiá que estava preso na gaiola.* ▪ Ant.: prender.

sorridente sor.ri.**den**.te
   adj. Risonho, que está sempre sorrindo: *menina sorridente.* ▪ Ant.: tristonho.

subitamente su.bi.ta.**men**.te
   adv. De repente: *O homem entrou subitamente na sala e começou a cantar.*

subterrâneo sub.ter.**râ**.neo
   adj. Que fica debaixo da terra: *esconderijo subterrâneo.*

sujar su.**jar**
   v. Tornar sujo: *Ele pisou na lama e sujou os sapatos.* ▪ Ant.: limpar.

sujo **su**.jo
   adj. Que está coberto de sujeira, que não está limpo: *Essa camisa está suja, está cheia de manchas.*
   ▪ Superl.: sujíssimo. ▪ Ant.: limpo.

surgir sur.**gir**
v. Aparecer: *Vejo o sol surgir no horizonte.*

Tt

tampar tam.**par**
v. Fechar, pôr tampa ou tampo em alguma coisa: *Ele tampou a panela.*
- Ant.: destampar.

terminar ter.mi.**nar**
v. Acabar, concluir, finalizar: *Terminei o trabalho.* ■ Ant.: iniciar, começar.

tímido **tí**.mi.do
adj. Acanhado, envergonhado, que não fica à vontade na frente dos outros: *garoto tímido.*

tranquilo tran.**qui**.lo [ü]
adj. Calmo, sereno: *A boa notícia me deixou tranquilo e pude dormir em paz.*

triste **tris**.te
adj. masc. fem. Que está sem alegria: *Ele ficou triste quando soube que não ia ao circo.* ■ Superl.: tristíssimo.
- Ant.: alegre, contente.

turma **tur**.ma
subst. fem. Grupo de amigos ou colegas: *Natália convidou sua turma para a festa.*

Uu

único **ú**.ni.co
adj. Que é um só: *Sou filho único, não tenho irmão.*

unir u.**nir**
v. Juntar, tornar um só: *A professora uniu os dois grupos e formou um só.*
- Ant.: separar, desunir.

útil **ú**.til
adj. masc. fem. Que tem utilidade, serventia: *Esse livro é útil ao nosso trabalho, vai nos ajudar bastante.*
- Pl.: úteis. ■ Superl.: utilíssimo.
- Ant.: inútil.

utilizar u.ti.li.**zar**
v. Usar: *Vou utilizar o computador para fazer a pesquisa.*

Vv

vagaroso va.ga.**ro**.so [ô]
adj. Lento: *Vovô tem um andar vagaroso.* ■ Fem.: vagarosa [ó].
- Pl.: vagarosos [ó], vagarosas [ó].
- Ant.: rápido.

vaidoso vai.**do**.so [ô]
adj. Que tem vaidade, que gosta de ser admirado ou receber elogios: *homem vaidoso.* ■ Fem.: vaidosa [ó].
- Pl.: vaidosos [ó], vaidosas [ó].
- Superl.: vaidosíssimo.

valente va.**len**.te
adj. masc. fem. Corajoso: *guerreiro valente.*

valioso va.li.**o**.so [ô]
adj. 1. Que vale muito dinheiro: *joia valiosa.* 2. Importante: *Ele me deu uma ajuda valiosa.*
- Fem.: valiosa [ó].
- Pl.: valiosos [ó], valiosas [ó].
- Superl.: valiosíssimo.

vazio va.**zi**.o
adj. Que não tem nada dentro: *caixa vazia.* ■ Ant.: cheio.

veloz ve.**loz**
adj. masc. fem. Rápido: *atleta veloz.*
- Pl.: velozes. ■ Superl.: velocíssimo.
- Ant.: lento.

vencer ven.**cer**
v. Ganhar: *Nosso time venceu a competição.* ■ Ant.: perder.

vestiário ves.ti.**á**.rio
subst. masc. Local onde se pode trocar de roupa: *Cada time tem um vestiário.*

vestuário ves.tu.**á**.rio
subst. masc. Conjunto de peças de roupa: *O grupo de teatro prepara o vestuário que vai usar na peça.*

vigiar vi.gi.**ar**
v. Tomar conta: *Vigie o cachorro, não deixe que ele corra para a rua.*

visível vi.**sí**.vel
adj. masc. fem. Que se pode ver: *mancha visível.* ■ Pl.: visíveis.
■ Superl.: visibilíssimo. ■ Ant.: invisível.

voltar vol.**tar**
v. Regressar, retornar: *Ele está viajando, vai voltar só amanhã.*

Ww

A letra **w** [pronuncia-se *dábliu*] é usada em palavras estrangeiras, em símbolos científicos e abreviaturas. Várias palavras usadas hoje no Brasil são escritas com a letra **w**. Ora ela tem o som de **u**, como em *web*, *show*, *windsurf* etc., ora tem o som de **v**, como nos nomes próprios *Wágner*, *Wálter* etc.

Xx

xale **xa**.le
subst. masc. Peça de vestuário que as mulheres usam sobre os ombros como enfeite ou agasalho: *A dançarina estava usando um lindo xale.*

xampu xam.**pu**
subst. masc. Produto para lavagem dos cabelos: *Uso xampu de ervas para lavar os cabelos.*

xará xa.**rá**
subst. masc. Pessoa que tem o mesmo nome que outra: *Esse garoto é meu xará, chama-se Marcelo como eu.*

xingar xin.**gar**
v. Insultar ou ofender alguém com palavras: *Os dois motoristas discutiram e um xingou o outro.*

Yy

A letra **y** [pronuncia-se *ípsilon*] é usada na escrita de palavras estrangeiras, abreviaturas e símbolos científicos. Pode-se encontrar a letra **y** em palavras como *yakisoba* (certo tipo de comida japonesa) e em alguns nomes próprios, como *Suely*, *Darcy*, *Yara*, *Yuri* etc. Mas, de modo geral, a letra **y** desses nomes tem sido substituída pela letra **i**.

Zz

zangado zan.**ga**.do
adj. Irritado, que sente raiva: *Ele parece zangado comigo.*
■ Superl.: zangadíssimo.

zombar zom.**bar**
v. Caçoar, rir de alguém: *Não devemos zombar de ninguém.*

zumbido zum.**bi**.do
subst. masc. Ruído contínuo produzido por alguns insetos quando voam: *Ouvi o zumbido das abelhas.*